U0962039

网络消费者品牌选择行为研究

刘枚莲　徐丽芳 / 著

RESEARCH ON BRAND CHOICE BEHAVIOR OF ONLINE CONSUMERS

中国经济出版社
CHINA ECONOMIC PUBLISHING HOUSE
北 京

图书在版编目（CIP）数据

网络消费者品牌选择行为研究/刘枚莲，徐丽芳著
. --北京：中国经济出版社，2021.5（2023.8 重印）
ISBN 978-7-5136-6461-5

Ⅰ.①网… Ⅱ.①刘… ②徐… Ⅲ.①网上购物-消费者行为论-研究 Ⅳ.①F713.365.2

中国版本图书馆 CIP 数据核字（2021）第 072586 号

责任编辑 丁 楠
责任印制 马小宾
封面设计 久品轩

出版发行 中国经济出版社
印 刷 者 北京建宏印刷有限公司
经 销 者 各地新华书店
开　　本 710mm×1000mm 1/16
印　　张 15.5
字　　数 234 千字
版　　次 2021 年 5 月第 1 版
印　　次 2023 年 8 月第 2 次
定　　价 78.00 元
广告经营许可证 京西工商广字第 8179 号

中国经济出版社 **网址** www.economyph.com **社址** 北京市东城区安定门外大街 58 号 **邮编** 100011
本版图书如存在印装质量问题，请与本社销售中心联系调换（联系电话：010-57512564）

序

随着电子商务的迅速发展，网络成为消费者的主要购物渠道。与传统的线下购物相比，消费者的选择行为呈现一些新的特征，从以产品选择为中心转向以品牌选择为中心。如何应对网络消费者行为特征变化带来的新问题？党的十九大报告提出的“推动互联网、大数据、人工智能和实体经济深度融合，在中高端消费、创新引领、绿色低碳、共享经济、现代供应链、人力资本服务等领域培育新增长点、形成新动能”给电子商务的研究指明了方向。本书的研究为发现网络消费者品牌选择行为规律提供了解决思路。

本书的亮点有三：一是结合大数据背景，集成在线评论中的文本和表情符号，挖掘网络消费者的品牌偏好；采用数据挖掘处理技术，建立概率矩阵分解模型；设计合适的算法，研究中国移动用户的手机品牌偏好以及手机品牌选择行为。二是研究网络消费者多品牌选择模型的构建以及应用。多品牌选择模型的构建是品牌选择行为研究中比较有挑战性的领域，本书在对网络消费者品牌分布需求特征进行分类的基础上，分别构建基于互补产品和互斥产品的网络消费者多品牌选择模型。三是研究销售商定价与网络消费者的选择行为之间的关系。销售商的定价对网络消费者的品牌选择产生影响，同时消费者的选择结果也对销售商的定价产生影响。从价格内生性视角，研究了在不同的消费者行为特征、消费者的市场退出，以及销售商风险偏好特征情况下的销售商的动态均衡定价。在研究价格对网络消费者的品牌选择行为产生影响的基础上，进一步研究购买经验和行为惯性对网络消费者选择行为的影响，从集成行为惯性和经验研究视角，构建网络消费者的品牌选择模型并进行仿真研究。

习近平总书记指出："电商不仅可以帮助群众脱贫，还能助推乡村振兴，大有可为。"电子商务时代是以网络消费者为中心的时代，网络消费者品牌选择行为机理值得深入研究。本书是国家自然科学基金项目的研究成果，不仅拓展了品牌选择行为的研究范畴，丰富了品牌选择行为领域的研究成果，而且所得结论可以为中央出台电子商务的监管措施，为网络企业制定营销策略提供重要的参考依据。

符国群　北京大学

2021 年 1 月 20 日

前 言

我国电子商务发展非常迅速，天猫、京东、苏宁易购、唯品会等网络购物平台各领风骚，极大地拓展了消费者的商品选择范畴。消费者的购物不再受时间和空间的限制，任何时间和地点都可以通过网络购物平台选择自己所偏好的商品，正所谓“只有你想不到，没有你买不到”。在海量的商品信息大潮中，网络消费者的选择行为呈现了一些新的特征，从以产品选择为中心转向以品牌选择为核心。基于消费者品牌选择行为的变化，迫切需要开辟新的研究视角来研究网络消费者的品牌选择行为。

本书聚焦于网络消费者品牌选择行为机理的研究。在分析网络消费者品牌选择行为影响因素的基础上，从网络消费者的品牌偏好挖掘、网络消费者的品牌购买意图以及网络消费者的多品牌选择模型构建和应用三个方面进行分析，深入研究网络消费者的品牌选择行为机理。

本书首先从网络消费者品牌选择行为的影响因素入手，借鉴三因素理论，从消费者个体、品牌主体以及营销因素三个方面，对网络消费者选择行为的影响因素进行了梳理。考虑到表情符号在人们交流中的广泛应用，集成在线文本和表情符号计算网络消费者情感，以挖掘网络消费者的偏好。基于大数据背景，利用某省中国移动用户四个月的手机价格和手机品牌选择的数据，构建基于 C5.0 的决策树模型和概率矩阵分解模型，利用 python 3.6 软件实现算法，研究移动用户的手机品牌偏好，为潜在移动用户的手机品牌推荐提供决策支持。

其次是针对多品牌选择的背景，从多品牌竞争视角，分析品牌熟悉度、品牌信任度对品牌态度和品牌购买意图的影响，构建基于多品牌选择背景的网络消费者品牌选择购买意图概念模型。从信息不对称视角，基于刺激—反应理论，以品牌感知质量为中介变量，构建了价格判断对网络消费者购买意愿的概念模型。通过实验获取数据，采用方差分析和回归分析法，研究了不同价格分布和折扣判断难度对网络消费者价格判断以及购买意愿的影响。从价格内生性入手，针对不同行为特征的消费者，不同风险态度和行为特征的销售商，在实施不同的动态定价策略下，研究不同行为类型的网络消费者的决策和销售商期望利润的变化规律，同时研究消费者的决策对销售商定价的影响。集成网络消费者的购买经验和行为惯性，分析了不同行为惯性概率和不同报酬条件对网络消费者的品牌选择产生的影响。

最后是从网络消费者多品牌分布需求特征入手，将多品牌分布需求大致分为两种类型：一种是功能互补的品牌产品，另一种是功能互斥或者独立的品牌产品。针对互补产品，构建了基于组合效用视角的网络消费者多品牌选择模型并进行实证研究。针对互斥性的或者独立性的品牌产品，构建了基于 MCEDV 的网络消费者多品牌选择模型，并进行了应用研究。

本书分析了影响网络消费者品牌选择行为的主要因素，研究了价格分布和品牌竞争视角下的网络消费者品牌选择意图，并从消费者行为特征、销售商的类型以及动态定价等方面研究了网络消费者品牌选择行为，构建了网络消费者的多品牌选择模型并进行了实证研究，丰富了品牌选择领域的理论研究成果，为网络企业制定合适的品牌营销策略提供决策支撑，以促进中国电子商务的快速发展。

本书的编写得到了罗朝新、刘一平、余苗、范龙萍、侯鹏、刘同存等人的大力支持，他们认真校对了文字和图表，付出了艰辛的努力，在此表示衷心的感谢！感谢出版社编辑的辛苦工作！本书的出版得到了国家自然科学基金项目“网络消费者多品牌选择行为机理研究”、广西高等学校创新团队以及卓越学者项目、桂林电子科技大学学科建设项目的资助，一并表示感谢！

由于水平有限，书中可能存在一些不足，恳请读者批评指正。

刘枚莲

2021 年 2 月 26 日

目 录

第一篇 品牌偏好与购买意图

第一篇

品牌偏好与购买意图

本篇以营销三因素理论为基础，从消费者个体因素、外部环境因素（参照群体和品牌因素）、营销因素（广告、促销、口碑、渠道）三个方面分析影响网络消费者品牌选择行为的因素。考虑到表情符号广泛应用在人们的网络社交中，本篇提出了集成文本与表情符号的网络消费者偏好挖掘方法。由于价格是消费者作出购买决定的触发器，本篇研究了价格分布和折扣判断难度对消费者价格判断的影响，以及价格判断对感知质量和品牌购买意图的影响。基于大数据背景将价格偏好与品牌偏好相结合，本篇设计合适的算法和模型，分析中国移动用户的品牌选择问题。

第一章 绪 论

我国电子商务的发展非常迅速，网民总数由 1997 年的 62 万人上升到 2020 年 3 月的 9.04 亿人，其中手机网民规模高达 8.97 亿，参与网络购物的用户 7.1 亿，占网民总数的 78.6%。[1] 根据 2019 年中国电子商务报告的数据显示，2019 年我国电子商务的交易额为 34.81 万亿元，同比增长 10.05%。[2] 网络购物以其便捷性和高效性，已经成为人们购物的主要方式之一。

网络购物平台的发展极大地拓展了消费者的商品选择空间，降低了商品的选择成本，使消费者的购物不再受时间和空间的限制，任何时间和地点都可以通过网络选择自己所偏好的商品。然而，购物平台的海量信息也使消费者陷入“信息迷失”和“信息超载”的矛盾之中。[3] 消费者越来越难以找到令其满意的商品，增加了消费者网络购物的时间和精力成本。网络消费者的选择行为呈现了一些新的特征[4-5]：①消费者的决策过程不是以产品选择为中心，而是以品牌选择为核心，消费者为了降低选择成本，往往先选择品牌，然后再选择相关的产品与服务；②由于网络企业会根据消费者的浏览、购买行为挖掘其偏好，并依据偏好推荐品牌产品或服务，因此越来越多的网络消费者会同时选择多个品牌的产品与服务；③网络购物环境的差异导致网络消费者的品牌选择行为发生变化，其中最大的变化是网络消费者更加容易获取价格以及非价格信息，例如品牌质量、产品价格、产品评论以及产品知识等非感官属性的信息，相比之下，传统的购物环境利用感官来判断产品的质量以及功能。基于网络消费者品牌选择行为的变化，迫切需要开辟新的研究视角来研究网络消费者的品牌选择行为。

天猫的“双十一”和京东的“双十二”促销活动，可以说从某种程度上掀起了全民网购的热潮，2019 年天猫“双十一”的销售额达到 2684 亿元，但是2019年新开店铺达到5.5万个，网络企业的竞争非常激烈。在网络购物环境下，网络企业要在激烈的竞争中生存，就必须了解网络消费者的选择行为，制定出相应的营销策略。因此，研究网络消费者的品牌选择行为是至关重要的。

一、研究的目的和意义

挖掘网络消费者对产品与服务的需求是网络企业营销活动的出发点和落脚点。通过对网络消费者品牌选择行为的研究，尤其是多品牌选择行为的研究，为网络企业制定有效的品牌营销策略，特别是为企业设计合适的品牌产品组合营销以及促销活动提供决策参考。目前有关品牌选择的研究成果集中在传统商务环境下的消费者单一品牌选择的情况，而鲜有对网络消费者多品牌选择行为的研究成果。虽然有部分学者也从企业的角度来分析捆绑销售定价、捆绑产品组合策略等问题，但没有从消费者和网络环境层面分析多品牌选择的问题。因此，通过分析网络消费者多品牌选择行为的主要影响因素，研究多品牌选择视域下的网络消费者品牌购买意愿并构建网络消费者的多品牌选择模型，为网络企业制定合适的品牌营销策略，尤其是合适的产品组合营销策略提供参考，以促进中国电子商务的快速发展。具体来说，本书将从理论和实践两个方面研究如何促进中国网络营销管理的发展。

在理论上，对网络消费者的品牌选择行为特点进行深入研究，剖析其多品牌选择行为的特征与规律，从而形成我国网络消费者的品牌选择行为理论，丰富多品牌选择行为领域的研究成果，促进我国营销理论的发展。

在实践上，由于具有中国特色的群体效应在社会中普遍存在，使中国背景下的营销管理实践具有鲜明的中国特色。这种特色体现在盲目跟风（如销量多的产品肯定是好的），或者选择产品时赠送的东西越多越觉得赚得多，而企业为了满足消费者的这种心理，往往采用品牌产品组合销售的方式。另外，如果购买组合的产品与服务，比单独购买同样的产品与服务更加实惠，就会促使消费者在一次或一定时间段内购买多种品牌的产品，如购买一台计算机的同时，往往还会选择购买软件、打印机等品牌产品。本书通过对网络消费者品牌选择行为机理的研究，以期为中国网络营销管理实践提供科学的决策依据。

二、国内外相关研究的现状

考虑到品牌选择行为的研究成果比较丰富，本书比较关注网络消费者的多品牌选择行为问题，从消费者的选择意识来说，可以分为两种情况：一是消费者被动选择多品牌；二是消费者主动选择多品牌。前者主要见于企业进行的一些组合营销活动，例如捆绑销售“买一送一”，其中“送”的可能是另一个品牌的产品，同时对产品选择与品牌选择也没有严格区分，相关的研究成果也见于企业的产品组合定价和品牌促销研究中。[6] 对于消费者主动选择多品牌的情况，根据研究者对多品牌的理解不同，研究的侧重点稍有不同。

对于多品牌选择的概念，目前学术界存在三种比较典型的观点。第一种观点认为在一段时间内，消费者肯定不会只选择一种品牌的产品与服务，例如今天购买了海尔的洗衣机，一个月后购买了格力空调，海尔和格力属于两个不同的品牌，而洗衣机与空调属于功能不能替代的产品，因此消费者在这段时间内选择了多种品牌的产品与服务，对于这类多品牌选择问题就是把单一品牌选择问题进行简单的叠加；[7] 第二种观点认为，消费者有强烈的好奇心，喜欢追逐或者尝试另外品牌的产品与服务，因此可能这个时间购买了潘婷的洗发水，另外一个时间购买了飘柔的洗发水，即消费者选择了多种品牌，这类问题的研究将在品牌忠诚度的研究或者动态品牌选择模型研究中谈及；第三种观点认为多品牌是消费者在某时间点上或者一段时间内购买多种品牌的产品与服务，这些产品有可能是同一类别的产品，也有可能是不同类别的产品与服务，这样的多品牌选择问题不能采用传统的离散选择模型的方法来处理，必须开辟新的研究视角或者集成现有的模型来进行研究。[8] 本书中的网络消费者多品牌选择行为研究，关注两点：一是针对网络消费者的多品牌选择行为，而不是传统的消费者；二是强调多品牌选择行为，这里的多品牌选择是一个时间点上或者固定一段时间内网络消费者选择多个品牌的产品与服务。鉴于此，本书从以下三个方面对多品牌选择的相关研究成果进行梳理。

（一）静态品牌选择模型研究

品牌选择模型不仅是消费者行为研究的重要内容，而且是营销领域的研究热点。[9]纵观目前的消费者品牌选择行为模型，学者们研究最多的是静态品牌选择模型。在静态品牌选择模型的研究中，比较经典的是 Luce (1959)所提出的品牌选择模型、多变量逻辑模型和麦克法登模型Ⅱ。[10] Luce 选择模型的两个基本假设：一是消费者已决定好所要购买的产品(即仅考虑完全计划性购买)；二是消费者在多个品牌中的产品市场里只购买其中一个品牌。品牌选择的依据来自每一个品牌的期望效用在总效用中的比例，依此得到各个品牌选择的概率，选择概率越大的品牌，消费者实际购买该品牌的概率也越大。Luce 选择模型为研究消费者的品牌选择提供科学定量的视角，不过直接度量各个品牌的效用，实际操作难度较大。如果把效用分解为可观测的市场营销属性组合变量的线性函数，效用就可以被有效地测量，这是麦克法登离散选择模型建立的基础。Guris 等(2007)在多项 LOGIT 模型的基础上构建了消费者对酒的品牌选择模型。[11]刘枚莲、刘贤锋等(2014)通过引进模糊三角函数构建了模糊 Logit 品牌选择模型。[12]离散选择模型是以消费者品牌选择时具有排他性为假设，所谓排他性是指消费者是从多个品牌中只选择一个品牌，明显是一个不符合现实的假设。Manrai 和 Sinha(1989)的研究中明确指出离散选择模型忽视了不同品牌的相似性或可替代性。[13]为了弥补离散选择模型的缺陷，分析品牌间相互依赖的广义极值模型(generalization extreme value，GEV)应运而生。在 GEV 模型中，嵌套的逻辑模型被广泛使用，该模型假设嵌套项之间不存在相关性，但是一个嵌套项内部选择项的不可观测因素之间是可能存在相关性的。

（二）动态品牌选择模型研究

考虑到静态品牌选择模型均忽略了消费者选择行为的连续性与依赖性，学者们开始转向动态品牌选择模型的研究。最典型的就是 Guadagni 和 Little(1983)构建的基于面板扫描数据的动态品牌选择模型。该模型将影响消费者品牌决策的品牌忠诚度和忠诚因子引进模型中，利用这些因子值来衡量过去购买行为对当前决策的影响。[14]杜荣和胡奇英(2004)阐述了品牌选择模型与购买率模型，并考虑了消费者偏好变化、个体差异、购买频率以及家庭因素。[15]杨升荣和陈洁在《在线渠道下消费者品牌选择的行为机理》中构建了基于离散选择模型和随机过程模型的动态品牌选择模型。[16]

从仅考虑营销组合变量的静态品牌选择模型到全面把握消费者偏好、消费者异质性、状态依赖以及求变行为的动态品牌选择模型，从基于效用最大化理论的一阶段品牌选择模型到综合效用最大化和因素删除决策理论的两阶段品牌选择模型，关于消费者品牌选择模型的研究向纵深方面发展。

消费者的品牌选择是一个复杂的心理变化过程，可以从心理学角度考虑不同的心理需要。消费者偏好是消费者心理过程与环境交互作用的结果，利用了心理模型研究消费者动态品牌选择。Tversky 提出的逐步消除模型是经典的基于心理学的品牌选择模型，也有其他学者依据非补偿性策略推导出联合式模型、分离式模型、辞典编纂模型等。

（三）品牌忠诚研究

品牌忠诚的概念最早是由 Copeland(1923)提出来的，直至今日学术界关于品牌忠诚的内涵仍众说纷纭，但可以总结为三类：第一类是行为忠诚的观点，这类观点的代表人物有 Tucker、Zeithaml 和 Lyong，[17-19]他们认为品牌忠诚可用于消费者实际购买行为的定义。将品牌忠诚界定为：消费者重复购买某一个品牌的行为，并且只考虑某个品牌的产品，不了解其他品牌的信息。这种重复体现在购买决策及购买行为的各个方面，对于所购买的品牌不会随时间和情景的改变而改变。至于为什么会产生这样的行为，没有作出进一步的科学解释。从运动惯性的角度来看，消费者的重复购买行为可能是出于习惯或者便利。现实生活中，很多企业采取客户忠诚计划来判定消费者的忠诚。由此，学者们对品牌忠诚现象的研究转至对品牌忠诚态度的研究。第二类是态度忠诚的观点，这类观点强调心理层面的忠诚。认为品牌忠诚是指消费者对某一特定品牌的心理承诺和偏好程度，并认为从态度的角度来解释品牌忠诚的形成比较具有说服力。这是由于消费者态度的影响因素是有限的，而这些有限的因素又很容易描述、解释和预测。然而，这类观点只重视品牌忠诚的心理意义，忽视了心理意义导致的行为结果，可操作性不大，在营销实践中难以应用。第三类是行为倾向的观点，这类观点是将消费者的行为和态度整合，强调品牌忠诚是消费者的一种行为倾向，并且行为倾向是由消费者态度引起的，态度本身就是消费者一种习得性经验，是刺激物对消费者长期作用的结果。品牌忠诚度的形成是认知、态度与行为共同作用的结果。学者们在探索品牌忠诚的影响因素以及各影响因素之间的关系时，往往从消费者满意、消费者感知价值、品牌信任等方面来考虑。大多数学者认为消费者的满意度直接影响品牌忠诚，即消费者越满意，其重复购买的可能性就越高，品牌忠诚度就越高。Mittal 等(1998)在实证研究中发现，消费者满意与品牌忠诚不是线性关系，并且在不同的产业之间差异性较大。[20]有一部分学者研究了品牌信任对品牌忠诚的影响。他们的研究发现品牌自身特质、消费者与品牌间互动的特征和公司特征都是影响品牌信任的前置因素。公司形象、品牌声誉和品牌代言是通过品牌信任影响消费者品牌忠诚的，并指出品牌信任是影响品牌忠诚的关键因素。[21]还有一部分学者认为消费者感知价值对品牌忠诚产生影响，他们认为消费者对那些能提供更大价值的品牌表现出品牌忠诚。赵靖媛等(2013)发现了顾客感知价值是品牌忠诚的一个重要驱动因素。[22]张建恩等(2010)运用实证分析方法分析顾客满意、品牌信任和感知价值的关系，研究得出了感知价值、顾客满意对品牌信任有着显著的正相关关系，与感知价值相比，顾客满意对品牌信任的影响程度更明显。[23]

三、国内外研究现状述评

综合目前品牌选择行为领域的研究成果，主要存在以下几个问题。

(1)传统的离散选择模型没有考虑网络消费者多品牌产品需求特征。在经典的逻辑模型中，聚焦于互斥产品品牌之间的选择，并在假设消费者对相关选择项的偏好是确定的情况下，根据效用的大小，从中选择一个品牌。它忽略了消费者同时选择多个类别的多个品牌产品或者同类别产品中选择多个品牌的情况。事实上，与选择具有替代性功能产品和服务的品牌相比，甚至与产品和服务功能是独立的品牌选择相比，选择独立功能互补型产品和多种功能互补型产品与服务的品牌，具有一定的差异。如何从这种差异性中提炼出共性或者如何将这些差异性进行整合，研究分析消费者的多品牌选择行为是非常必要的。例如，在重要的促销时段(天猫的“双十一”促销，重要的节假日)或者有季节性需求的时候，消费者一般会选择购买一个以上品牌的产品，甚至是具有替代品功能的多品牌产品。所以，基于消费者需求特征的微观数据分析，品牌选择问题往往可以整合为消费者的多品牌选择问题。

(2)数据的收集方式与处理方式相对单一，难以全面反映网络消费者品牌选择行为特征。尽管已有相关的消费者品牌选择模型的研究成果，然而对模型进行深入研究、验证的较少，尤其是在数据的获取方式上比较单一，主要获取数据的途径有两种：一是采用问卷调查的方式获取数据，该方法主要通过消费者的记忆或者推测获取相关数据；二是从超市后台数据库直接获取相关的数据。这两种方法获得的数据无法全面反映网络消费者多品牌选择行为的特殊性。因此，如何获取有效的网络消费者品牌选择行为数据以及如何进行数据处理，是需要迫切解决的问题。

(3)品牌选择行为的研究成果局限在单一品牌的选择阶段，缺乏针对多品牌选择行为本身特点的相关研究。目前的品牌选择模型，无论是静态的还是动态的，研究的焦点都是消费者在相互排斥的选择项中选择购买一个品牌，虽然在客户的忠诚度研究时涉及多品牌的问题，例如研究消费者为什么从一个品牌转移到另一个品牌，但是研究的基点是互斥品牌之间的选择，忽略了消费者同时选择不同类别产品的多个品牌或者同一类别产品选择多品牌的特殊性。与线下购物环境相比，网络消费者的品牌选择行为的影响因素产生了变化，例如出现了网络口碑、用户评论、品牌排行榜等新因素。因此，研究和鉴别影响网络消费者多品牌选择行为的因素，探究网络消费者的多品牌选择行为机理，有一定的理论和实践意义。

(4)品牌选择模型的实际应用性不强。尽管已有相关的消费者品牌选择模型研究成果，然而对模型进行深入研究、验证的较少，尤其是结合网络背景及企业市场营销实践方面的研究存在明显不足，而在实践中获得应用的品牌选择模型就更少。因此，构建更加合理的多品牌选择模型或者对已有模型进行研究和论证，将合适的模型应用于企业市场营销实践是消费者行为研究的一个新动向，此类研究必将为产品开发、产品定价、广告和销售促进等方面的管理实践提供有利的决策支持。

四、发展态势分析

从国内外相关研究成果看出，主要向三个方面发展。

从研究理论基础来看，将矩阵分析理论、计算机学科中的云技术、大数据理论、前景理论甚至神经生物学等最新研究成果融入消费者行为研究领域，给消费者品牌选择行为研究注入新的血液，促进消费者行为研究领域的纵深发展。

从数据获取手段看，注重多途径的数据获取。通过实验、观察等手段，以及基于云技术的网络数据采集方式获取数据，会成为进行实证研究的重要手段。不可否认，实地调查获取数据仍然是重要的数据获取手段之一。

从数据处理方法看，从主成分分析和因子分析等多元统计方法向多种方法集成发展。电子商务结构体系的复杂性使得异构数据的格式必须统一化，同时贝叶斯的推断统计方法以及结构方程的建模在多品牌选择行为研究领域的应用将更加广泛。通过对数据的分析和处理，深入研究网络消费者的品牌选择行为。

五、问题的提出

本书在梳理现有的网络消费者品牌选择行为的基础上，充分结合当前复杂多变的营销环境和网络消费者的行为特征，针对中国背景下的营销管理实践问题，聚焦于中国文化背景影响下的中国网络消费者的品牌选择行为机理研究。本书从网络消费者的品牌选择行为影响因素入手，采用实证研究和模拟研究相结合的方法，一是分析网络消费者品牌选择行为的影响因素，例如销售商的动态定价、品牌熟悉度、品牌忠诚度和消费者行为惯性以及购买经验等因素对网络消费者品牌选择行为的影响，重点探究大数据背景下的网络消费者的品牌偏好，以深入研究网络消费者品牌选择的行为特征；二是基于网络品牌选择行为影响因素的分析，从动态定价视角，分析不同类型的销售商和不同行为特征的消费者之间的交互，研究不同动态定价均衡下的网络消费者品牌决策；三是构建网络消费者的多品牌选择模型，并进行实证研究，丰富网络消费者品牌选择行为领域的理论研究成果。

网络消费者品牌选择行为机理的框架如图 1-1 所示。

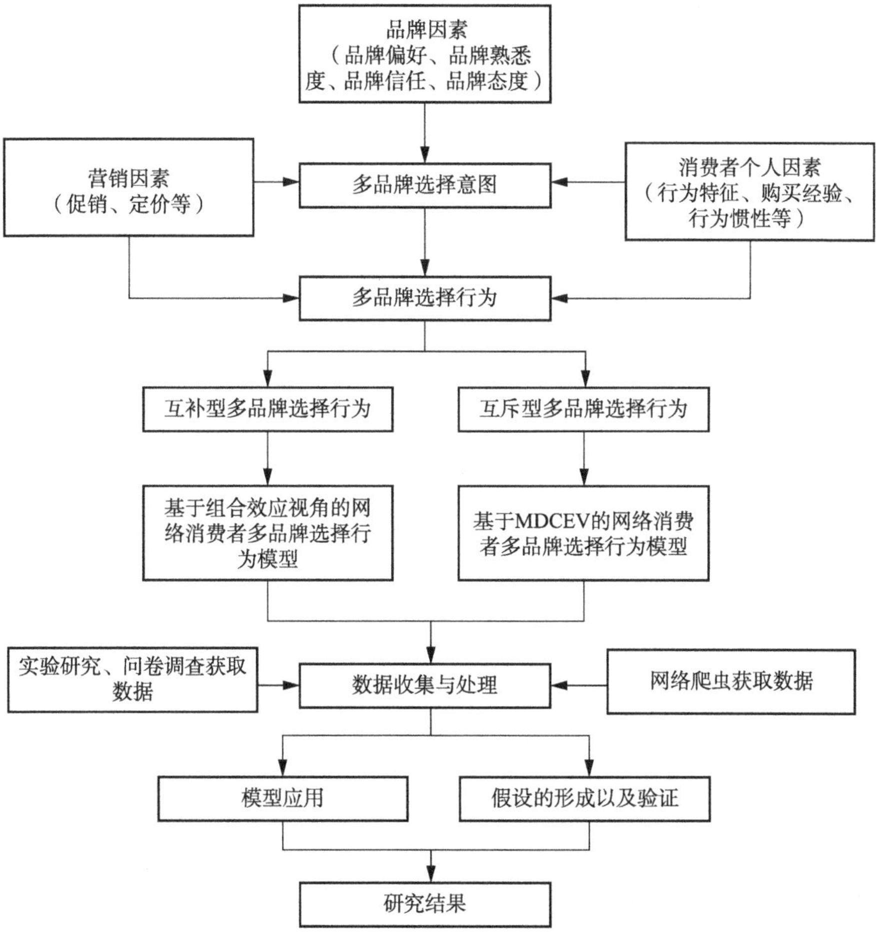

图 1-1 网络消费者品牌选择行为机理研究框架

第二章　网络消费者品牌选择行为的影响因素分析

消费者品牌选择行为的研究，是消费者行为研究领域的核心部分之一。对于消费者行为研究，主要包括二因素论、三因素论和四层面论。[24]二因素论是将影响消费者行为的因素分为两类：一类是消费者个体因素，另一类是消费者的外部环境因素。[25]在二因素论的基础上，增加"营销因素"，就是三因素论。科特勒认为消费者行为影响因素应包含文化、社会、个人和心理四个层面。科特勒的四层面理论与三因素论比较起来，更加突出了社会和文化这些宏观环境因素的影响，事实上，社会和文化因素的影响可以纳入消费者外部环境的范畴，同时这些因素也会潜移默化地对消费者个体以及消费者心理产生影响。

品牌选择的影响因素并不等同于消费者行为的影响因素，借鉴消费者行为影响因素的三因素论，将消费者品牌选择行为影响因素的研究从消费者个体因素、外部环境因素以及营销因素三个方面进行梳理。

一、消费者个体因素

自 20 世纪 80 年代以来，一些学者开始将人口统计特征变量纳入品牌选择模型，并利用面板数据进行定量研究。不过单纯的人口统计特征变量对品牌选择的影响是不显著的，甚至无法描述消费者对某一品牌的特定偏好和兴趣，需要结合消费者的其余特征或者因素来研究，比如情感、动机、态度、涉入度等。

人口统计特征变量(性别、年龄、职业、收入等)、个人背景、社会地位、生活方式、品牌认知度以及自我价值观等方面对消费者品牌选择行为都有影响。性别差异体现在尝试差异、情感与意志差异和个性差异上，这些差异都影响消费者的购买决策。不同性别、不同职业的客户在满意度和转换意愿方面存在显著性差异。男性和女性在信息处理方式上存在差异性，一般而言，女性比男性在感知风险上会更敏感，比男性更加优柔寡断。从年龄上看，不同年龄阶段的消费者对品牌的关注是不同的，企业通常根据消费者的年龄差异进行品牌定位。[26]年龄与接受新产品、新技术之间存在负相关关系。年龄增长所积累的生活经验会帮助消费者进行品牌选择，不同年龄的消费者拥有不同的价值观，在品牌选择的时候会有差异。年轻人乐于尝试新鲜事物，敢于承担风险，敢于接受新的品牌，而中老年消费者则会更加慎重，习惯选择熟悉的品牌。

消费者的个人背景、社会地位也会影响其品牌选择。[27]随着消费者收入水平的增加，消费者对于财务损失的感知风险会逐步降低，除了性价比以外，品牌的知名度和美誉度等会对消费者的品牌选择产生影响。

消费者的教育背景不同，其消费理念也会不同。往往消费者接受的教育越好，生活品味越高，要求的生活质量也越高，对品牌产品选择的倾向越大。文化程度不同的消费者对品牌的感知价值存在显著性差异。学历越高的消费者越看重品牌所反映出来的身份和地位，而学历越低的消费者则注重价廉物美的品牌。消费者的自我价值观对消费者的品牌选择有重大影响。

二、外部环境因素

（一）参照群体

参照群体对消费者的品牌选择产生影响。人是社会人，所在群体的规范和看法将对个体行为产生影响，个体行为总会有意无意地与参照群体保持一致。自我类化理论关注“在个体中的群体”，认为消费者通过参照原型在对自己进行归类的同时，会根据内部群体的特征来看待自己。在内部群体中，个体将依据群体的观念和规范行事，因为此时的个体完全接受该群体的规范，群体的价值观也在该个体的价值观中得到体现。个人对群体越忠诚，越会遵守群体规范。

参照群体的影响可以分为信息性影响、功利性影响、价值观影响三种类型。信息性影响是指个体把参照群体中成员的行为、观念和意向等作为参照，以指导其行为；功利性影响是指个体遵从参照群体的期望，以获得群体的肯定及避免相应的惩罚；价值观影响是指个人期望通过与参照群体保持一致，使自己的价值观、信念与参照群体相匹配，以提升自己的形象。

在网络商品和品牌相当丰富的情况下，网络消费者面临着选择的困扰，例如当其想在网上购买早餐麦片时，打开网购 App 搜索后，发现搜索结果列表中的麦片相当多，包装从袋装到罐装，口味从有糖到无糖，种类从纯燕麦到混合坚果、混合水果，品牌从国产的到进口的，真是琳琅满目，应有尽有。网络消费者为了减少选择成本，往往参照群体的选择，且会感知到该参照群体的价值观与所使用的品牌形象是一致的。网络消费者如果感知到的品牌形象与参照群体不一致，则会放弃该品牌。如果某品牌形象与消费者所在群体价值不一致，其选择意愿也会直线下降。例如，男性消费者会避免选择一些品牌形象与女性消费群体一致的品牌。如果消费者现在使用或者购买的品牌得不到参照群体的认同，就会损害品牌内群体的积极性。如果现有品牌使消费者与群体产生良好的情感共鸣，得到了参照群体的积极认同，那么消费者就会继续保持使用该产品的热情。

（二）品牌因素

(1)品牌熟悉度。

Stokes(1985)在研究产品价格、产品包装、品牌熟悉度对感知质量的影响时发现，对于风险高且品牌熟悉度低的购买，消费者倾向将产品价格作为判断产品质量的依据，同时品牌熟悉度直接影响消费者的购买意向。Alexandru 和 Arvind(2000)分析品牌知名度、产品价格和产品其他可搜索属性对消费者选择的影响，发现对于差异程度小的产品，影响消费者决策的主要因素是产品价格。消费者了解的产品价格信息越充分，其对价格的敏感度越大。此外，产品的附加功能会转移消费者注意力，进而削弱其价格的敏感度。[28]符国群、佟学英(2003)使用联合分析方法分析了品牌、价格和原产地对消费者选择行为的影响，发现影响消费者选择行为最大的因素是产品品牌，其次是产品的原产地，再次是产品的价格。[29]

(2)品牌认知度。

品牌认知度，指的是消费者对品牌了解、记忆、识别的程度。具体就是，在提及某一类产品时，消费者脑海能想起或辨别某一个品牌的程度。品牌认知度不仅是评价品牌社会影响力的重要指标，[30]也是影响消费者品牌选择的一个重要因素。[31]消费者在购买商品时常常会鉴于以往对品牌产品的使用经验，认识并了解品牌的程度，购买自己喜欢的、有消费经验的商品品牌。

(3)品牌信任。

品牌信任判断不仅影响消费者在决策过程中的商品属性价值判断、预期风险、信息成本以及决策规则的评估，而且在信息不确定的情况下，能削弱消费者的价格敏感性。[32]品牌信任是企业开展品牌营销的基础，消费者只有建立了品牌信任，购买意愿才强烈。[33]

(4)品牌形象。

品牌形象反映的是消费者对品牌总体的认知。消费者往往利用品牌形象来辨识、评估产品或服务的品质，同时也可以降低消费者购买产品或服务的感知风险。消费者通过品牌形象预测品牌是否能满足其需求，从而得到不同的感受和满足。品牌不仅具有功能属性，还具有象征属性。良好的品牌形象和声誉有利于增加企业的销售量和提高市场份额，并且有利于与消费者建立忠诚关系，并促使消费者重复购买。Aaker(2001)把品牌形象分成三个维度：一是产品属性，它是品牌可以满足消费者需求的属性；二是品牌个性，它是品牌可以体现出个性化的特征；三是企业形象，它是产品提供者在消费者心中塑造出来的整体感觉。

(5)品牌偏好。

偏好反映消费者对不同产品和服务的喜好程度。品牌偏好指的是与其他竞争品牌相比，消费者对某一个特定品牌的喜好程度。品牌偏好能折射出消费者对品牌所表现出来的积极态度。

Angel(1992)认为品牌特征、消费者特质、环境因素以及情境因素四方面共同作用形成了消费者品牌偏好。Jagdish N. Sheth 认为品牌的适用性、社会及情感象征意义、长期使用品牌过程中形成的习惯能够促进消费者品牌偏好的形成。[25]赵占波(2009)提出消费者对中外品牌各属性的感知差异可能会影响其对中外品牌的偏好，消费者的年龄、家庭收入和其受教育程度都是影响消费者品牌偏好的关键因素。[34]

消费者的品牌偏好对于企业而言非常重要。品牌偏好使得消费者无法理智地比较其他品牌的产品与服务，即使其他品牌能给消费者带来更大的收益，消费者依然出于认知、情感选择其所偏好的品牌。在网络环境下，消费者面对非常丰富的商品，有“选择超载”的困扰。为了减低选择成本，消费者往往先选择品牌，然后再从选定的品牌中选择特定的商品与服务。

（三）购物环境因素

不同的商店环境，比如颜色、音乐、逛店人数、店面设计，都能够影响消费者对于品牌的评价、对商品价格的感知，以及在商店逗留的时间和开支。在网络环境下，网页外观设计、商品的文本介绍、商品陈列布局、色彩的搭配等会影响网络消费者的经济和心理成本感知，令人舒适的网站设计将降低消费者对于经济和心理成本的感知。

三、营销因素

（一）广告

广告往往影响消费者的态度，但是影响程度到底有多少，无法直接测量。广告不光影响品牌、态度和特征三类信息，也影响消费者的信息可提取性和信息价值判断。同时，广告的重复频率对消费者的品牌偏好影响较大，对于成熟市场的品牌，“农夫山泉有点甜”“送礼就送脑白金”等重复频率高的广告，增加了消费者的品牌偏好。[35]广告的方式也会影响消费者的品牌选择，有创意的广告能够强烈吸引消费者。广告所在的媒体语境影响广告效果，进而影响消费者对广告中所表现出的品牌的态度。[36]媒体语境能引导消费者形成认知导向，并在消费者与目标品牌之间建立情景联系的纽带。

（二）口碑

口碑具有扩散效应。无论是老客户还是潜在客户，正面的口碑都能对其品牌的购买决策产生正向的影响；反之，负面的口碑则产生消极的影响。[37]消费者一般接收客观事实型与主观评价型两类口碑信息。客观事实型的口碑信息包括关于产品或者服务特征的信息，如产品价格、产品功能、产品外观和服务态度等；主观评价型的口碑信息是消费者在购买、使用产品或者服务之后，带有主观色彩的感受与评价，反映消费者的判断与倾向。依据产品涉入度的高低不同，消费者会关注不同类型的口碑信息。若涉入度高，消费者倾向于客观事实型的口碑信息，而涉入度低，消费者则倾向于主观评价型的口碑信息。

从口碑评价的效果来看，网络口碑信息分为正面网络口碑和负面网络口碑两种类型。在网络环境下，网络口碑主要通过在线评论或者其余社交平台发布。负面网络口碑相对正面网络口碑对消费者品牌选择的影响更大，否定性效应认为与正面信息相比，人们会更重视负面信息的参考价值。当网络消费者有不满意的购买经历时，他们有强烈的愿望通过网络论坛等交流工具迅速传递给其他网络消费者，此时信息传播者虽然有可能不是意见领袖，但他们的意见却能对消费者的决策产生重大影响。即使是忠诚的消费者，在持续接收到某品牌的负面口碑时，也会对该品牌的态度发生变化。

（三）促销

促销对消费者品牌选择的影响可概括为以下三个方面：一是促销方式（如优惠券直接减免多少、买多少送多少）对消费者品牌选择的影响；二是促销活动对消费者重复购买概率的影响；三是促销对消费者忠诚的影响。

很多的促销活动，例如商场促销海报、京东“618 品牌促销日”、天猫“双十一”等一定程度上引导消费者在促销时才作出购买决策。对于熟悉的品牌，消费者会有品牌的价格参考点。对于品牌促销活动，消费者会形成品牌的促销参考点。品牌的促销参考点是指消费者依据品牌之前的促销活动，形成品牌未来的促销行为预期。消费者在评估品牌产品时，不仅参照品牌的价格参考点，还会参照品牌的促销参考点。这些参考点以及品牌产品实际价格与促销价格之间的差距，都将影响消费者的品牌选择。过于频繁的促销、价格折扣会对消费者的品牌选择行为产生负面影响。虽说价格折扣会增加品牌的吸引力，但是频繁的价格促销会强化消费者对品牌折扣的意识，提高消费者对品牌折扣的期望，最终损害消费者对品牌的反应。

促销一般分成价格导向和非价格导向两种。广告高于非价格导向促销，可提升品牌的认知度、可见度，增加消费者非价格导向促销的敏感度，降低消费者对价格导向促销的敏感度。价格导向促销是利用降价进行促销。价格导向促销一方面可以提高消费者对品牌产品的价格敏感度，另一方面可以增加非品牌忠诚的消费者群体；非价格导向促销会降低品牌忠诚的消费者对品牌产品的价格敏感度，但是非品牌忠诚的消费者对品牌产品的价格敏感度会提高。

（四）渠道

从消费者购买的渠道来看，一般有两种：一是传统的购物渠道；二是在线渠道。传统渠道对品牌选择行为的影响主要集中在市场的地理位置、人口统计变量等。对于在线渠道对品牌选择行为影响的研究，研究成果逐渐丰富。

随着网络技术的发展，人们的消费方式有了新的变化，越来越多的消费者开始在网上购物。影响在线渠道消费者品牌选择的营销组合变量与传统渠道相比，发生了显著变化。在网络环境下，消费者搜索得到的商品信息，更多的是非感知属性信息，而感知属性信息（如气味、质感等）是无法通过感官直接获取的，因而通过消费者嗅觉和触觉获得的信息对网络消费者品牌选择的作用降低。在传统购买时，消费者可轻松获取商品的感知属性信息，因此，购买渠道不同，消费者对营销组合变量的敏感度也是不同的。与感知属性信息的获取相比，消费者更容易获取不同品牌产品的价格、销售量与在线评论信息。[38]在线交易过程中的新特征也会影响消费者的选择行为，例如在线订单确认、在线支付方式、物流速度、物流服务水平等。在网络环境下，消费者品牌选择的影响因素更加复杂。不仅要考虑传统渠道品牌选择的影响因素，还要研究网络消费者选择行为还有哪些新的影响因素。

第三章　集成文本与表情的网络消费者偏好挖掘

网络购物平台丰富的商品满足了消费者的多元化需求，但同时增加了消费者的选择成本。[39]为了解决商品过载给消费者带来的困扰，网络购物平台给消费者提供个性化推荐服务，该推荐服务依据来自消费者的历史购买或浏览的轨迹。[40]在一定程度上，个性化推荐服务提高了消费者购物的效率和满意度。

目前，网络消费者偏好挖掘的信息来源主要有三类，一是消费者购买的商品或者服务信息；二是购买过程中的信息，如消费者浏览网页的时间、浏览次数、浏览频率等；三是消费者购买后的意见反馈和情感表达。在线评论是消费者购买商品或者使用服务后的直接反馈，反映了消费者对于商品或服务的偏好和满意程度，[41]对在线评论进行情感分析，能够较好地挖掘网络消费者偏好。已有的研究成果利用在线评论文本构建情感分析模型挖掘消费者偏好，但是忽视了表情符号的作用。由于表情符号在人们交流中的广泛使用，含有丰富的情感信息，对理解消费者的真实偏好至关重要。因此，对在线评论中文本和表情符号进行综合分析，将有助于提高网络消费者偏好挖掘的准确性。

集成在线评论文本和表情符号的方法是综合考虑文本和表情符号，以联合挖掘网络消费者的偏好信息。首先采用基于高频名词属性的抽取技术，提炼网络消费者对商品偏好的属性；然后采用情感分析技术进行属性偏好挖掘，分别从文本和表情符号两个方面计算消费者情感，利用文本情感与表情情感加权的方式获取网络消费者的综合情感；最后以大众点评上的实际评论数据为例，与基于情感分析和 LDA 方法相比较。该方法的优势可能在于：①不仅计算在线文本的情感，还计算表情符号的情感，首次将文本和表情符号集成以挖掘网络消费者的偏好；②设计表情符号情感得分算法，自动为表情符号赋予情感，解决人工标注的弊端。

一、文献综述

消费者偏好分析的方法主要有调查法、联合分析法和数据挖掘法。调查法包括访问法、问卷法和观察法。访问法和问卷法通过调查人员与受访者访谈和发放问卷来获取受访者的偏好信息，适合研究具有明确偏好并且愿意主动表达的群体。观察法通过观察消费者对商品与服务的选择而推测消费者偏好，由于观察到的往往是表象，难以深入了解。[42]联合分析法要求消费者首先对选择集中的商品或服务进行打分或排序，然后评价不同商品或服务的效用值和不同属性的重要程度，进而发现消费者偏好的最优组合，并剖析消费者偏好的主要影响因素，针对的群体与访问法及问卷法类似。[43]

当消费者无法准确表达偏好或者出于个人隐私不愿意主动提供偏好信息时，只能通过数据挖掘来发现消费者偏好。[44]依据使用数据结构的不同，数据挖掘法可以分为两类：基于结构化数据的偏好挖掘和基于非结构化数据的偏好挖掘。基于结构化数据的偏好挖掘多利用消费者的浏览行为数据、交易数据、位置数据等挖掘消费者偏好。Chen 等通过收集网络消费者的购物频率、购物时间等数据来了解网络消费者偏好，进而构建推荐模型来帮助网络消费者找到感兴趣的店。[45]刘枚莲等构建的双向关联规则算法根据消费者的浏览频率、浏览时间和链接路径数挖掘网络消费者的潜在偏好。[46]基于结构化数据的偏好挖掘有助于降低问题的复杂性，提高挖掘的准确性，但是随着数据类型的日益丰富，需要考虑非结构化数据的挖掘。

在线评论数据挖掘是一种典型的基于非结构化数据的偏好挖掘。在线评论作为消费者购买商品或者服务后的直接反馈，隐含了丰富的消费者对商品和服务的偏好信息，可以利用文本挖掘方法从在线评论中推理消费者偏好。[47]基于在线评论挖掘网络消费者偏好的方法主要有信息抽取和情感分析两种。信息抽取是从评论中抽取与偏好有关的信息，如商品信息、商品关联信息等，以此来了解消费者偏好的商品以及商品属性。[48]信息抽取可以通过建立属性词表等相关规则，从评论中抽取用户偏好的商品属性，比如，岳子静等利用高频名词统计方法挖掘美团用户对菜系的偏好，[49]胡新明和夏火松建立同义词表、修饰词表、情感倾向表和情感修饰词表，根据词表从在线评论中抽取用户的偏好信息。[50]基于规则的信息抽取方法存在规则构造烦琐、维护困难的问题。为此，可以利用机器学习迭代训练模型，将其用于新数据的属性抽取任务。周清清等利用深度学习聚类属性词，得到聚类后的细粒度产品属性集，以了解消费者偏好的不同商品属性。[51]基于机器学习的方法有助于提高属性抽取的精度，但容易出现过度拟合问题。情感分析是从文本中提取消费者的观点和情感，依据消费者的情感倾向来判断消费者的偏好程度，通常有基于情感词典和基于机器学习两种方法。前者是通过构建情感词典来识别文本中的情感词，根据情感词的情感倾向再判断文本的情感倾向，据此了解消费者对商品或服务的偏好程度。孟园等构建情感词典提取消费者对护肤品属性特征的情感和偏好；[52]李金海等通过本体，构建层次化的产品属性集，使用情感词典和层叠 CRFs 模型将在线评论的情感倾向性进行层次化分类，实现用户偏好信息的层次化挖掘。[53]基于情感词典的方法具有较好的通用性，但是领域适应性较差。基于机器学习的方法利用人工标注的语料训练情感分类器，实现消费者偏好的分类预测。Zhou 等建立基于机器学习的情感分析模型来识别在线评论中消费者的情感，通过消费者的正负情感倾向来确定消费者对产品的偏好需求；[54]王仁武等通过组合深度学习和情感分析方法，对品牌属性进行情感分类以得到网络消费者对不同品牌的偏好和态度。[55]

在负面评论容易被商家和谐的情况下，[56]消费者往往倾向于使用表情符号表达他们的真实情感。表情符号不但能对文本的情感表达产生影响，甚至还能代替文本表达消费者的情感，比如在线评论“服务[赞]”，这条在线评论中没有任何的情感词，但表情符号[赞]表明了网络消费者对服务的认可。但同样的表情符号，在不同的语境下表达的情感是不一样的，需要结合特定的语境，才能呈现特定的情感。因此需要集成在线文本和表情符号来挖掘网络消费者偏好。

二、考虑文本和表情符号集成的网络消费者偏好挖掘

商品或者服务往往具有一定的属性特征，网络消费者对商品或服务的偏好往往体现在这些属性上。以手机为例，有的消费者可能偏好大屏幕，有的消费者可能偏好手机的像素高。消费者对属性的偏好又往往通过情感表达，可以通过计算情感来衡量消费者对商品属性的偏好程度，[57]集成文本和表情符号的网络消费者偏好挖掘的流程如图 3-1 所示。

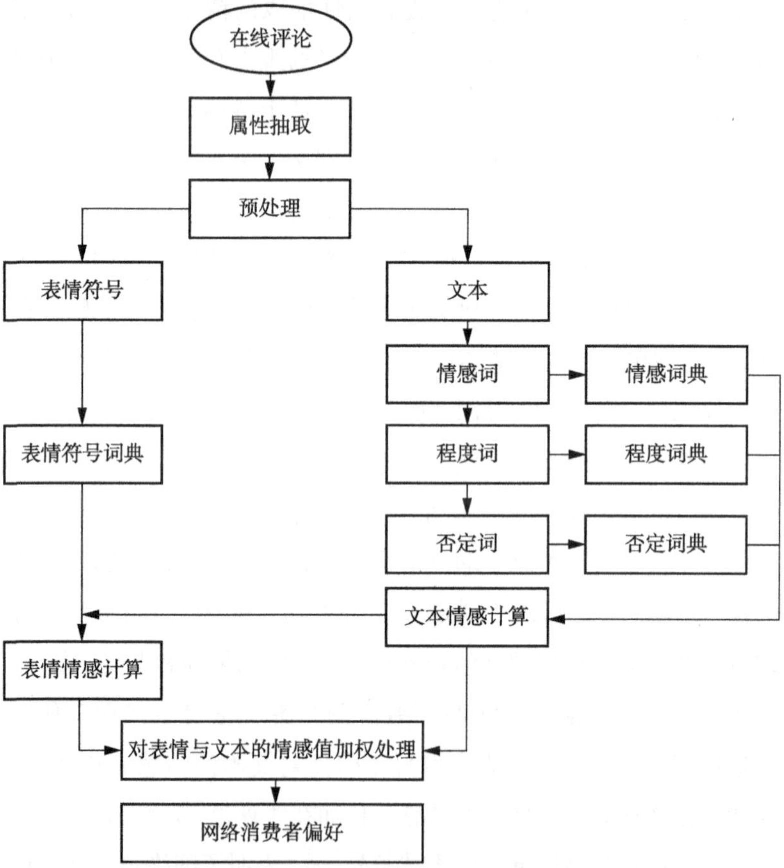

图 3-1 集成文本与表情符号的网络消费者偏好挖掘流程

可见，集成文本与表情符号的网络消费者偏好挖掘流程主要分为两大部分。图 3-1 的左半部分主要是依据表情符号计算情感，右半部分主要是

根据文本计算情感。集成文本与表情符号的网络消费者偏好挖掘流程如下：首先对在线评论进行属性抽取，获取网络消费者关注的商品属性。然后对在线评论进行预处理，去除链接、Html 标签以及无效数据等信息后，根据符号“[ ]”内的字符进行表情符号的提取。预处理之后，构建表情符号词典并利用文本的情感倾向进行表情符号的情感计算，构建情感词典、程度词典和否定词典对描述属性的文本进行情感计算。最后将表情的情感值和文本的情感值进行加权处理获得最终的综合情感值，根据综合情感值来衡量网络消费者对商品属性的偏好程度。

（一）符号说明

本章使用的符号及其含义详见表 3-1。

表 3-1　符号及其含义

符号	含义
$E=\{e_1, e_2, \cdots, e_n\}$	表情符号集合
$R=\{r_1, r_2, \cdots, r_m\}$	在线评论集合
r_i	第 i 条在线评论
d_i	第 i 条评论的文本
E_i	第 i 条评论中的表情集合
d_{ij}	第 i 条评论文本的第 j 个子句
f_{ijk}	第 i 条评论文本的第 j 个子句中的第 k 个属性
$word_{ijk}$	第 i 条评论第 j 个子句第 k 个属性的情感词
adv_{ijk}	第 i 条评论第 j 个子句第 k 个属性的程度词
neg_{ijk}	第 i 条评论第 j 个子句第 k 个属性的否定词
$\mathrm{sen}(d_i)$	第 i 条评论文本的情感值
$\mathrm{sen}(e_h)$	表情符号 e_h 的情感值
$\mathrm{sen}(word_{ijk})$	第 i 条评论第 j 个子句第 k 个属性的情感词的情感值
$\mathrm{sen}(e_h)_{ijk}$	第 i 条评论第 j 个子句第 k 个属性的表情 e_h 情感值
$\mathrm{sen}(f_{ijk})$	第 i 条评论第 j 个子句中第 k 个属性的情感值
n_{ik}	第 i 条评论中含有属性 k 的子句数
p_{ik}	第 i 条评论中网络消费者对属性 k 的偏好程度值

（二）商品属性获取

商品属性的获取途径主要有三种：一是基于商品描述或说明书获取商品属性；二是基于文本挖掘获取商品属性；三是根据专家知识获取商品属性。我们采用的是基于文本挖掘获取商品属性。利用文本挖掘获取商品属性的方法主要有四种：基于聚类的方法、基于主题模型的方法、基于机器学习的方法和基于高频名词抽取的方法。高频名词因其特殊的语义涵盖了大部分的商品属性，所以利用高频名词来判断属性具有较高的准确性。[58]因此，我们使用基于高频名词的属性抽取方法。该方法的应用步骤为以下三步：第一步，利用 ROSTCM 对在线评论进行词性标注，抽取标记为名词的词语作为备选属性词。第二步，按照名词出现的频率进行降序排列，备选属性名词在评论语料中出现的次数越多，则表示它是属性词的概率越大。第三步，结合人工判断方法，按照名词出现频率依次进行归类整理，划分为不同的属性。

（三）词典构建

(1)情感词典、程度词典、否定词典。

目前比较成熟的情感词典有 HowNet 情感词典、NTUSD 情感词典和情感词汇本体库等。本章联合 HowNet 和 NTUSD 词典，通过合并、筛选与去重形成新的基础情感词典，若情感词为正向，其情感分值记 1；若情感词为负向，其情感分值记-1。程度词典包含了用户表达情感强弱的程度词，不同程度词表达的情感强度不同，比如"酒店服务非常好，我很满意"和"酒店服务好，我很满意"的情感是不同的，程度词"非常"加强了情感倾向，因此需要根据程度词对情感值进行调整。现从 HowNet 情感词典中筛选出 29 个常用的程度词构成程度词典。为了表达程度词对情感词的加强效果，将程度词分为 4 类，并借鉴文献[59]的研究，分别赋予 1.6、1.3、1 和 0.7 的权重，见表 3-2。

表 3-2　程度词分类

权重	程度词
1.6	非常、绝、最、十分、超级、极其、强力
1.3	足够、很、真、特别、挺、甚、完全、相当、太

续表

权重	程度词
1	差不多、比较、有点、较、有些、一点、各种、蛮、不、还
0.7	略微、稍微、有点儿、也算

除此之外，否定词也是评论中常出现的词语，当评论中存在否定词时，否定词修饰情感词将直接改变情感词的极性，例如“这家酒店的服务员态度不好，冷冰冰的”，“好”本来是一个具有正向情感的词语，但是在否定词“不”的修饰下，文本的情感发生转变，因此需要对否定词进行处理。本章共收集9个常用的否定词构成否定词词典，见表3-3。评论中还可能出现双重否定的现象，比如对酒店设施的描述“酒店的设施真是太棒了，无不喜欢”，“无”本身是一个否定词，再加上否定词“不”，两个表示否定的词功能相互抵消，变为肯定。针对双重否定现象，采取的做法是根据否定词的个数进行权重的乘积处理。

表3-3　否定词表

权重	否定词
-1	不曾、未必、未曾、不及、并不、不是、除了、不、反而

(2)表情符号词典。

假设 $E=\{e_1, e_2, \cdots, e_n\}$ 为表情符号集合，$R=\{r_1, r_2, \cdots, r_m\}$ 为在线评论集合，r_i 为第 i 条在线评论，$r_i=(d_i, E_i)$，d_i 表示第 i 条评论的文本，E_i 表示第 i 条评论中的表情集合。

对于任意的表情符号 e_h，假设有 $q(1\leqslant q\leqslant m)$ 条评论包含该表情符号。通过对 q 条评论的情感分析，确定 e_h 的情感倾向，据此构建表情情感词典。具体每个 e_h 的情感得分算法如下：

对包含表情符号 e_h 的所有在线评论文本 $d_i(i=1, 2, \cdots, q)$ 进行情感倾向性分析，得到其情感总值 $\mathrm{sen}(d_i)$。

计算包含表情符号 e_h 的所有在线评论文本的正向情感总值。

$$\mathrm{sen}(e_h)^+=\left(\sum_{i=1}^{q}(\mathrm{sen}(d_i)^+=1)\right)/\sum_{i=1}^{q}|\mathrm{sen}(d_i)| \tag{3-1}$$

计算包含表情符号 e_h 的所有在线评论文本的负向情感总值。

$$\mathrm{sen}(e_h)^- = \left(\sum_{i=1}^{q}(\mathrm{sen}(d_i)^- = -1)\right) / \sum_{i=1}^{q}|\mathrm{sen}(d_i)| \tag{3-2}$$

计算表情符号 e_h 的情感。

$$\mathrm{sen}(e_h) = \max\{\mathrm{sen}(e_h)^+, \ |\mathrm{sen}(e_h)^-|\} \tag{3-3}$$

若 $\mathrm{sen}(e_h)^+ > |\mathrm{sen}(e_h)^-|$，则表情符号的正向情感总值大于负向情感总值，表情符号 e_h 的情感为正向，分值记为1；若 $\mathrm{sen}(e_h)^+ < |\mathrm{sen}(e_h)^-|$，表示表情符号的情感为负向，分值记为-1；否则表情符号的情感为中性，分值记为0。

（四）偏好挖掘

为了挖掘网络消费者的偏好，建立细粒度属性情感分析方法对在线评论进行情感分析，借鉴文献[60]的研究，首先根据标点符号(逗号、句号、问号等)将在线评论的文本 d_i 拆分成多个子句 d_{ij}。然后根据已抽取的属性、情感词典和表情情感词典匹配出每个子句中的属性词、情感词和表情符号，以及情感词附近的程度词和否定词，则在一个子句中，属性的情感值计算公式为：

$$\mathrm{sen}(f_{ijk}) = 0.6 \times \mathrm{sen}(word_{ijk}) \times \mathrm{sen}(adv_{ijk}) \times (-1)^x \times \mathrm{sen}(neg_{ijk}) + 0.4\frac{1}{t}\sum_{h=1}^{t}\mathrm{sen}(e_h)_{ijk} \tag{3-4}$$

其中，式(3-4)的前半部分 $\mathrm{sen}(word_{ijk}) \times \mathrm{sen}(adv_{ijk}) \times (-1)^x \times \mathrm{sen}(neg_{ijk})$ 表示文本情感，$\mathrm{sen}(word_{ijk})$ 为情感词的情感值，adv_{ijk} 为表3-2中相应的程度词，neg_{ijk} 为表3-3中相应的否定词，x 为否定词个数。当匹配到情感词后，如果存在程度词和否定词，则按程度词和否定词对应的权重进行修正，如果没有程度词和否定词，则按权重为1处理；后半部分 $\frac{1}{t}\sum_{h=1}^{t}\mathrm{sen}(e_h)_{ijk}$ 表示表情符号情感值，t 为子句中表情符号的个数，子句中若没有表情符号则只按文本情感计算。之所以采用0.4的表情符号权重，是因为如果直接将表情情感与文本情感相加会导致整条评论出现偏差，造成评论整体情感与消费者想表达的情感不符，为避免这种现象，借鉴文献[61]的研究，为表情符号赋予0.4的权重。

在一条在线评论中，多个子句可能描述的是同一个属性，取相同属性的情感平均值作为当前评论中网络消费者对属性 k 的偏好程度值：

$$p_{ik}=\frac{\sum_{j=1}^{n_{ik}}\operatorname{sen}(f_{ijk})}{n_{ik}} \tag{3-5}$$

其中，n_{ik}表示第 i 条评论中含有属性 k 的子句数量，$\operatorname{sen}(f_{ijk})$表示第 i 条评论中第 j 个子句中第 k 个属性的情感值，p_{ik}表示第 i 条评论中网络消费者对属性 k 的偏好程度值，即属性 k 的情感平均值。

三、实验及结果分析

（一）数据准备

实验数据来自大众点评网上桂林市酒店的在线评论，利用八爪鱼采集器抓取每一条评论信息，收集酒店名称、酒店星级、消费者 ID、评论文本、表情符号和综合评分，共得到桂林市 20 家酒店含有表情符号的在线评论 3800 条。以四星级酒店为评判分界标准，[62] 大于等于四星级的判定为豪华型酒店，小于四星级的判定为经济型酒店。则这 20 家酒店中，豪华型酒店 14 家，经济型酒店 6 家，其描述性统计见表 3-4。

表 3-4 20 家酒店的描述性统计表

	豪华型酒店			经济型酒店		
	样本数	均值	标准差	样本数	均值	标准差
在线评论文本	2688	192	3. 22	1112	185	3. 40
表情符号	6044	2. 26	2. 55	2504	2. 25	2. 52
综合评分	12004	4. 48	0. 90	5968	4. 60	0. 87

从表 3-4 可以看出，豪华型酒店的在线评论总数高于经济型酒店的在线评论总数，且豪华型酒店的在线评论使用的表情符号更多，每条评论中的平均表情符号数量也要多于经济型酒店。从综合评分来看，经济型酒店和豪华型酒店都有较高的评分，经济型酒店略高于豪华型酒店。

为了解网络消费者对于酒店属性的偏好，将评论文本导入 ROSTCM 进行词性标注，同时借鉴文献[63-64]的研究，过滤掉与属性无关的高频名词后，将酒店属性划分为位置、服务、设施、餐饮、交通、环境和价格 7 类。详情见表 3-5。

表 3-5 20 家酒店的酒店属性高频名词表

属性	高频名词
位置	位置(1232)，阳朔(836)，西街(616)，公园(216)，景区(200)，距离(212)，步行街(160)，地段(36)
服务	服务(1680)，前台(768)，服务员(292)，态度(260)，体验(312)，工作人员(228)，接机(44)
设施	设施(1124)，装修(436)，阳台(420)，泳池(408)，床(384)，设计(372)，风格(296)，浴缸(284)，大堂(276)，卫生间(272)，游泳池(248)，客栈(216)，客房(216)，大厅(184)，大床(156)，隔音(152)，房间(1964)
餐饮	早餐(1268)，餐厅(436)，味道(320)，自助(268)，吃饭(176)，吃的(124)，胃口(8)，用餐(52)，餐饮(72)，饮食(24)
交通	交通(444)，步行(188)，机场(176)，走路(148)，打车(144)，
环境	环境(768)，卫生(636)，景观(268)，风景(256)，景色(176)，周边(172)，夜景(44)
价格	性价比(620)，免费(468)

根据表情符号得分算法对抓取的 3800 条在线评论进行表情符号情感计算，共得到表情符号 41 种，其中正向情感的表情符号有 26 种，负向情感的表情符号有 15 种，详情见表 3-6。

表 3-6 20 家酒店的表情情感词典

情感	表情符号
正向(1)	OK(40)，色(192)，得意(88)，饥饿(116)，卖萌(244)，大笑(160)，鼓掌(20)，坏笑(24)，玫瑰(56)，憨笑(20)，嘿哈(44)，斜眼笑(28)，机智(24)，带花笑(28)，亲亲(44)，捂嘴笑(284)，花筒(40)，微笑(304)，害羞(76)，龇牙(516)，脸红(124)，爱心(152)，强(992)，彩虹(28)，傲慢(72)，捂脸(76)
负向(-1)	笑哭(420)，无语(20)，可怜(24)，流泪(220)，大哭(36)，尴尬(24)，发怒(44)，抓狂(24)，发呆(20)，流汗(52)，委屈(24)，叹气(32)，冷汗(136)，疑问(32)，心碎(20)

通过评论文本和表情符号计算网络消费者对不同酒店属性的偏好程度，根据式(3-4)和式(3-5)计算得到消费者对酒店 7 种属性的偏好程度值，其描述性统计见表 3-7。

表 3-7　20 家酒店的偏好情况表

	位置	服务	设施	餐饮	交通	环境	价格
均值	0. 14	0. 32	0. 20	0. 13	0. 07	0. 33	0. 22
标准差	0. 41	0. 61	0. 46	0. 39	0. 24	0. 57	0. 36
最大值	2. 36	2. 92	2. 20	2. 36	1. 36	2. 74	1. 94
最小值	-1. 0	-1. 96	-1. 36	-1. 36	-0. 78	-1. 36	-0. 82

从表 3-7 可以看出，网络消费者对酒店 7 种属性的偏好程度均值均大于零，其中，环境属性获得了最高的偏好程度均值，交通属性则获得了最低的偏好程度均值。且从消费者对酒店偏好的最大值和最小值来看，服务属性既有最大偏好程度值，也有最小偏好程度值，这表明网络消费者对酒店的服务属性是最关注的。要想提高服务质量，需要酒店关注令消费者产生不满的原因，从而制定有针对性的策略，满足其需求。

（二）实验结果

为了验证本章提出的方法的有效性，首先将其与文献[65]提出的基于情感分析和 LDA 模型的偏好挖掘方法(图 3-2 中简称为 LDA 法)进行对比，为方便比较，将消费者对酒店各属性偏好程度的平均值作为其对酒店的偏好程度值，并将消费者主动提交的反映酒店偏好程度的综合评分作为基准偏好程度值。采用精确率、召回率和 F1 值作为判别标准，结果如图 3-2 所示。

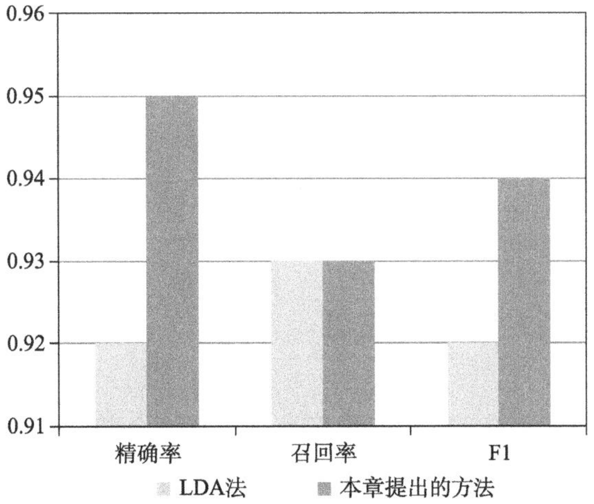

图 3-2　两种方法的精确率、召回率和 F1 对比

从图 3-2 可以看出，采用本章提出的方法进行网络消费者偏好挖掘时，精确率和 F1 较采用基于情感分析和 LDA 模型的偏好挖掘方法均有所提升，说明本章所提出的方法是合适的。为了进一步验证表情符号对网络消费者偏好挖掘准确性的影响，采用本章提出的方法，对含有表情符号和不含有表情符号的挖掘情况进行对比，结果如图 3-3 所示。

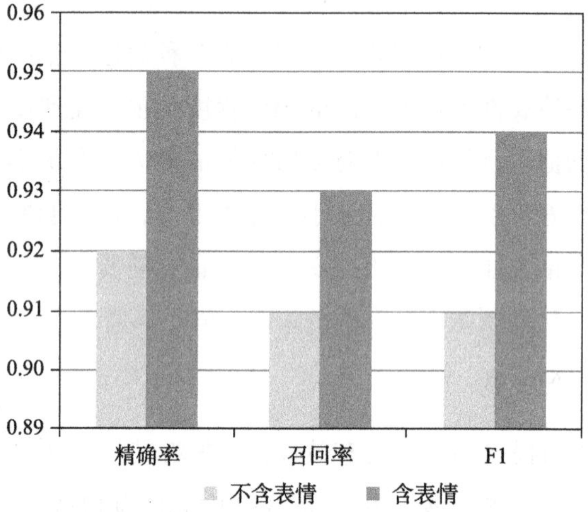

图 3-3　含表情符号和不含表情符号时的精确率、召回率和 F1 值

从图 3-3 可以看出，当综合考虑文本与表情符号时，精确率、召回率和 F1 值分别为 95%、93%、94%，而仅考虑在线评论文本不考虑表情符号时，精确率、召回率和 F1 值分别为 92%、91%、91%。考虑表情符号与不考虑表情符号相比，精确率、召回率和 F1 值分别提高了 3%、2%和 3%，这表明在进行网络消费者偏好挖掘时，考虑表情符号能够有效增加挖掘的准确性。

四、研究结论与管理建议

本章集成在线评论文本和表情符号进行网络消费者偏好挖掘，构建了情感词典、程度词典、否定词典和表情符号词典，识别评论中的情感词、程度词、否定词和表情符号，分别对文本和表情符号进行情感分析，并计算综合情感，通过情感倾向性判断网络消费者的偏好程度。以大众点评网上桂林市酒店的在线评论为例进行分析，本章研究发现集成在线评论文本与表情符号可以更准确地挖掘网络消费者偏好。

考虑到表情符号的应用日益广泛，在线评论文本和表情符号含有丰富的网络消费者偏好信息，企业要考虑如何利用在线评论文本和表情符号来了解网络消费者的真实偏好、真实需求以及潜在需求，并提供有针对性的产品与服务。这对于提高客户满意度和忠诚度，吸引新客户具有重要的现实意义。

用集成在线评论文本和表情符号进行网络消费者偏好挖掘时，需要考虑上下文不同语境对文本和表情符号的影响，不同人使用表情符号表达的情感方式也可能不一样，需要进一步根据表情符号和文本集成来发现网络消费者偏好转移的问题。

五、本章小结

考虑到表情符号在人们交流中的广泛应用，本章提出一种集成在线评论文本与表情符号的网络消费者偏好挖掘方法。首先基于高频名词的属性抽取获得网络消费者关注的商品属性，然后构建基础情感词典匹配评论中的情感词、程度词和否定词，再进行文本情感计算；然后构建表情情感词典识别评论中的表情，进行表情情感计算，将文本情感与表情情感加权获得最终的属性情感，以挖掘网络消费者的属性偏好；最后以大众点评网上桂林市酒店的实际在线评论为例进行分析。研究结果表明，本章提出的方法与基于情感分析和 LDA 模型的偏好挖掘方法相比，精确率和 F1 值分别提升了 3%和 2%，且该方法与考虑表情符号和不考虑表情符号方法相比，精确率、召回率和 F1 值分别提升了 3%、2%和 3%。

第四章　基于移动大数据的网络消费者手机品牌偏好与品牌选择

在当今网络信息时代，如果人们要选择必须携带一个随身物品，很可能会选择携带手机。智能手机的产生和发展，使手机的功能越来越强大，手机已经不再是单纯的通信工具。手机可以代替现金用于支付，可以代替电脑用于办公，可以代替线下操作以求方便快捷。手机似乎就是一个“百宝箱”，完全融入人们的日常生活，成为不可或缺的必需品。据通信运营业统计公报数据显示，2019 年全国的电话用户净增 3420 万户，总数达到 17.9 亿户。其中移动电话用户总数达到 16 亿户，每百人拥有移动电话 114.4 部。全国已有 26 个省市的移动电话普及率超过 100 部/百人。[66]

随着移动电话的普及，手机升级换代速度加快，尤其是以华为和苹果为代表的手机品牌更新换代速度基本每半年一次，手机用户对手机功能的需求不断升级，更换手机的频率也在加快。关注潜在换机客户已成为移动运营商们竞争的焦点。手机是移动业务的载体，是市场开发、市场维系和信息业务发展的重要切入点，如何有效找出手机定制的潜在客户以及细分客户，满足潜在客户的换机需要，实现手机销售精细化运营，成为移动运营商提高用户满意度面临的重要议题。

一、文献综述

品牌能给消费者带来功能性、象征性和体验性三种利益。价格是品牌功能性利益的体现，不仅显示消费者必须支付的成本，也是质量指示器，消费者可以通过价格来推断产品的质量、档次等。[67]在信息不完全对称的情况下，尤其是消费者无法准确判断产品的质量时，往往根据价格的高低来推断质量的好坏，价格越高，质量越好；价格越低，质量越差。[68]根据手机的特征，除了价格所代表的功能性利益外，手机的象征性利益被凸显，主要表现在手机的品牌流行度。Morgan 等提出品牌流行度曲线的 4 个阶段：时髦、著名、熟悉、疲劳。[69]当手机品牌处于时髦和著名阶段时，就能获得一定的象征性利益，更加容易形成消费者偏好。流行的产生基于消费者寻求变化和追求“新”表达的心理，TOP 榜的排名可以反映这种流行程度。体验性利益主要源于消费者的观察或者亲自使用过程中的利益，例如苹果手机的拍照效果很好，华为手机防震防摔，小米手机应用更新快。这三种利益的满足程度不同会带给消费者不同的价格偏好和品牌偏好，同时决定消费者的品牌忠诚度和品牌转移行为[70-71]。

品牌偏好是指消费者对某一品牌的产品或者服务的喜好程度。这种喜好程度取决于消费者购买商品时根据自身认为重要的价值因素对商品价值的评估，若评估时认为某种品牌有明显的优势，消费者就会偏好某一品牌。与品牌选择时会有一定的心理价格预期一样，消费者考虑手机价位时也反映出一定的品牌偏好。从社会交换理论来看，消费者之所以对品牌产生忠诚，是因为在与商家的交换关系中感到满意，这种满意会对交换伙伴产生情感。[72]如果消费者对与交换伙伴的关系感到满意，就会继续维持这种关系，表现为品牌忠诚；如果对关系不满意，则趋向于退出现有关系，表现为品牌转移行为。在消费者决策过程中，往往出现从众现象，即羊群行为，表示个人决策容易受他人决策影响。[73]尤其在信息不对称情况下，他人决策结果产生的信号会导致信息串流，显著影响后续用户的行为。[74]

品牌偏好理论揭示了消费者偏好的不同是由于消费者所采用的标准不同，[75]判断方式主要是采用联合—分离评价模式。[76]在联合评价模式中，主要是消费者将某品牌的属性和另一个品牌属性进行对比判断，消费者选择有明显偏好的品牌。Fischer 等研究发现，男性和女性在处理信息时是存在差异的，对不同的产品产生不同的偏好，购买决策的方式也不尽相同。

在分离评价模式中，消费者重点关注有明显偏好的品牌，依靠个人的判断标准，采用以属性为基础的信息处理方式，根据处理结果形成品牌偏好。[77]

在大数据背景下，对中国移动用户的手机使用行为进行分析，分别建立手机价格选择预测模型以及手机品牌偏好预测模型，利用 python3.6 软件实现算法，预测中国移动用户更换手机时偏好的价格和品牌，以提升移动运营商的营销成功率。主要贡献体现在四个方面：①结合社会交换理论和羊群效应理论，构建了基于 C5.0 算法，且 Boosting 迭代次数为 10、节点最小样本量为 10、错误率为 0.05 的多元决策树手机价格选择预测模型；②从品牌忠诚度、品牌转移和品牌流行度等角度，采用概率矩阵分解模型预测手机品牌偏好；③选取某省的中国移动用户大数据作为样本，应用合适的数据挖掘技术进行处理和分析，为模型构建和验证提供可靠的数据支撑；④综合考虑手机价格和手机品牌偏好对消费者手机品牌选择行为的影响，建立合适的模型提高消费者手机品牌预测的准确率，对移动运营商的手机推荐具有较大的实践价值。

二、基于 C5.0 算法的消费者手机价格偏好预测

根据我国某省移动运营商的用户手机使用数据，提取移动用户所使用手机的价格，利用相关分析方法识别影响用户手机价格偏好的关键因素，并通过消费者选择行为结果反推用户的偏好，利用决策树模型挖掘手机价格偏好。

（一）数据选取与数据处理

(1)数据提取。

选取某省中国移动运营商 20 万手机用户 2016 年 4 月至 7 月的数据进行分析，这 20 万用户均在 2016 年 7 月更换过手机，且新手机持续使用时间超过 15 天。从用户基本特征、换机前使用手机价格、交往圈特征、用户上网行为特征、消费特征 5 个维度，选取 21 项指标进行分析，以便筛选出影响用户手机价格选择的因素，以上具体数据指标见表 4-1。

表 4-1 手机价格选择行为模型确定涉及的数据指标

维度	数据指标	维度	数据指标（2016 年 4 月至 7 月）
用户基本特征	用户 ID	用户上网行为特征	3 个月月均游戏类 App 使用次数
	性别		3 个月月均游戏类 App 流量
	年龄		3 个月月均视频类 App 使用次数
	用户星级		3 个月月均视频类 App 流量
	入网时长		3 个月月均阅读类 App 使用次数
	是否 4G 客户		3 个月月均阅读类 App 流量
换机前使用手机价格	换机前使用的某手机价格	消费特征	3 个月月均消费额 ARPU
	使用过的手机平均价格		3 个月月均语音 ARPU
	当前手机使用时长		3 个月月均 GPRS 流量
交往圈特征	交往圈人员 TOP1 的终端价格		3 个月月均漫游通话时长
	交往圈人员的终端平均价格	目标变量	2016 年 7 月，用户更换手机时可能选择的手机价格

(2)数据处理。

数据处理是大数据分析建模中的一个重要步骤。初始数据中可能存在大量的脏数据、异常数据、不一致数据、不完整数据，甚至含有噪声数据。因此，数据处理第一步就是要对数据进行清洗，比如异常值处理、缺失值填充处理、归一化处理等，以提高数据挖掘对象的质量。

异常值的处理。根据移动运营商有关用户的实际业务知识，参考用户年龄分布，按照 3 倍标准差原则，剔除掉小于 15 岁的用户，并删除样本数据中明显不符合逻辑的值。比如，入网时长小于 0，大于 360 个月的数据；近三个月月均消费额 ARPU、GPRS 流量、漫游通话、语言 ARPU 均小于 0 的数据。

缺失值填充处理。对于用户 7 月份换机价格缺失数据，通过网络爬虫抓取大型电商网站对应品牌和型号的手机售价，利用市场价进行填充，对于无法填充的样本数据作删除处理。对其他指标的缺失值，结合样本数据采用均值或众数进行填充，对于无法填充的样本数据同样作删除处理。根据数据的属性，可以把数据分为数量型和分类型两类。如果数量型数据缺失，就填充该属性的平均值；如果分类型数据缺失，就依据统计学众数的原理填充该属性的众数。具体填充方法为：变量“交往圈人员的终端平均价格”“交往圈中人数 TOP1 的终端价格”“3 个月月均漫游通话时长”“3 个月月均 GPRS 流量”“3 个月月均语音 ARPU”“使用过的手机平均价格”中的缺失值均采用众数填充；变量“用户星级”“3 个月月均游戏类 App 使用次数”“3 个月月均游戏类 App 流量”“3 个月月均视频类 App 使用次数”“3 个月月均视频类 App 流量”“3 个月月均阅读类 App 使用次数”“3 个月月均阅读类 App 流量”中的缺失值采用众数填充。

归一化处理。为了避免不同指标数据量纲的问题，采用 z 标准化方法对样本数据进行处理，以便作进一步数据分析，比如变量相关性分析。

经过上面三个步骤的基本数据处理以后，最终剩余 165917 个样本数据。

（二）探索性分析和相关性分析

对于处理以后的数据，进行探索性分析和相关性分析，了解影响移动用户品牌价格选择的因素及行为变化特征。

(1)探索性分析。

利用 Python3.6 软件对最终样本数据进行探索性分析。由于变量数量过多，仅以“入网时长”和“交往圈人员的终端平均价格”两个变量为例进行说明。图 4-1 为“入网时长”的频数分布图，图 4-2 为“交往圈人员的终端平均价格”的频数分布图。

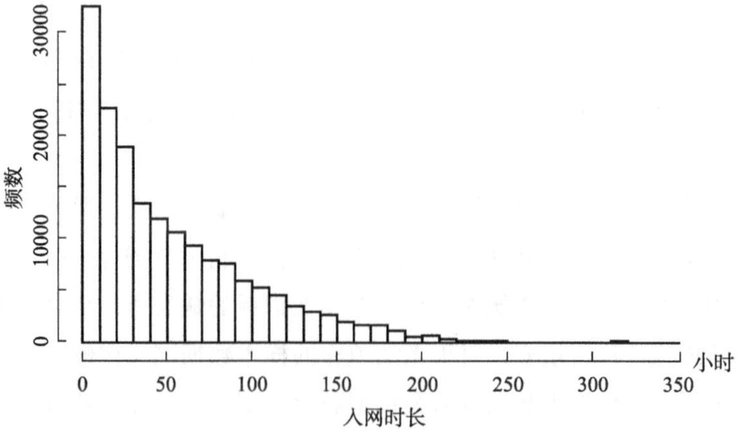

图 4-1 “入网时长”的频数分布图

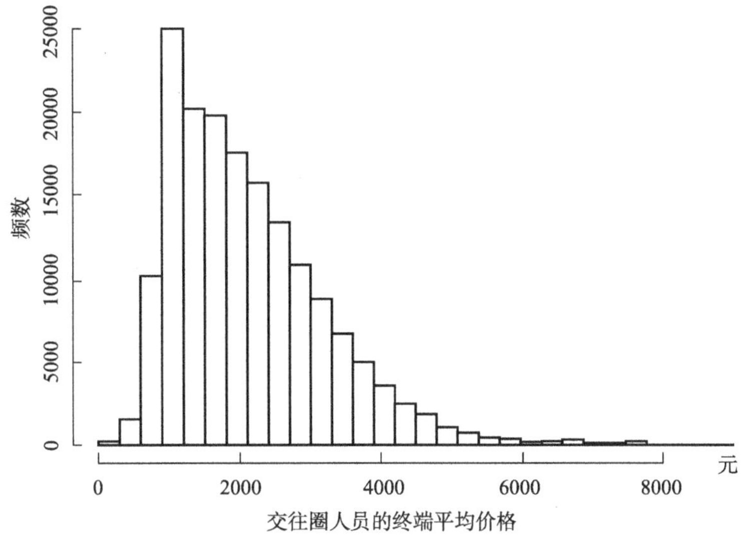

图 4-2　“交往圈人员的终端平均价格”的频数分布图

“入网时长”变量的均值为 51.59，中位数为 37，众数为 5，即均值>中位数>众数，说明“入网时长”的数据呈偏态分布，且呈右偏分布。“交往圈中人员的终端平均价格”变量的均值为 2119，中位数为 1901，众数为 999，即均值>中位数>众数，说明“交往圈人员的终端平均价格”的数据同样呈偏态分布，而且也是右偏分布。由于样本数量足够大，虽然样本数据呈现右偏分布也可以按照近似正态分布处理。对其他变量进行类似的探索性分析，可以看作近似正态分布。

(2)相关性分析。

本章使用 Pearson 相关系数判断变量之间的相关关系。具体就是：0.8~1.0 极强相关；0.6~0.8 强相关；0.4~0.6 中等程度相关；0.2~0.4 弱相关；0.0~0.2 极弱相关(不相关)。由于变量的数量过多，变量间的相关系数小于 0.4 的不全部在表中列出，部分变量的相关关系具体见表4-2。

表 4-2　部分变量的相关关系表

	3 个月月均费额 ARPU	3 个月月均语音 ARPU	使用过的手机平均价格	交往圈中终端平均价格	3 个月月均游戏类 App 使用次数	3 个月月均视频类 App 使用次数	3 个月月均阅读类 App 使用次数
用户星级	中等	弱	弱	弱	极弱	极弱	极弱
3 个月月均语音 ARPU	中等	—	弱	极弱	极弱	中等	极弱
3 个月月均 GPRS 流量	中等	极弱	弱	弱	弱	中等	极弱
3 个月月均漫游通话时长	中等	中等	极弱	极弱	极弱	极弱	极弱
3 个月月均视频类 App 流量	弱	中等	极弱	极弱	极弱	中等	极弱
3 个月月均阅读类 App 流量	极弱	极弱	极弱	极弱	极弱	极弱	强
3 个月月均游戏类 App 流量	极弱	极弱	极弱	极弱	中等	极弱	极弱
换机前使用的某手机价格	弱	弱	强	弱	极弱	极弱	极弱
交往圈中人员 TOP1 的终端价格	极弱	弱	弱	中等	极弱	极弱	极弱

从表 4-2 可以看出：变量“换机前使用的某手机价格”与“使用过的手机平均价格”有强相关关系，“3 个月月均阅读类 App 流量”与“3 个月月均阅读类 App 使用次数”有强相关关系。对于具有强相关关系的两个变量，只需要选择其中一个变量即可。现在删除“换机前使用的某手机价格”和“3 个月月均阅读类 App 使用次数”这两个变量，剩余的 19 个变量作为用户手机价格选择的影响因素。

（三）数据建模

移动用户选择手机时往往存在价格心理预期，一般体现为价格区间，比如 3000 元左右价位的手机，而不是恰好 3000 元。按照某省中国移动市场部现有的价格划分方法，将目标变量(换机价格)划分为 7 个目标区间，编号分别为 1~7(1 表示 400 元以下，2 表示 400~700 元，3 表示 700~1000 元，4 表示 1000~2000 元，5 表示 2000~3000 元，6 表示 3000~4000 元，7 表示 4000 元以上)。手机价格区间划分后的频数分布如图 4-3 所示。

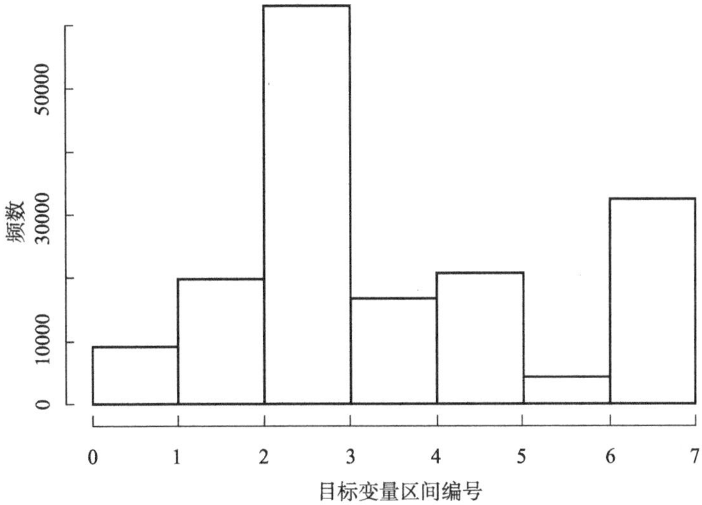

图 4-3 手机价格区间划分后的频数分布

可见，用户的换机价格在区间 3 最多，其次是区间 7，区间 1 和 6 的用户较少，呈现明显的双峰趋势，用户对于手机的价格偏好呈现两种趋势，一是用户倾向于追求性价比较高的中端手机；二是用户倾向于追求高品质、高价位的手机，例如苹果手机。从手机价格区间划分可知，手机价格偏好的预测问题可视为多元分类问题，多元决策树常用来解决多元分类问题。多元决策树 C5.0 算法是在 C4.5 算法的基础上改进的，它不仅拥有 C4.5 算法的性能，还加入了较多的新算法，其中 Boosting 算法可以很好地提高决策树算法对数据的识别率，而且降低了算法的复杂性。[78] 利用多元决策树模型研究的流程如图 4-4 所示。

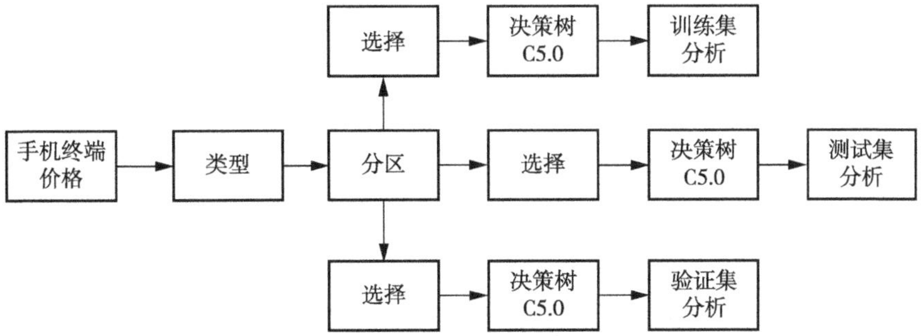

图 4-4 多元决策树模型的研究流程

（四）参数选择与模型验证

基于 C5.0 算法的决策树对训练集进行训练，不断调整模型的“Boosting 迭代次数、节点最小样本量、错误率”这三个参数，使模型达到最优。将选出的训练集最优参数模型应用于测试集和验证集，验证模型效果。参数调优情况如表 4-3 所示。

表 4-3　基于 C5.0 算法的决策树参数调优

序号	Boosting 迭代次数	节点最小样本量	错误率	准确率		
				训练集	测试集	验证集
1	1	无	0.25	77.56%	54.59%	55.33%
2	5	无	0.25	88.88%	57.45%	58.43%
3	10	无	0.25	94.59%	58.43%	58.89%
4	10	10	0.25	67.62%	60.94%	60.99%
5	10	20	0.25	63.80%	60.80%	61.21%
6	10	10	0.10	64.65%	60.92%	61.28%
7	10	10	0.05	63.36%	61.42%	61.74%

从表 4-3 中的前三行数据可以看出：在节点最小样本量和错误率不变的情况下，与 Boosting 迭代次数为 1 或 5 相比，取值为 10 时决策树的准确率最高，但是测试集和验证集的准确率并不是很理想。为防止决策树对训练集的过度拟合，进一步对决策树模型的“节点最小样本量”参数进行调整。从表 4-3 中 3~5 行数据可以看出：对节点最小样本量不进行控制时，测试集和验证集的准确率与训练集的准确率相差较大，说明训练集过度拟合；对比节点最小样本量为 10 与 20 时的情况，可以看出当节点最小样本量控制在 10 时，训练集的准确率大于节点最小样本量控制在 20 时，且测试集、验证集的准确率相差不大，模型比较稳定。进一步对决策树模型的“错误率”参数进行调整。从表 4-3 中 5~7 行数据可以看出：当“错误率”控制在 0.05 时，虽然训练集的准确率低于“错误率”为 0.25 和 0.1 的模型，但其测试集和验证集的准确率均高于“错误率”为 0.25 和 0.1 的模型，可以看出当“错误率”控制在 0.05 时，训练集、测试集、验证集的准确率相差不大，模型比较稳定。因此确定 Boosting 迭代次数为 10，节点最小样本

量为 10，错误率为 0.05 作为最优决策树模型。利用最优决策树模型进行决策的结果，具体见表 4-4。

表 4-4　最优决策树模型结果

分区	训练集样本		测试集样本		验证集样本	
正确	63078	63.36%	20382	61.42%	20487	61.74%
错误	36473	36.64%	12802	38.58%	12695	38.26%
总计	99551	100.00%	33184	100.00%	33182	100.00%

为确保选择的模型是合适的，将基于 C5.0 算法、CART 算法和逻辑回归的决策树模型进行训练集样本、测试集样本、验证集样本的准确率比较，具体见表 4-5。

表 4-5　基于不同算法的决策树模型结果对比

决策树算法	样本比例	Boosting 迭代次数	节点最小样本量	错误率的置信水平	训练集准确率	测试集准确率	验证集准确率
C5.0 算法	6：2：2	10	10	0.05	63.36%	61.42%	61.74%
CART 算法	6：2：2	无	10	0.10	61.55%	60.03%	60.84%
逻辑回归分类	6：2：2				43.56%	43.64%	43.54%

从表 4-5 可以看出：逻辑回归分类的决策树的稳定性很好，但其准确率不理想，基于 CART 算法的决策树的稳定性较好，但训练集、测试集、验证集准确率都不如基于 C5.0 算法的决策树模型。因此，最终确定基于 C5.0 算法且 Boosting 迭代次数为 10、节点的最小样本量为 10、错误率为 0.05 的决策树模型为手机价格选择的预测模型。

三、基于概率矩阵分解的手机品牌偏好预测

随着用户品牌意识的不断加强，移动用户不仅仅关注手机价格，还关注手机品牌。随着手机品牌类别的逐渐增多，同一价格区间的品牌选择范围变大，用户的选择空间也更大。品牌偏好反映了用户对品牌的喜爱程度，最终体现在品牌选择结果上。在预测手机用户价格选择的基础上，通过分析在网用户的历史手机使用行为，从品牌忠诚度、品牌转移和品牌流

行度三个维度，构建用户品牌偏好评估模型，并建立用户品牌偏好矩阵。在此基础上，利用概率矩阵分解模型预测用户手机品牌选择。

（一）品牌偏好评估模型

由于用户历史使用手机行为受多种因素的影响，且不同因素的影响程度不同。因此，利用熵值法构建用户历史品牌偏好评估模型。熵值法反映的是指标之间的变异程度及其信息量的大小，综合评价中指标间的差异越大，指标的作用越显著。设用户集合为 U，品牌集合为 V，用户 u 使用的历史品牌特征用矩阵 X_u 表示，其中 $X_{u,i}=(X_{u,i,1}, X_{u,i,2}, \cdots, X_{u,i,k})$ 表示用户 u 使用的第 i 个品牌的归一化特征向量，则用户 u 对品牌 i 的偏好 $R_{u,i}$ 表示为：

$$R_{u,i} = \sum_{j=1}^{k} W_{u,i,j} X_{u,i,j} \tag{4-1}$$

$$g_{u,i,j} = 1 - \frac{1}{\ln(|V_u|)} \sum_{i=1}^{|V_u|} X_{u,i,j} \ln(X_{u,i,j}) \tag{4-2}$$

其中，k 表示特征个数，$W_{u,i,j}$ 表示第 i 个品牌、第 j 个特征的重要性程度，$|V_u|$ 表示用户 u 使用过的历史品牌总个数，$g_{u,i,j}$ 表示 i 个品牌、j 个指标的信息熵冗余度，$R_{u,i}$ 表示用户 u 对品牌 i 的偏好得分。

基于用户历史品牌偏好模型，可以进一步构建用户的品牌偏好矩阵，用 R 表示。由于手机的使用时间相对较长，相比于快速消费类的产品品牌，用户使用过的手机品牌是极为稀少的。因此，如何在稀疏的数据环境下预测用户可能的手机品牌偏好，提高手机品牌推荐成功率成为关键。概率矩阵分解模型可以应用于稀疏数据环境下的预测，该模型已经应用于部分推荐系统中，例如电影推荐、位置推荐、图书推荐等，[79-80] 现利用该模型预测移动用户的手机品牌偏好。

（二）概率矩阵分解模型

把用户和物品映射到相同特征空间中的一个点是概率矩阵分解模型的核心思想，这个点可以用一个向量表示。利用 R_V 和 R_U 分别表示品牌和用户的隐式空间特征矩阵，每一行表示每一个用户或品牌的隐式特征向量，区别于传统的矩阵分解方法，如 SVD、MF 等，[81-82] 概率矩阵分解模型假设每一个用户的隐式特征向量服从均值为 0、方差为 σ 的高斯先验分布，则用户的隐式特征空间矩阵表示为：

$$p(R_U \mid \sigma_U^2) = \prod_{u=1}^{|U|} N(R_{U_u} \mid 0, \sigma_U^2 I) \tag{4-3}$$

其中，$|U|$表示用户个数，R_{U_u} 表示第 u 个用户的隐式特征向量。同理，品牌的隐式特征空间矩阵表示为：

$$p(R_V \mid \sigma_V^2) = \prod_{v=1}^{|V|} N(R_{V_v} \mid 0, \sigma_V^2 I) \tag{4-4}$$

其中，$|V|$表示品牌个数，R_{V_v}表示第 v 个品牌的隐式特征向量。

给定用户和品牌的隐式特征空间向量，用户对手机品牌的偏好概率服从先验高斯分布，即：

$$p(R \mid R_U, R_V, \sigma_R^2) = \prod_{u=1}^{|U|} \prod_{v=1}^{|V|} [N(R_{U_u V_v} \mid R_{U_u}^T R_{V_v}, \sigma_R^2)]^{I_{U_u, V_v}} \tag{4-5}$$

R_{U_u,V_v}表示用户 U_u 对品牌 V_v 的偏好得分，I_{U_u,V_v}为指示函数，表示为：

$$I_{U_u,V_v} = \begin{cases} 1, & R_{U_u,V_v} \\ 0, & else \end{cases} \tag{4-6}$$

（三）参数学习与品牌推荐

利用贝叶斯推导，可以得到用户和品牌的隐式特征的后验概率：

$$p(R_U, R_V \mid R, \sigma_R^2, \sigma_U^2, \sigma_V^2) \propto p(R \mid R_U, R_V, \sigma_R^2) \times p(R_U \mid \sigma_U^2) \times p(R_V \mid \sigma_V^2) \tag{4-7}$$

利用最大似然函数，对上式取对数，并进行最小化误差，得到：

$$L = \frac{1}{2} \sum_{u=1}^{|U|} \sum_{v=1}^{|V|} I_{uv} (R_{U_u, V_v} - R_{U_u}^T R_{V_v})^2 + \frac{\lambda_{R_U}}{2} \sum_{u=1}^{|U|} \| R_{U_u} \|_F^2 + \frac{\lambda_{R_V}}{2} \sum_{v=1}^{|V|} \| R_{V_v} \|_F^2 \tag{4-8}$$

其中，$\lambda_{R_U} = \sigma^2 / \sigma_{R_U}^2$、$\lambda_{R_V} = \sigma^2 / \sigma_{R_V}^2$、$\| R_{V_u} \|_F^2$ 表示 Frobenius 范数。利用梯度下降法对用户和品牌的隐式特征向量进行求解，分别对 R_{U_u} 和 R_{V_v} 求导：

$$\frac{\partial_L}{\partial_{R_{U_u}}} = -\sum_{v=1}^{|V|} I_{U_u, V_v} (R_{U_u, V_v} - R_{U_u}^T R_{V_v}) R_{Vv} + \lambda_{R_U} R_{U_u} \tag{4-9}$$

$$\frac{\partial_L}{\partial_{R_{V_v}}} = -\sum_{u=1}^{|U|} I_{U_u,V_v}(R_{U_u,V_v} - R_{U_u}^T R_{V_v}) R_{U_u} + \lambda_{R_v} R_{V_v} \tag{4-10}$$

通过上述矩阵分解，可以得到用户和品牌的隐式特征向量，对于任何一个品牌，用户对品牌的偏好可以通过用户隐式特征向量和品牌隐式特征向量的内积计算得到，即：

$$R_{uv} = U_u^T V_v \tag{4-11}$$

（四）模型验证

(1)数据集处理。

对于用户手机品牌数据中存在的同义不同名的品牌，进行合并处理。如“小米科技”归入“小米”，“宇龙”归入“宇龙酷派”。品牌忠诚度用货币和频率的两类指标进行测量。其中广泛使用的是频率测定指标，重复购买率=消费者对该品牌的购买次数/消费者对该种类产品所有品牌的购买次数×100%。[79]根据社会交换理论，消费者与品牌的关系是随着时间的增长从非亲密、非情感性的关系逐渐提升到亲密的关系。考虑到使用时间对用户与品牌关系的影响，我们在测量用户品牌忠诚度时增加了时间因素，并定义如下：品牌忠诚度=(用户对该品牌的使用次数/所有品牌的使用次数)×(用户对该品牌的使用时长/所有品牌使用时长)。

(2)模型验证。

利用 Python3. 6 软件实现上述算法，鉴于收集到的数据中某些品牌使用的人数较少，甚至有些品牌只有一两个人在使用，为减少数据稀疏的程度，分别对品牌合并和品牌未合并两种情况进行模型验证，品牌合并指将使用人数在 1 万以下的手机品牌统一归并为“其他”，合并后的品牌集中有苹果、华为、vivo、三星、小米、联想、oppo、酷派、诺基亚、魅族、金立、中兴、天语、海信、其他共 15 个。

先从品牌忠诚度、品牌转移、品牌流行度建立用户的历史使用品牌偏好评估模型，并求出用户品牌偏好评分矩阵，再运用基于概率矩阵分解的品牌选择模型，从概率的角度把用户和品牌的一些潜在信息映射到低维的特征空间，然后利用低维特征向量的线性组合来解释特定用户对特定品牌的喜好程度，预测用户对手机品牌的偏好，进而根据预测对相应的用户进行有针对性的推荐。通过推荐的准确率和召回率(给用户推荐的品牌有用户之前使用过的品牌的比例)两个指标对模型进行评价，推荐 1、3、5、7 个手机品牌的精确率和召回率的情况，分别如图 4-5 和图 4-6 所示。

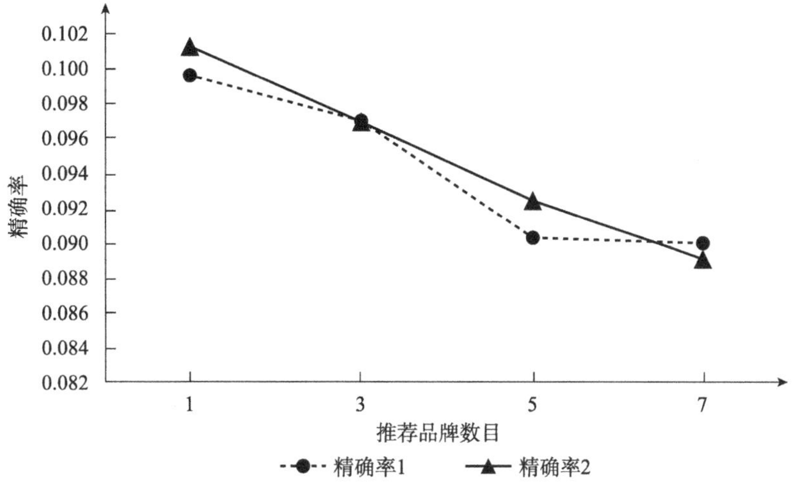

图 4-5　品牌推荐数目与精确率关系图

图 4-5 中的“精确率 1”表示品牌合并后的情况，“精确率 2”表示品牌未合并的情况。从图 4-5 中可以看出，无论品牌是否合并，随着给用户推荐的品牌个数的增加，推荐的精确率下降。

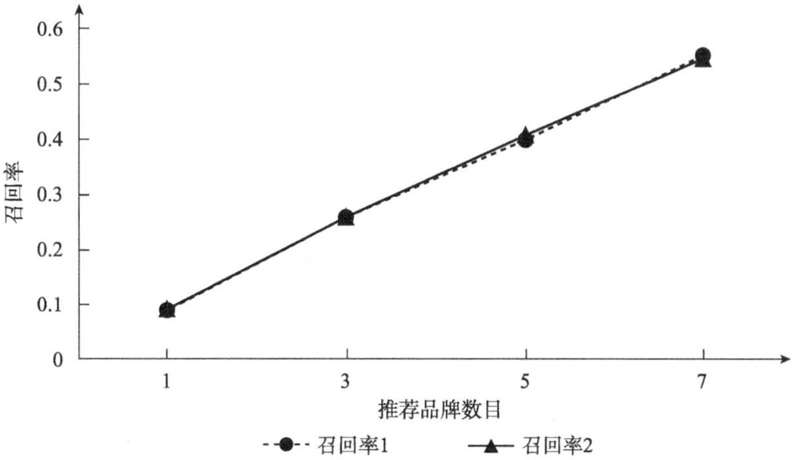

图 4-6　推荐数目与召回率关系图

图 4-6 中“召回率 1”表示品牌合并后的情况，“召回率 2”表示品牌未合并的情况。从图 4-6 中可以看出，无论品牌是否合并，随着用户推荐的品牌个数的增加，推荐的召回率增加，这与景楠等的研究结果相符。[83]

基于概率矩阵分解的品牌选择预测效果的 RMSE 值为 0. 1967，说明用该模型预测移动用户的手机品牌选择是合适的。

四、结论与展望

本章研究发现：①“使用过的手机平均价格”“是否为 4G 客户”“入网时长”“交往圈中手机平均价格”是价格偏好的主要影响因素，而在这之中“使用过的手机平均价格”对潜在换机用户价格偏好的影响最大。②品牌流行度、品牌忠诚度、品牌相似度都是影响手机用户品牌偏好的主要因素，其中品牌流行度的影响最大。③给潜在换机用户推荐的品牌个数的增加，推荐的精确率下降，推荐的召回率增加。

中国移动的用户是否会更换手机，不仅与手机价格以及品牌偏好有关，而且与通信行业的政策调整以及运营商的营销活动有关，甚至与品牌手机的发布时间、发布价格以及手机的促销卖点有关，综合考虑这些因素，构建更加合适的模型以及数据处理方法，是未来进一步的研究方向。

五、本章小结

本章以潜在换机的移动用户为研究对象，聚焦在用户换机时的价格选择以及品牌选择预测。选取某省的中国移动用户 2016 年 4 月至 7 月的使用信息，采用数据挖掘技术进行处理和分析，构建手机价格选择的预测模型、手机品牌选择预测模型，利用 python 3. 6 软件实现算法，为潜在换机客户进行手机推荐。在手机价格选择预测模型的构建中，结合社会交换理论和羊群效应理论，筛选出用户手机价格选择的影响因素，并对基于 C5. 0 算法、CART 算法、逻辑回归的多元决策树模型进行对比分析，选择预测效果最好的是基于 C5. 0 算法，且 Boosting 迭代次数为 10、节点最小样本量为 10、错误率为 0. 05 的多元决策树模型。该模型训练集、测试集和验证集的准确率分别为 63. 36%、61. 42%、61. 74%。在对手机价格选择进行预测的基础上，通过分析在网用户的历史终端信息，从品牌忠诚度、品牌转移和品牌流行度等角度计算用户对品牌的评分，利用熵值法构建用户历史品牌偏好模型，在此基础上建立基于概率矩阵分解的品牌选择模型，利用 Python3. 6 对基于概率矩阵分解的品牌选择模型进行实验，实验结果表明：随着给移动手机用户推荐的品牌个数增加，准确率下降，召回率增加。该模型的 RMSE 值为 0. 1967。所构建的模型将为有换机需求的用户提供有针对性的手机品牌推荐，以提升手机终端营销的成功率，使移动运营商更好地服务于移动用户。

第五章　网络消费者手机品牌购买意图研究

——基于多品牌竞争视角

随着电子商务的迅速发展，网络营销成为互联网时代企业营销变革手段。对于手机市场，越来越多的消费者倾向于网上购买手机。根据 Counterpoint Market Monitor 的数据显示，2019 年华为、荣耀、小米、vivo 等手机品牌位居网上销售前列。

一般来说，消费者在网络上购买品牌手机的原因主要体现在三个方面：一是价格比较便宜。二是购买便利，可以不受时间和空间的影响，只要点击一下鼠标就可完成手机的购买。三是选择余地大。网络上的手机品牌更加丰富，可以提供给消费者更多的选择机会。消费者可以把所有可获得的信息(记忆中的信息以及通过搜索获得的信息)加以评估，选择符合需求的手机品牌。[84] Ballester(2003)的研究表明，消费者会倾向于购买通过自己判断得出比较可靠或者在以往购物经验中令人满意的品牌。[85] Michel Laroche(1996)通过实证研究表明在给定的品牌选择中，消费者对特定品牌的信任能够增加其对品牌的购买意图，而消费者对品牌的信任则来源于其对品牌的熟悉度或者丰富的购买经验；同时消费者的品牌态度正向影响其购买该品牌的意愿，负向影响竞争品牌的购买意愿。[86] 从品牌信任度和品牌熟悉度出发，以计划行为理论为核心，对多品牌背景下的网络消费者手机品牌购买意图进行研究。

一、文献回顾与研究假设

购买意图一直以来都是营销领域研究的热点。Fishbein(1975)认为意图是指从事某一行为的主观概率，购买意图即消费者愿意购买的行为概率，[87]能够很好地预测消费者的购买行为。

Brucks(1985)认为有购买经验的消费者在面临多种品牌的选择时，由于对各品牌属性具有一定的知识和经验，因此能够分辨不同品牌相应属性的重要程度，品牌熟悉度对品牌信任产生影响。[88]Griffith 和 Gray(2002)认为消费者对品牌的熟悉度可以降低其感知风险，减少信息搜索成本(包括搜索的时间)，提升消费者对该品牌的信任，进而增强购买意图。[89]袁登华(2007)提出品牌信任是基于风险的情境消费者对品牌的认可，这种认可产生于消费者对品牌品质、行为意向和品牌履行承诺能力的正向预期。还指出品牌信任决定着消费者对该品牌的购买意图。[90]Benedicktus 等(2010)的研究中指出消费者对品牌的熟悉度正向影响品牌信任，进而正向影响其购买意向。[91]可以认为品牌信任是以品牌熟悉度为基础，熟悉度越高，信任程度就越高，进而购买意图也越强。因此，提出如下假设。

H1：消费者对品牌熟悉度越高，其对某一特定品牌的信任程度也越高。

H2：消费者对某一特定品牌的信任正向影响其购买该品牌的意图。

消费者往往会被与其身份相关的品牌产品吸引，甚至特定的社会身份将引发消费者购买该品牌产品。Laroche 和 Brisoux(1989)通过消费者对啤酒品牌态度的实证研究表明消费者对某一品牌的态度对其购买该品牌有积极的影响，对其他品牌的态度则有消极影响。[92]Sengupya 和 Fitzismo(2004)将品牌态度定义为当消费者接收品牌属性的刺激时，会依据以往的经验与所得到的信息，产生心理的评估，再通过个体所具有的认知因素与情感因素的评价来影响购买意图。消费者对特定品牌有较好的态度时，使用与购买该品牌的可能性就比较大，即随着熟悉度增加，消费者对品牌的态度倾向越强。[93]品牌态度反映的是对该品牌喜爱或不喜爱的倾向，即根据消费者对品牌的态度，能够预测其对该品牌的购买意愿。因此，在三个竞争性品牌 A、B、C 的背景下，提出以下假设。

H3：消费者对某一特定品牌的熟悉度正向影响其对该品牌的态度。

H3a：消费者对品牌 A 的熟悉度正向影响其对品牌 A 的态度。

H3b：消费者对品牌 B 的熟悉度正向影响其对品牌 B 的态度。

H3c：消费者对品牌 C 的熟悉度正向影响其对品牌 C 的态度。

H4：消费者对某一特定品牌的态度正向影响该品牌的购买意图，消费者对竞争品牌的态度负向影响该品牌购买意图。

H4a：消费者对品牌 A 的态度正向影响品牌 A 的购买意图。

H4b：消费者对品牌 B 的态度负向影响品牌 A 的购买意图。

H4c：消费者对品牌 C 的态度负向影响品牌 A 的购买意图。

Zaichkowsky(1985)指出品牌涉入度是消费者根据自身的需要、价值和兴趣，对品牌所感到的相关程度，即消费者对品牌的关心程度。品牌选择与购买涉入度或品牌决策涉入度有一定的关系；较低的购买涉入度暗含一个具有因果关系的品牌选择，而较高的购买涉入度伴随着重大的品牌选择决策过程。对于多个品牌而言，当消费者对品牌有较高的涉入度时，会增加其对品牌的购买意图。[94] Swanson(1974)研究指出消费者主动参与产品购买的意识逐渐增强，由于不同品牌的网络营销不同，消费者的涉入度也不同，其购买行为就会存在差异。[95] 林振旭和苏勇(2007)关于网络消费者购物行为的研究中显示，消费者对商品的熟悉度越高，其涉入度就越高，此时购买意图就越强，反之其购买意图低。[96] Park 等(2007)对网络消费者的在线评论情况进行了研究，研究表明涉入度高的消费者比涉入度低的消费者有更强的购买意图。[97] 因此，提出以下假设。

H5：消费者对某一特定品牌的熟悉度正向影响其对该品牌的涉入度。

H6：消费者对品牌的涉入程度正向影响其对品牌的购买意图。

基于以上文献回顾和研究假设，可以构建以下概念模型，具体如图 5-1 所示。

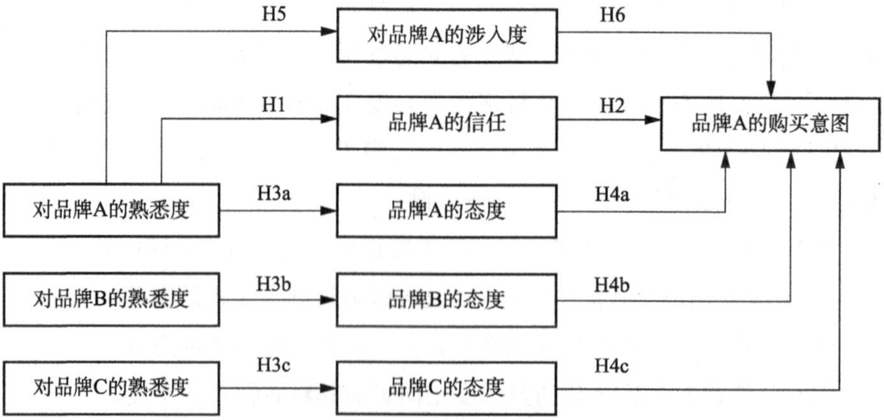

图 5-1　网络消费者品牌熟悉度对品牌购买意图的概念模型

二、问卷设计与数据收集

本章的数据通过问卷调查方式获取。根据文献来源对图 5-1 中的变量进行测量，形成初始问卷。征集 38 名 MBA 的学生，进行小范围的预调研，并根据预调研结果，修改问卷表达，得到最终的问卷，变量测量的依据见表 5-1。

表 5-1　变量测量的依据

因子	指标	题项内容	文献来源
品牌熟悉度（BF）	BF1	我经常浏览该手机品牌的信息	[86]
	BF2	我经常听到别人谈论该手机品牌的信息	
	BF3	我很熟悉该品牌手机使用的情况	
	BF4	我拥有该品牌手机丰富的购买经验	
品牌信任（BC）	BC1	该手机品牌的产品质量值得信任	[85]
	BC2	该手机品牌的促销行为都是为了维护消费者的利益	
	BC3	购买该手机品牌的产品令人放心	
	BC4	该手机品牌能够经常改进服务方式以满足消费者需求	
	BC5	该手机品牌值得信赖	
品牌态度（BA）	BA1	相比其他品牌，我非常喜欢该手机品牌	[93]
	BA2	该品牌手机能够给我带来愉悦的感觉	
	BA3	我对该手机品牌很满意	
品牌涉入度（BI）	BI1	提到手机，我首先想到的是该手机品牌	[94]
	BI2	该手机品牌能够充分展示我的个性	
	BI3	使用该品牌手机能够提升我自身的形象	
	BI4	我会主动搜寻该品牌手机的相关信息	
	BI5	如果购买该品牌手机，我可能失去购买其他更好品牌手机的机会	
品牌购买意图（BPI）	BP1	如果我想买手机，我会首先考虑购买该品牌手机	[98]
	BP2	在各种手机品牌中，我购买该品牌手机可能性很大	
	BP3	我会更加关注该品牌手机	
	BP4	我认为该品牌手机值得购买	
	BP5	我会向亲朋好友推荐该品牌手机	

在确认问卷后，开始发放问卷，问卷的发放对象主要是学校的研究生和本科生，采用海报方式征集志愿者，每份问卷给予10元报酬。选择在校学生主要有以下两个方面考虑：一是根据CNNIC发布的《第43次中国互联网络发展状况统计报告》，20~29岁年龄段的网民占据比例最大，在校大学生正好位于该年龄段，并且学生更愿意在网上购买手机；二是在校大学生在购买手机前会收集大量关于手机品牌的信息，并对多个备选品牌评价，具有较高的涉入度。

采用纸质问卷的调查方式，在规定的时间内由学生志愿者完成问卷，并保证及时回收，确保研究的科学合理性和时效性，以便能够得到可靠的数据。共发放问卷350份，剔除缺失值多和所有变量均为同一分数的无效问卷43份，最后得到有效问卷307份。在问卷调查中，由调查者向每一位被调查者展示销售靠前的三个国产品牌（小米，华为和oppo，调查对象中67%的学生曾经购买过这三个品牌，假设A代表小米，B代表华为，C代表oppo）。先对典型产品进行简单介绍，问卷所有题项均采用10级量表衡量，受调查者选择1到10对各问题打分（1=完全不同意，10=完全同意），以了解网络消费者手机品牌购买意图。在307份有效调查问卷中，52%是男生，年龄在19~30岁，74%的学生近四年有网上购买手机的经验，月平均消费在601~1000元及1000元以上的比例分别为54%和36%。本科生和研究生分别占调查总人数的57%和43%。

三、量表的信度和效度检验

在回收问卷后，使用SPSS对问卷的信度进行检验。本问卷的Cronbach's α系数为0.946，且量表中各因子的Cronbach's α值均大于0.8，表明本问卷的信度良好，可以接受。数据是否适合进行探索性因子分析（EFA），需先计算变量的KMO值并进行Bartlett球体检验。结果显示KMO值为0.911，Bartlett检验值在0.001的水平上显著，表明收集到的数据适合进行探索性因子分析。样本数据按特征值大于1的标准，提取了6个因子，解释了78.2%的方差。采用验证性因子分析（CFA）对变量的信度、效度进行检验，删除了因子负荷小于0.5、解释度偏低的题项，并得出各因子的平均抽取方差(Average Variance Extracted，AVE)均大于0.6，且 $P<0.05$，表明量表有较好的收敛效度，具体数值见表5-2。

表5-2　因子标准负载、AVE、CR及α值

因子名称	AVE	CR	α
品牌A熟悉度(ABF)	0.623	0.867	0.858
品牌B熟悉度(BBF)	0.689	0.897	0.893
品牌C熟悉度(CBF)	0.743	0.921	0.920
品牌A信任(ABC)	0.786	0.948	0.947
品牌A态度(ABA)	0.887	0.959	0.958
品牌A涉入度(ABI)	0.759	0.926	0.868
品牌B态度(BBA)	0.836	0.938	0.937
品牌C态度(CBA)	0.864	0.950	0.949
品牌A的购买意图(ABPI)	0.856	0.967	0.967

通过比较各因子AVE值的平方根和因子相关系数检验判别效度，结果见表5-3。

表5-3　因子AVE值平方根与因子间相关系数矩阵

	ABF	BBF	CBF	ABC	ABA	ABI	BBA	CBA	API
ABF	0.789								
BBF	0.427	0.830							
CBF	0.107	0.092	0.862						
ABC	0.629	0.269	0.067	0.887					
ABA	0.786	0.336	0.084	0.852	0.942				
ABI	0.738	0.315	0.079	0.464	0.580	0.871			
BBA	0.325	0.760	0.07	0.204	0.255	0.240	0.914		
CBA	0.084	0.072	0.790	0.053	0.066	0.062	0.055	0.929	
API	0.674	0.222	0.056	0.681	0.805	0.587	0.124	0.039	0.925

从表5-3可以看出，对角线上的数字表示各个因子AVE平方根数，且

均大于相应相关系数，说明该量表的区别效度较好。模型的拟合指数 GFI = 0.87、AGFI = 0.874、NFI = 0.935、IFI = 0.958、CFI = 0.958，RMSEA = 0.068<0.08，均在可接受范围之内。

从表 5-4 中可以看出，假设的理论模型与数据拟合情况较好。

表 5-4　模型拟合指数建议值及实际值

拟合指数名称	χ^2/df	GFI	AGFI	NFI	IFI	CFI	RMSEA
建议值	<5	>0.9	>0.9	>0.9	>0.9	>0.9	<0.08
实际值	2.97	0.87	0.874	0.935	0.958	0.958	0.068

注：χ^2/df 为卡方值与自由度的比率，GFI 为拟合优度指数，AGFI 为调整的拟合优度指数，NFI 为规范拟合指数，IFI 为增量适度指数，CFI 为比较拟合指数，RMSEA 为近似误差的均方根。

四、假设检验

利用 Lisrel 8.70 对结构方程模型进行分析，以验证各个变量之间的关系，分析结果如图 5-2 所示。

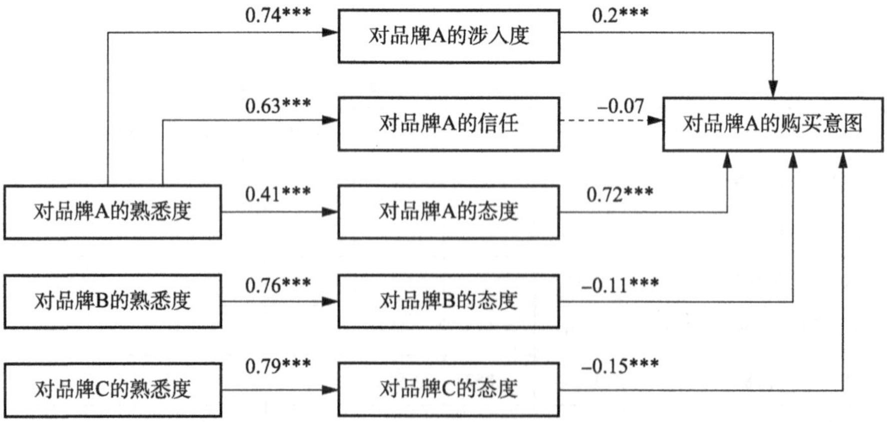

图 5-2　结构方程模型的分析结果

注：＊＊＊表示 $P<0.001$，＊＊表示 P<0.01，＊表示 P<0.05。

从图 5-2 可以看出，假设 H2 没有得到支持，其余假设均成立。对品牌 A 的熟悉度显著影响对品牌 A 的态度，进而影响对品牌 A 的购买意图；对品牌 B 和品牌 C 的熟悉度分别正向影响对品牌 B 和品牌 C 的态度，但是负面影响了对品牌 A 的购买意图，这与 Laroche[92]研究结果相符。对品牌 A 的熟悉度虽然会对品牌 A 的信任产生显著的正向影响，但是对品牌 A 的信任和对品牌 A 的购买意图的影响不显著，可能是由品牌涉入度和品牌态度对品牌购买意图影响显著所致，尤其是对品牌 A 的态度和对品牌 A 的购买意图(0.72)，而对品牌 A 的信任与对品牌 A 的购买意图之间高度相关。

五、研究结论与营销建议

（一）研究结论

着眼于网络消费者的手机品牌购买意图，基于多品牌视角，构建了网络消费者手机品牌购买意图的概念模型，以 TPB 理论为核心，从品牌熟悉度入手，研究网络消费者选择手机品牌的原因及影响其购买意图的因素。利用 Lisrel8.70 统计软件，对模型进行了实证研究。模型中大部分研究假设通过了实证检验。

消费者对品牌的熟悉度虽然能增强其对品牌的信任，但是品牌信任对该品牌的购买意图影响并不显著，可能是因为品牌信任与品牌态度高度相关，品牌信任通过影响品牌态度，从而影响品牌的购买意图。

消费者对特定品牌的熟悉度显著影响其对该品牌的态度，对品牌的购买态度越好，购买该品牌的意图就越强。另外，消费者对品牌熟悉度直接影响其对品牌的涉入度，且在消费者较高的品牌涉入度情况下，对该品牌购买意图的影响增强。企业要强化网络消费者对品牌的态度，从而提高消费者的购买意图。

在竞争的市场环境中，消费者往往面临多个品牌选择，对其他竞争品牌的态度能够削弱特定品牌的购买意图。因此，企业应该加大对品牌的宣传力度，增加消费者熟悉度，强化对品牌产品的信任，从而增强消费者对品牌的购买意图。

（二）营销建议

在激烈的市场竞争中，品牌竞争是核心，网络消费者在进行品牌产品购买时，往往会先收集相关的品牌信息以及其他多个品牌的信息，通过对这些信息综合评价，来选择合适的品牌。

网络营销企业应加强品牌的宣传与维护，为消费者提供获取产品信息的可靠渠道。例如通过电视和网络插播广告等宣传方式，加强品牌的宣传和普及，提升品牌吸引力，保持并提升消费者对品牌良好的态度以及较高的涉入度。

网络企业在展示品牌产品时，应明确定位消费者群体，提高消费者对品牌的依赖度，强化品牌优势，制定合适的品牌营销策略。

六、本章小结

本章构建了多品牌背景下网络消费者手机品牌购买意图的概念模型。通过问卷调查获取相关数据，在对问卷进行信度和效度分析的基础上，利用结构方程建模软件 Lisrel 8.70 对数据进行分析，得到多品牌背景下的网络消费者手机品牌购买意图的修正模型。

第六章　不同价格分布对网络消费者品牌购买意图的影响研究

——基于品牌感知质量的中介作用

在网络环境中，淘宝和京东等购物平台不仅在传统节假日促销，还推出了一系列如“618年中大促”“‘双11’全球狂欢购物节”“双旦节”等促销节日。有的品牌是每逢节日都促销但折扣的幅度很小，也有的品牌仅仅在重大节日（如“双11”全球狂欢购物节）才有促销但折扣的幅度很大，还有的品牌则以薄利多销为目的每天都是低价销售商品。不管品牌以何种方式促销，其本质都是价格折扣。价格折扣包含折扣幅度与频率两个方面，[99]一般情况下，有折扣幅度小但频繁（frequent but shallow discount）、折扣不频繁但幅度大（deep but infrequent discount）和天天低价（everyday low pricing）三种模式。[100] Abla等（1994）在研究中发现，即使两家商品平均价格相等的商店，由于采用的折扣模式不同，消费者对商品价格的感知存在明显的差异。[101]在进一步的研究中发现，商品价格的分布同样影响着消费者对折扣模式不同的品牌产品的价格感知。[100,102]所谓的价格感知是针对特定环境，消费者在主观上、表面上形成对品牌商品价格的感知。然而，若是在一段销售周期里，商品价格总是变化的，消费者则会依据锚定效应（anchoring effect）理性思考，形成对品牌产品的价格判断。[103]价格分布影响消费者对不同折扣模式品牌的价格感知，那是否影响网络消费者的价格判断呢？

面对信息不对称的网络购物，消费者往往依据商品的价格形成主观的商品感知质量，进而决定是否购买。商品的价格不光是消费者对商品质量感知的指示器，也是消费者购买行为的触发器。[104]一般情况下，商品价格越高，消费者对商品的感知质量就越好，其购买意愿也越强。但是当价格超出消费者的预算约束或者支付能力时，他们就会选择放弃购买。[6]在以往的研究中，有学者对不同折扣模式下的价格分布如何影响消费者的价格感知进行了研究，也有价格表示、折扣方式对消费者价格判断的影响的相关研究成果。[105-107]但是没有综合考虑品牌商品的价格分布与折扣判断难度对网络消费者价格判断影响的研究，也缺乏网络消费者价格判断对品牌感知质量及其购买意图的研究。

对网络购物环境中品牌最常用的三类价格折扣模式(折扣幅度小但频繁、折扣不频繁但幅度大和天天低价)的营销刺激，基于刺激—反应理论(Stimulus-Response Theory，SRT)，利用实验收集数据，以探析价格分布、折扣判断难度对网络消费者价格判断的影响，并以此为基础分析价格判断对网络消费者的感知质量和购买意图的影响。考虑到价格不同分布方式，以品牌感知质量为中介，探索网络消费者价格判断对购买意图的影响，本章的主要研究成果为：①首次综合考虑了品牌商品价格折扣的判断难度和价格分布方式对价格判断的影响，其中价格表示与折扣方式共同影响价格折扣的判断难度；②在探究网络消费者价格判断的影响因素的基础上，进一步研究了价格判断对感知质量及其购买意图的影响；③建立了网络消费者价格判断对购买意图影响的概念模型，通过设计两个实验获取相关数据，并运用方差分析法、回归分析法验证了模型。

一、文献回顾及研究假设

信息经济学指出消费者大部分购买决策的过程都是信息不对称的，价格是品牌商品属性中最明显的一个。[108]品牌不管采用什么类型的价格折扣模式，都想利用价格变动来影响网络消费者对其商品价格的判断，进而增强消费者的购买意图。Bitta 和 Monroe(1981)研究发现如果品牌商品价格的折扣幅度太小，消费者很难感知到折扣，只有折扣幅度大于15%时，消费者才可以感知得到。[109]消费者的价格感知不仅受折扣幅度的影响，而且受折扣频率的影响。Mela 等(1998)的研究表明频繁的价格折扣能够增强消费者对品牌商品价格的敏感度，久而久之消费者会认为促销价格(sale price)

就是商品的常规价格(regular price)。[110] Abla 等(1994)首次分析了折扣的幅度和频率两个方面对消费者价格感知的影响。在商品平均价格相等的条件下，对两家折扣模式不相同且存在竞争关系的商店进行实验，研究发现消费者对商店采用折扣幅度小但频繁的商品价格模式的感知低于折扣不频繁但幅度大的商品价格模式。[101] Alba 等(1999)进一步的研究中得到商品价格的分布方式也影响着消费者对商品的价格感知，在价格二分分布(在一个销售周期内，商品的价格只出现一个常规价格和一个促销价格)的情况下，消费者对折扣不频繁且幅度大的品牌商品的感知价格更低，此时表现出深度效应(depth effect)；在价格是非二分分布(即商品有一种常规价格和多种促销价格)的情况下，消费者对折扣幅度小但频繁的品牌商品的感知价格更低，此时表现出频率效应(frequency effect)。[100]

品牌商品的价格分布影响着网络消费者对不同折扣模式的价格判断，品牌商品价格的表示及价格折扣的方式同样影响网络消费者的价格判断。[105-107] 在网络购物环境中，品牌商品价格一般会使用整数、带小数两种方式表示。带小数的价格一般都会加大消费者判断折扣时价格判断的难度。[111] 价格有效数字的增加，消费者对折扣时价格判断的难度也会随之加大。[112] Chen 等(1998)认为价格比较高的品牌商品，消费者更容易关注到“折扣多少钱”的绝对数的折扣方式；但是价格较低的品牌商品，更适合使用“打几折”的相对数的折扣方式。[113] 从运算方式上看，加减乘除的计算难度由低到高分别为：加法、减法、乘法、除法。[105]“折扣多少钱”的绝对数的折扣方式，消费者在价格判断时运用减法；“打几折”的相对数的折扣方式，消费者在价格判断时运用乘法。从折扣的方式考虑，消费者对相对数折扣方式的判断难度更大。因此，考虑到深度效应以及频率效应，对品牌采用不同折扣模式的情况下，品牌商品的价格分布和折扣判断难度也许影响着网络消费者对品牌商品的价格判断，拟提出以下的研究假设。

H1a：当价格分布为二分分布且折扣判断难度低时，网络消费者对不同折扣模式的品牌商品的价格判断有显著差异。

H1b：当价格分布为二分分布且折扣判断难度高时，网络消费者对不同折扣模式的品牌商品的价格判断有显著差异。

H1c：当价格分布为非二分分布且折扣判断难度低时，网络消费者对不同折扣模式的品牌商品的价格判断有显著差异。

H1d：当价格分布为非二分分布且折扣判断难度高时，网络消费者对不同折扣模式的品牌商品的价格判断有显著差异。

如果消费者不能利用感官判断品牌商品的质量时，商品的价格就成为其判断商品质量的重要依据。自古以来，中国人就信奉“便宜无好货，好货不便宜”。但是在研究中发现，商品的价格和感知质量的关系是正向非线性的。[114] 消费者对品牌商品的感知质量越好，其购买意愿就越强。综上所述，不管是何种价格分布、何种折扣方式，网络消费者对品牌商品的价格判断正向影响着其感知质量，进而感知质量正向影响其购买意愿。[105] 因此，拟提出以下的研究假设。

H2：网络消费者对品牌商品的价格判断正向影响感知质量。

H3：感知质量正向影响网络消费者的购买意愿。

除了感知质量会对网络消费者购买意愿产生影响之外，折扣促销环境下，网络消费者的价格感知也会对其购买意愿产生影响。[115-116] 价格判断是网络消费者在价格感知的基础上通过理性思考产生的。因此，拟提出以下的研究假设。

H4：网络消费者的价格判断正向影响其购买意愿。

综上所述，可以建立如图 6-1 所示的概念模型。

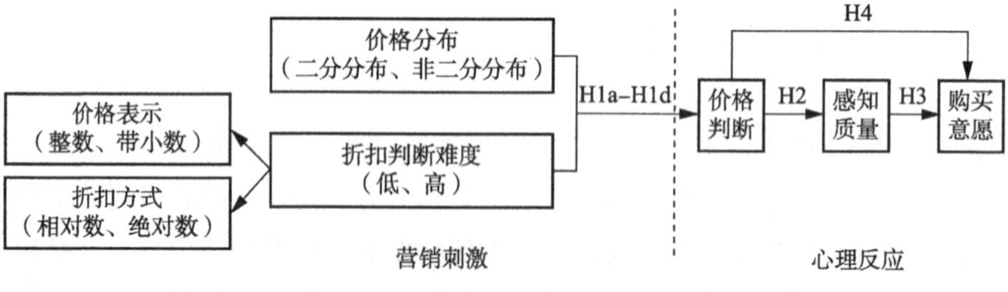

图 6-1　价格判断对网络消费者购买意愿的概念模型

二、实验设计与数据获取

（一）实验设计

本章设计了实验一和实验二以检验构建概念模型里的研究假设是否成

立。其中实验一有两个研究目的：一个是检验品牌商品的价格分布与折扣判断难度是否影响网络消费者的价格判断；另一个是检验价格判断是否影响感知质量及购买意愿。实验一设计了二水平的价格分布和二水平的折扣判断难度，其中价格分布的二水平设计参考了 Abla 等的研究，折扣判断难度的二水平设计综合参考了 Hoz、Gorodetsky 的研究和 Estelami 的研究。

在实验一中，假定消费者需要购买纸，且在 A、B、C 三个品牌中作选择。在一定的销售周期里，三个品牌的平均价格相等，实际质量一样，唯一的区别是使用的折扣模式不同。具体说就是，A 品牌使用的是折扣幅度小且频繁，B 品牌使用的是折扣不频繁但幅度大，C 品牌则使用天天低价。在实验一中一共设置了四个实验场景，每个场景都包括了三个品牌 48 周的销售价格，并给 A、B、C 品牌设定的折扣频率①依次为 0.5、0.25、1，四个场景的信息具体见表 6-1。需要注意的是在实验场景中，三个品牌的促销价格均依据各自的扣频率在 48 周内随机分布，并且 A、B 两个品牌的促销价格不会出现在同一周。

表 6-1　实验一中各场景的折扣信息详细表

场景	折扣频率	A 品牌 0.5(24/48)	B 品牌 0.25(12/48)	C 品牌 1(48/48)	平均价格/元
场景一 （二分 & 低）	常规价格/元	49.9	49.9	44.9	44.9
	促销价格/元	39.9	29.9		
场景二 （二分 & 高）	常规价格/元	49.9	49.9	49.9	44.91
	折扣幅度	8 折	6 折	9 折	
场景三 （非二分 & 低）	常规价格/元	49.9	49.9	44.9	44.9
	促销价格/元	36.9~42.9	26.9~32.9		
场景四 （非二分 & 高）	常规价格/元	49.9	49.9	49.9	44.91
	折扣幅度	7.4~8.6 折	5.4~6.6 折	9 折	

为了进一步验证折扣幅度、折扣频率对消费者价格判断的影响，在实验一的基础上设计实验二。实验二也同样设置了四个场景，平均价格仍然与实验一相等，给 A、B、C 品牌设定的折扣频率依次为 0.625(30/48)、

① 折扣频率是指在总的销售周期内，价格折扣的时间(周)占总的销售周期(周)的比例。如实验一的总销售周期为 48 周，A 品牌的折扣时间为 24 周，则 A 品牌的折扣频率为 0.5。

0.125(6/48)、1(48/48)，四个场景的信息具体见表 6-2。与实验一一样，实验二中三个品牌的促销价格均依据各自的折扣频率在 48 周内随机分布，并且 A、B 两个品牌的促销价格不会出现在同一周。

表 6-2　实验二中各场景的折扣信息详细表

场景	折扣频率	A 品牌 0.625(30/48)	B 品牌 0.125(6/48)	C 品牌 1(48/48)	平均价格/元
场景一（二分 & 低）	常规价格/元	49.9	49.9	44.9	44.9
	促销价格/元	41.9	9.9		
场景二（二分 & 高）	常规价格/元	49.9	49.9	49.9	44.91
	折扣幅度	8.4 折	2 折	9 折	
场景三（非二分 & 低）	常规价格/元	49.9	49.9	44.9	44.9
	促销价格/元	40.4~43.4	8.4~11.4		
场景四（非二分 & 高）	常规价格/元	49.9	49.9	49.9	44.91
	折扣幅度	8.1~8.7 折	1.7~2.3 折	9 折	

（二）数据获取

本实验在桂林某大学的商学院招募学生进行，该校的学生来自全国各地，同时包含少部分亚洲、非洲国家的留学生。从自愿报名参加实验的学生中随机抽取了 244 名。每位参加的学生都可以获得 10 元的奖励，此外，对认真参加的实验者，即判断的商品平均价格接近实际价格的学生额外增加 5~10 元奖励。参加的学生事先不知道实验内容，并且随机将他们分到任一实验的任一场景中。其中实验一的四个场景都有 31 名学生参加，在剔除无效问卷后，实验一从场景一至场景四回收的有效问卷数量分别为 29、30、31、30。实验二的四个场景都有 30 名学生参加，在剔除无效问卷后，实验二从场景一至场景四回收的有效问卷数量分别为 28、30、29、30。任一实验的任一场景都给参与者 3 分钟的时间阅读实验场景的小册子。参与者阅读完小册子之后要回答以下三个问题：第一，对 A、B 和 C 三个品牌的平均价格进行判断并填写；第二，对 A、B 和 C 三个品牌的感知质量进行排序；第三，填写想要购买的品牌。实验参与过程不允许学生使用计算器进行准确计算。

三、数据处理与结果讨论

（一）价格分布与折扣判断难度对价格判断的影响

(1)实验一数据分析。

运用双因素方差分析方法对实验一获取的数据进行分析，以探究价格分布与折扣判断难度对消费者价格判断的影响。双因素方差分析的结果具体见表 6-3。

表 6-3　实验一双因素方差分析结果表

因变量：价格判断					
源	Ⅲ型平方和	df	均方	F	Sig.
校正模型	182.447	3	60.816	13.899	0.000
截距	671479.533	1	671479.533	153461.499	0.000
价格分布	114.292	1	114.292	26.121	0.000
折扣判断难度	66.920	1	66.920	15.294	0.000
价格分布×折扣判断难度	4.685	1	4.685	1.071	0.301
误差	1557.698	356	4.376		
总计	673241.853	360			
校正的总计	1740.145	359			

表 6-3 显示，价格分布对价格判断的影响在 0.001 水平上显著[$F(1, 356)=26.121$，$p<0.001$]，折扣判断难度对价格判断的影响在 0.001 水平上显著[$F(1, 356)=15.294$，$p<0.001$]，但是价格分布与折扣判断难度的交互作用对价格判断的影响不显著[$F(1, 356)=1.071$，$p>0.05$]。

为检验实验一四种场景中，消费者的价格判断是否因不同的折扣模式而不同，对实验一获取的数据进行了方差分析。

在实验一场景一中，消费者对不同价格折扣模式下品牌价格判断存在显著性的差异[$F(2, 84)=10.214$，$p<0.001$]。为分析消费者对不同折扣模式下品牌判断的高低，进一步对数据进行了配对样本 t 检验，得到的结

果见表6-4。

表6-4 实验一配对样本 t 检验结果表

场景	配对	成对差分					t	df	Sig.（双侧）
		均值	标准差	均值的标准误	差分的95%置信区间				
					下限	上限			
场景一	A-B	0.731 03	1.735 99	0.322 36	0.070 70	1.391 37	2.268	28	0.031
	B-C	-1.262 07	1.686 17	0.313 11	-1.903 45	-0.620 69	-4.031	28	0.000
	A-C	-0.531 03	0.774 18	0.143 76	-0.825 52	-0.236 55	-3.694	28	0.001
场景二	A-B	1.271 00	2.508 82	0.458 05	0.334 19	2.207 81	2.775	29	0.010
	B-C	-3.234 33	2.415 27	0.440 97	-4.136 21	-2.332 46	-7.335	29	0.000
	A-C	-1.963 33	1.612 98	0.294 49	-2.565 63	-1.361 04	-6.667	29	0.000
场景三	A-B	-1.177 42	3.078 71	0.552 95	-2.306 70	-0.048 14	-2.129	30	0.042
	B-C	-2.335 48	1.667 64	0.299 52	-2.947 18	-1.723 79	-7.797	30	0.000
	A-C	-3.512 90	1.998 46	0.358 93	-4.245 94	-2.779 86	-9.787	30	0.000
场景四	A-B	-1.353 67	2.631 02	0.480 36	-2.336 11	-0.371 23	-2.818	29	0.009
	B-C	-2.621 00	2.746 04	0.501 36	-3.646 39	-1.595 61	-5.228	29	0.000
	A-C	-3.974 67	2.435 04	0.444 58	-4.883 93	-3.065 41	-8.940	29	0.000

表6-4显示，在实验一场景一里，消费者对A品牌与B品牌的价格判断存在显著的差异[$t(28)=2.268$，$p<0.05$]，消费者对B品牌与C品牌的价格判断存在显著的差异[$t(28)=-4.031$，$p<0.001$]，消费者对A品牌与C品牌的价格判断存在显著的差异[$t(28)=-3.694$，$p=0.001$]。综上所述，认为在价格为二分分布且折扣判断难度低的情况下，网络消费者对不同折扣模式的品牌商品的价格判断存在显著的差异，故研究假设H1a得到支持。消费者对品牌价格判断的顺序为：C>A>B。

在实验一场景二里，消费者对不同价格折扣模式的品牌产品的价格判断存在显著差异[$F(2, 87)=21.568$，$p<0.001$]。从表6-4配对样本 t 检验的结果显示，消费者对A品牌与B品牌的价格判断存在显著的差异[$t(29)=2.775$，$p=0.01$]，消费者对B品牌与C品牌的价格判断存在显著的差异[$t(29)=-7.335$，$p<0.001$]，消费者对A品牌与C品牌的价格判断存在显著的差异[$t(29)=-6.667$，$p<0.001$]。综上所述，认为在价格为二分分布且折

扣判断难度高的情况下，网络消费者对不同折扣模式的品牌商品的价格判断存在显著的差异，故研究假设 H1b 得到支持。消费者对品牌价格判断的顺序为：C>A>B。

在实验一场景三里，消费者对不同价格折扣模式的品牌产品的价格判断存在显著差异[$F(2,\ 90)=43.932$，$p<0.001$]。从表 6-4 配对样本 t 检验的结果显示，消费者对 A 品牌与 B 品牌的价格判断存在显著的差异[$t(30)=-2.129$，$p<0.05$]，消费者对 B 品牌与 C 品牌的价格判断存在显著的差异[$t(30)=-7.797$，$p<0.001$]，消费者对 A 品牌与 C 品牌的价格判断存在显著的差异[$t(30)=-9.787$，$p<0.001$]。综上所述，认为在价格为非二分分布且折扣判断难度低的情况下，网络消费者对不同折扣模式的品牌商品的价格判断存在显著的差异，故研究假设 H1c 得到支持。消费者对品牌价格判断的顺序为：C>B>A。

在实验一场景四里，消费者对不同价格折扣模式的品牌产品的价格判断存在显著差异[$F(2,\ 87)=18.634$，$p<0.001$]。从表 6-4 配对样本 t 检验的结果显示，消费者对 A 品牌与 B 品牌的价格判断存在显著的差异[$t(29)=-2.818$，$p<0.01$]，消费者对 A 品牌与 B 品牌的价格判断存在显著的差异[$t(29)=-5.228$，$p<0.001$]，消费者对 A 品牌与 B 品牌的价格判断存在显著的差异[$t(29)=-8.940$，$p<0.001$]。综上所述，认为在价格为非二分分布且折扣判断难度高的情况下，网络消费者对不同折扣模式的品牌商品的价格判断存在显著的差异，故研究假设 H1d 得到支持。消费者对品牌价格判断的顺序：C>B>A。

(2)实验二数据分析。

品牌的折扣幅度与折扣频率变化影响消费者对不同折扣模式的价格判断是否仍然存在差异。对实验二中的数据进行了方差分析，在实验二场景一中，消费者对不同价格折扣模式下品牌价格判断存在显著性的差异[$F(2,\ 81)=9.089$，$p<0.001$]。为分析消费者对不同折扣模式下品牌判断的高低，进一步对数据进行了配对样本 t 检验，得到的结果见表6-5。

表 6-5　实验二配对样本 t 检验结果表

场景	配对	成对差分					t	df	*Sig.*（双侧）
		均值	标准差	均值的标准误	差分的 95% 置信区间				
					下限	上限			
场景一	A-B	1.197 14	2.895 75	0.547 24	0.074 29	2.320 00	2.188	27	0.038
	B-C	-2.239 29	2.684 02	0.507 23	-3.280 04	-1.198 53	-4.415	27	0.000
	A-C	-1.042 14	1.940 91	0.366 80	-1.794 75	-0.289 54	-2.841	27	0.008
场景二	A-B	-2.810 00	3.315 52	0.605 33	-4.048 03	-1.571 97	-4.642	29	0.000
	B-C	1.796 67	2.707 27	0.494 28	0.785 76	2.807 58	3.635	29	0.001
	A-C	-1.013 33	1.679 85	0.306 70	-1.640 60	-0.386 07	-3.304	29	0.003
场景三	A-B	-1.179 31	2.751 67	0.510 97	-2.225 99	-0.132 63	-2.308	28	0.029
	B-C	-1.265 52	2.794 80	0.518 98	-2.328 60	-0.202 43	-2.438	28	0.021
	A-C	-2.444 83	1.431 18	0.265 76	-2.989 22	-1.900 44	-9.199	28	0.000
场景四	A-B	-2.796 00	2.903 85	0.530 17	-3.880 32	-1.711 68	-5.274	29	0.000
	B-C	1.079 33	2.895 70	0.312 77	-0.001 94	2.160 61	2.042	29	0.050
	A-C	-1.716 67	1.713 13	0.528 68	-2.356 36	-1.076 97	-5.489	29	0.000

表 6-5 显示，在实验二场景一中，消费者对 A 品牌与 B 品牌的价格判断存在显著的差异[$t(27)=2.188$，$p<0.05$]，消费者对 B 品牌与 C 品牌的价格判断存在显著的差异[$t(27)=-4.415$，$p<0.001$]，消费者对 A 品牌与 C 品牌的价格判断存在显著的差异[$t(27)=-2.841$，$p<0.01$]。与实验一场景一的实验结果相同，即在价格为二分分布且折扣判断难度低的情况下，网络消费者对不同折扣模式的品牌商品的价格判断存在显著的差异，且消费者对品牌价格判断的顺序为：C>A>B。

在实验二场景二中，消费者对不同价格折扣模式的品牌价格判断的差异显著[$F(2,87)=16.003$，$p<0.001$]。从表 6-5 配对样本 t 检验的结果显示，消费者对 A 品牌与 B 品牌的价格判断存在显著的差异[$t(29)=-4.642$，$p<0.001$]，消费者对 B 品牌与 C 品牌的价格判断存在显著的差异[$t(29)=3.635$，$p<0.001$]，消费者对 A 品牌与 C 品牌的价格判断存在显著的差异[$t(29)=-3.304$，$p<0.01$]。在此场景中，虽然网络消费者对不同折扣模式的品牌价格判断仍存在显著差异，但是与实验一场景二的实验结果不同，且

消费者对品牌价格判断的顺序为：B>C>A。

在实验二场景三中，消费者对不同价格折扣模式的品牌价格判断的差异显著[$F(2, 84)=13.192$, $p<0.001$]。从表 6-5 配对样本 t 检验的结果显示，消费者对 A 品牌与 B 品牌的价格判断存在显著的差异[$t(28)=-2.308$, $p<0.05$]，消费者对 B 品牌与 C 品牌的价格判断存在显著的差异[$t(28)=-2.438$, $p<0.05$]，消费者对 A 品牌与 C 品牌的价格判断存在显著的差异[$t(28)=-9.199$, $p<0.001$]。与实验一场景三的实验结果相同，即在价格为二分分布且折扣判断难度低的情况下，网络消费者对不同折扣模式的品牌商品的价格判断存在显著的差异，且消费者对品牌价格判断的顺序为：C>B>A。

在实验二场景四中，消费者对不同价格折扣模式的品牌价格判断的差异显著[$F(2, 87)=13.823$, $p<0.001$]。从表 6-5 配对样本 t 检验的结果显示，消费者对 A 品牌与 B 品牌的价格判断存在显著的差异[$t(29)=-5.274$, $p<0.001$]，消费者对 B 品牌与 C 品牌的价格判断存在显著的差异[$t(29)=2.042$, $p=0.05$]，消费者对 A 品牌与 C 品牌的价格判断存在显著的差异[$t(29)=-5.489$, $p<0.001$]。在此场景中，虽然网络消费者对不同折扣模式的品牌价格判断仍存在显著差异，但是与实验一场景四的实验结果不同，且消费者对品牌价格判断的顺序为：B>C>A。

(3)结果分析。

实验结果显示，影响消费者对品牌商品价格判断的主要因素不是价格分布，而是折扣判断难度，此外二者交互作用对价格判断的影响不显著。同时，消费者对实验设定的三种折扣模式的品牌商品的价格判断都有显著的差异。在实验一中，从价格分布的角度来看，场景一和场景二的价格分布都是二分的情况，实验参与者对折扣幅度小但频繁的 A 品牌的价格判断高于折扣不频繁但幅度大的 B 品牌的价格判断，此处与 Alba 等(1999)的研究结果相同，即表现出深度效应。场景三和场景四的价格分布都是非二分时的情况，实验参与者对折扣不频繁但幅度大的 B 品牌的价格判断高于折扣幅度小但频繁的 A 品牌的价格判断，此处与 Alba 等(1999)的研究结果相同，即表现出频率效应。另外，在研究中还发现无论价格分布如何，折扣判断难度如何，实验参与者对采用天天低价 C 品牌的价格判断都高于 A 品牌和 B 品牌，此处实验结果与 Bitta 和 Monroe 的研究结论相同。也就是说，天天低价这种折扣模式由于折扣的幅度过小，消费者并未感知到折扣，故而实验者判断的价格远高于另两种折扣模式。

在A品牌与B品牌的折扣频率和折扣幅度变动后的实验二中，在折扣判断难度低的情境中，实验结果与实验一的相同。即价格为二分分布时，表现出深度效应，非二分分布时表现出频率效应。但是在折扣判断难度高的情境中，实验者对设定的三种折扣模式的品牌商品的价格判断规律发生了一定的变化。即实验者对折扣幅度小但频繁的A品牌商品的价格判断是最低的，天天低价的C品牌商品次之，折扣不频繁但幅度大的B品牌商品最高。探析出现这种现象背后的缘由，发现是由于B品牌的折扣频率太低，消费者并未感知到折扣，进而影响消费者对品牌商品价格的判断。

（二）价格判断、感知质量与购买意图的关系

为检验研究假设H2、H3以及H4，利用回归分析法对价格判断、感知质量与购买意图之间的关系进行分析。价格判断对网络消费者够买意图模型验证的结果详见表6-6。

表6-6 价格判断对网络消费者购买意图模型检验结果

		方程1（因变量：购买意图）		方程2（因变量：感知质量）		方程3（因变量：购买意图）	
		β	t	β	t	β	t
A品牌	价格判断（自变量）	0.260	4.133***	0.387	6.439***	0.125	1.939
	感知质量（自变量）					0.349	5.409***
	R^2	0.064		0.146		0.164	
	F	17.084***		41.460***		24.196***	
B品牌	价格判断（自变量）	0.317	5.128***	0.458	7.893***	0.085	1.388
	感知质量（自变量）					0.507	8.265***
	R^2	0.097		0.206		0.298	
	F	26.298***		62.303***		51.072***	
C品牌	价格判断（自变量）	0.275	4.389***	0.462	7.994***	0.038	0.605
	感知质量（自变量）					0.514	8.228***
	R^2	0.072		0.210		0.277	
	F	19.267***		63.901***		46.222***	

注：***表示$P<0.001$，**表示$P<0.01$，*表示$P<0.05$。

在表 6-6 方程 1 中，三个品牌的价格判断对消费者购买意图均有显著的正向影响(A 品牌：$\beta=0.260$，$t=4.133$，$p<0.001$；B 品牌：$\beta=0.317$，$t=5.128$，$p<0.001$；C 品牌：$\beta=0.275$，$t=4.389$，$p<0.001$)，研究假设 H4 得到支持。方程 2 中，三个品牌的价格判断对感知质量也均有显著的正向影响(A 品牌：$\beta=0.387$，$t=6.439$，$p<0.001$；B 品牌：$\beta=0.458$，$t=7.893$，$p<0.001$；C 品牌：$\beta=0.462$，$t=7.994$，$p<0.001$)，研究假设 H2 得到支持。方程 3 中，三个品牌的感知质量对购买意愿同样是显著的正向影响(A 品牌：$\beta=0.349$，$t=5.409$，$p<0.001$；B 品牌：$\beta=0.507$，$t=8.265$，$p<0.001$；C 品牌：$\beta=0.514$，$t=8.228$，$p<0.001$)，研究假设 H3 得到支持。另外，在方程 3 中，三个品牌的价格判断对购买意愿的影响不显著(A 品牌：$\beta=0.125$，$t=1.939$；B 品牌：$\beta=0.085$，$t=1.388$；C 品牌：$\beta=0.038$，$t=0.605$)，而在方程 1 中，三个品牌的价格判断对购买意愿均有显著影响。综上所述，感知质量在价格判断和购买意愿中起到了完全中介的作用。

四、结论与展望

（一）结论与管理启示

以刺激—反应理论为理论基础，针对三个采用不同价格折扣模式的品牌，本章从价格分布、折扣判断难度两个维度对消费者价格判断进行研究，并分析价格判断对感知质量、购买意愿的影响，得到以下研究结果。

(1)影响消费者对品牌商品价格判断的主要因素是折扣判断难度，同时价格分布对价格判断也有一定的影响，并且二者的交互作用对价格判断的影响不显著。

(2)在一定的销售周期里，消费者对价格折扣模式不同的品牌商品的价格判断有明显的差异。当价格折扣的频率为 0.5、0.25、1 时，由于 C 品牌采用的价格折扣的幅度太小，消费者对其价格判断是最高的；而消费者对 A 品牌采用折扣幅度小但频繁和 B 品牌采用折扣不频繁但幅度大的价格判断，在价格是二分分布时表现为深度效应，在价格为非二分分布时表现为频率效应。

(3)在平均价格不变的情况下，三个品牌价格折扣模式中的折扣频率调整为0.625、0.125、1时，消费者对价格折扣模式不同的品牌商品的价格判断同样有明显的差异。但在折扣判断难度高的情况下，消费者对不同折扣模式价格判断的高低发生了变化，这种变化是由折扣频率变化引起的。也就是说，不管是折扣幅度过小，还是折扣频率过低，都使消费者难以感知到品牌使用了价格折扣，进而引起消费者判断的品牌商品价格都偏高。值得注意的是，折扣频率过低比折扣幅度过小使消费者更难感知到价格折扣。

(4)价格判断正向影响感知质量，感知质量正向影响消费者的购买意愿，并且感知质量在价格判断与购买意愿之间是完全中介的作用。因此，品牌商家选择价格折扣促销商品时，不仅要让消费者感知到价格折扣，使消费者判断品牌商品的价格降低，而且折扣不宜太频繁，毕竟折扣过于频繁，消费者会认为品牌商品的质量不好，进而影响其购买意愿。

（二）研究局限及未来研究方向

本章对消费者价格判断的影响聚焦在价格分布和折扣判断难度上，并以此为基础进一步分析价格判断对感知质量、购买意愿的影响。研究发现折扣幅度和频率对消费者价格的判断及感知质量都有影响。至于何种折扣幅度或何种折扣频率是最理想的价格折扣，有待开展更深入的研究。实际生活中，消费者对品牌的价格判断、感知质量及购买意愿不光受到价格折扣的影响，还会受到消费者对品牌偏好、品牌知名度以及品牌熟悉度等因素影响，这些都有待进一步研究。

五、本章小结

本章以刺激—反应理论为理论基础，建立了价格判断对购买意愿的概念模型，通过实验获取数据，利用方差分析法和回归分析法对数据进行了分析，研究了价格分布和折扣判断难度对消费者品牌价格判断的影响，以及价格判断对感知质量及购买意愿的影响。研究结果表明：影响消费者价格判断的主要因素是折扣判断难度。价格判断正向影响感知质量，也通过感知质量影响消费者的购买意愿，折扣幅度和折扣频率均对价格判断和感知质量有影响。

第二篇

消费者行为特征与销售商动态定价

本篇通过构建动态定价模型，厘清网络消费者的行为特征与销售商动态定价相互影响的内在机理。在网络购物环境中，消费者往往希望能以最小的成本购买到期望的商品，而销售商为增加收益，常常对产品的价格进行调整。不同的消费者有不同的风险偏好，销售商亦然。在不同风险偏好和行为特征的销售商与消费者博弈情况下，本篇分析了不同行为特征的消费者对销售商均衡定价的影响，以及销售商定价策略对消费者选择产生的影响。

第七章　网络消费者行为特征与风险规避型销售商动态定价

一、文献综述

动态定价是企业增加收益的核心措施。销售商可能是风险中性型，也可能是风险规避型，或者是风险偏好型。不同类型的销售商的定价决策不同。[117-118]大多假设销售商是风险中性型的，[119]但实际上更多是风险规避型的。Kahneman 认为大部分人面对收益时表现为风险规避型，面对损失时表现为风险偏好型，往往面对损失比面对收益更敏感。因此，本章关注风险规避类型销售商的动态定价问题。Liu 等发现在零售渠道和网上渠道都采取规避风险的态度时，两者都倾向于采取独立的定价策略，[120]在相同的促销成本下，风险规避态度下的独立策略优于风险中性态度下的独立策略。张新鑫等结合风险规避型销售商和消费者理性行为研究发现：风险规避型的销售商给消费者的价格承诺能够有效地应对消费者的策略行为，销售商也由此获得高额的利润。[121]林志炳等基于单个供应商与单个零售商的情况，把不同风险态度的销售商行为进行对比研究，认为风险规避型销售商与风险中性型销售商的收益共享契约存在明显差异，销售商风险规避程度的高低与最优的订货量有密切的关系。[122]沈厚才等认为制造商的采购时间、数量与其本身的风险规避程度高度相关。[123]代建生在研究中指出最佳的批发价格会随着制造商的风险规避程度提高而下降，随着销售商的风险规避程度提高而上升。[124]Wang 和 Webster 从缺货成本角度来研究风险规避与风险中性销售商的行为差异，如果销售商有较低的缺货成本，风险中性型销售商的订货数量比风险规避型高，风险规避销售商的订货数量与损失厌恶程度存在负相关关系；如果销售商有较高的缺货成本，风险中性型销售商的订货数量比风险规避型的低，风险规避型销售商的订货数量与损失厌恶程度存在正相关关系。[125] Liu 等则是从非对称信息角度出发，发现双渠道供应链的风险规避最优价格低于风险中性最优价格，且信息价值会随制造商对零售商的风险规避估计均值的增加而增大。[126] 由此可以看出，风险中性型和风险规避型销售商在价格决策和订货决策方面存在着差异。

在市场特征方面，垄断环境下动态定价的研究成果比较丰富，如国外学者 Hashimoto 和 Matsubayashi[127]、Talluri 和 Garrett[128]，国内学者毕功兵[129]、杨慧和周晶[130-131] 等。在交易时间方面，已有研究的交易时间往往局限为两周期。在销售商方面，即使考虑到了不同风险态度的销售商，也是从库存与缺货成本的角度进行定价分析的。对竞争环境下风险规避型销售商的动态定价问题缺少深入的研究。

我们聚焦于多周期阶段的有限时间平面内的销售商均衡定价模型，不仅考虑了风险规避型销售商之间的竞争，而且研究了销售商与不同行为类型的消费者之间的交互作用，以及不同行为类型的消费者如何在销售商之间进行选择的问题。在假设消费者的保留价格服从均匀分布的情况下，通过比较短视型和策略型行为的消费者最优定价策略，得出风险规避型的销售商面对不同类型消费者的定价策略。

二、模型假设

本章的模型假设包括销售商的假设、消费者的假设以及交易过程的假设三个部分。

（一）销售商的假设

假设市场上存在两个风险规避型销售商，其中一个销售商设定为 $i(i=1,2)$，另外一个销售商为 j，其中 $j=3-i$，并且两个销售商销售同种产品。销售商并不知道特定消费者的保留价格具体是多少，但是根据历史资料可以预测消费者初始保留价格的大致范围，并能够根据消费者的决策结果不断调整价格的制定策略。为了便于分析，假设销售商的销售成本为0。在任何一个时期 t 内，任意一个销售商知道 $t-1$ 时期的所有销售商的历史定价。任何一个销售商均根据销售商的历史定价以及消费者的购买决策，不断修正对消费者保留价格分布的认知。

（二）消费者的假设

对于任何一个消费者，在进行购买决策的时候，往往是在两个销售商之间进行比较与分析。对于市场上的任何一个消费者，可能是短视型，也可能是策略型，用参数 $\delta\in[0,1]$ 描述消费者行为特征。当 $\delta\to0$ 时，消费者是短视型，当 $\delta\to1$ 时，消费者是策略型。消费者追求产品服务多样化，对两个销售商不存在忠诚度或者事先设定的偏好。消费者如果在交易时期 t 内访问销售商 i，则在 $t+1$ 时期必然访问销售商 j，消费者在两个销售商之间不断地交替光顾，呈现"之"字形，是零阶的马尔科夫链。消费者的保留价格服从均匀分布 $U(0,V)$，并且理性的消费者往往根据两个销售商的定价情况不断调整自己的保留价格。

（三）交易过程的假设

假设交易市场是完全竞争的市场。在任何一个交易时期的定价信息，两个销售商是完全知道的。只要消费者作出了购买决策，或者到了交易期限但消费者没有作出购买决策，交易也会自动结束。

三、交替动态定价模型构建

基于前景理论，风险规避型销售商销售一个单位的产品或服务所获得的收益可以用效用函数来表示，如式(7-1)。

$$f(x)=\begin{cases}V(x), & x>0\\ \lambda V(x), & x<0\end{cases}\tag{7-1}$$

式(7-1)中，$V(x)$ 是销售一个产品带来的效用函数，$\lambda V(x)$ 表示没有销售产品的效用函数；λ 的取值一般为2~3。在后面的模拟研究中，取 $\lambda=2.25$（Tversky，1971）。[132]

若交易在 T 时期达到均衡，对于风险规避的销售商而言，把商品卖出去不是库存的损失，而是把没有卖出去的商品当作货币损失，为了“避害”，销售商会想方设法减少库存。则 T 时期，销售商的利润表达式如式(7-2)所示。

$$\pi_T=P_T\cdot\frac{(R_T^*-P_T)}{R_T^*}\cdot\frac{R_T^*}{\overline{R}}-\lambda\cdot P_T\cdot\left[1-\frac{(R_T^*-P_T)}{R_T^*}\right]\frac{R_T^*}{\overline{R}}\tag{7-2}$$

在式(7-2)中，P_T 为销售商在 T 时期的定价；R 为消费者的保留价格，并且服从均匀分布，即 $R\sim U(P_T,\ R_T^*)$；R_T^* 是消费者在 T 时期修正后的保留价格；$\overline{R}$ 表示消费者保留价格的均值。$\frac{(R_T^*-P_T)}{R_T^*}\cdot\frac{R_T^*}{\overline{R}}$ 为销售商在 T 时期销售产品的概率，$\left[1-\frac{(R_T^*-P_T)}{R_T^*}\right]\cdot\frac{R_T^*}{\overline{R}}$ 为销售商在 T 时期没有销售产品的概率。亦可理解为：销售商拥有 $\frac{(R_T^*-P_T)}{R_T^*}\cdot\frac{R_T^*}{\overline{R}}$ 的产品销售量，并带来相应的利润；同时失去 $\left[1-\frac{(R_T^*-P_T)}{R_T^*}\right]\cdot\frac{R_T^*}{\overline{R}}$ 的销售量，并产生了损失。λ 为常数。式(7-2)对 P_T 求导可得到均衡价格与均衡利润，如式(7-3)和式(7-4)所示。

$$P_T^*=\frac{R_T^*}{2\cdot(1+\lambda)}，令\ P_1^0=\frac{1}{2(1+\lambda)}，由此\ P_T^*=P_1^0\cdot R_T^*\tag{7-3}$$

$$\pi_T^*=\frac{(R_T^*)^2}{4(1+\lambda)\overline{R}}=\frac{P_1^0}{2\overline{R}}\cdot(R_T^*)^2\tag{7-4}$$

若在 $T-1$ 时期达到均衡，该时期销售商的利润函数为：

$$\pi_{T-1}=P_{T-1}\cdot\frac{(R_{T-1}^*-R_T^e)}{R_{T-1}^*}\cdot\frac{R_{T-1}^*}{\overline{R}}-\lambda\cdot P_{T-1}\cdot\left[1-\frac{(R_{T-1}^*-R_T^e)}{R_{T-1}^*}\right]\cdot\frac{R_{T-1}^*}{\overline{R}}\tag{7-5}$$

在式(7-5)中，R_T^e 是 P_{T-1} 设置后消费者保留价格的后验分布的期望上限，是消费者选择行为的函数，即 R_T^e 是 P_{T-1} 的函数。该保留价格使消费者在 $T-1$ 时期与 T 时期的购买无差异，且满足条件 $R_T^e<R_{T-1}^*$。对于 T 时期的销

售商而言，其均衡价格 P_T 是保留价格的函数，根据前面的推导可知：$P_T=R_T^e\cdot P_1^0$，于是得到：

$$(R_T^e-P_{T-1})=\delta(R_T^e-P_T)$$

$$(R_T^e-P_{T-1})=\delta(R_T^e-P_1^0\cdot R_T^e)\Rightarrow R_T^e=\frac{P_{T-1}}{1-\delta(1-P_1^0)} \tag{7-6}$$

对式(7-5)求导，使 $\pi_{T-1}=\max$，可以得到 $T-1$ 时期销售商的均衡价格和均衡利润如式(7-7)和式(7-8)所示：

$$P_{T-1}^*=P_2^0\cdot R_{T-1}^*$$

$$P_{T-1}^*=\frac{[1-\delta(1-P_1^0)]}{2(1+\lambda)}\cdot R_{T-1}^*=\frac{2(1+\lambda)-\delta(1+2\lambda)}{4(1+\lambda)^2}\cdot R_{T-1}^* \tag{7-7}$$

$$P_2^0=\frac{[1-\delta(1-P_1^0)]}{2(1+\lambda)}=\frac{2(1+\lambda)-\delta(1+2\lambda)}{4(1+\lambda)^2}$$

$$\pi_{T-1}^*=\frac{2(1+\lambda)+\delta(1+2\lambda)}{8(1+\lambda)^2\cdot\overline{R}}\cdot(R_{T-1}^*)^2=\frac{P_2^0}{2\cdot\overline{R}}\cdot(R_{T-1}^*)^2 \tag{7-8}$$

若在 $T-2$ 时期达到均衡，则该时期销售商利润函数如式(7-9)所示：

$$\pi_{T-2}=P_{T-2}\frac{(R_{T-2}^*-R_{T-1}^e)}{R_{T-2}^*}\cdot\frac{R_{T-2}^*}{\overline{R}}-\lambda\cdot P_{T-2}\cdot\left[1-\frac{(R_{T-2}^*-R_{T-1}^e)}{R_{T-2}^*}\right]\cdot\frac{R_{T-2}^*}{\overline{R}} \tag{7-9}$$

同理：$R_{T-1}^e=\dfrac{P_{T-2}}{1-\delta(1-P_2^0)}$

对式(7-6)求导，使 $\pi_{T-2}=\max$，则得到均衡价格与均衡利润如式(7-10)和式(7-11)所示：

$$P_{T-2}^*=\frac{[1-\delta(1-P_2^0)]}{2(1+\lambda)}\cdot R_{T-2}^*=\frac{4(1+\lambda)^2(1-\delta)+2\delta\cdot(1+\lambda)-\delta^2(1+2\lambda)}{8(1+\lambda)^3}\cdot R_{T-2}^*,$$

$$\text{令 } P_3^0=\frac{[1-\delta(1-P_2^0)]}{2(1+\lambda)}=\frac{4(1+\lambda)^2(1-\delta)+2\delta(1+\lambda)-\delta^2(1+2\lambda)}{8(1+\lambda)^3},$$

$$P_{T-2}^*=P_3^0\cdot R_{T-2}^* \tag{7-10}$$

$$\pi_{T-2}^*=\frac{4(1+\lambda)^2(1-\delta)+2\delta(1+\lambda)-\delta^2(1+2\lambda)}{16(1+\lambda)^3\cdot\overline{R}}\cdot(R_{T-2}^*)^2$$

$$=\frac{P_3^0}{2\overline{R}}\cdot(R_{T-2}^*)^2 \tag{7-11}$$

若在任意 $t-1$ 时期达到均衡，则 $t-1$ 时期销售商利润函数表达式如式(7-12)所示：

$$\pi_{t-1}=P_{t-1}\frac{(R_{t-1}^*-R_t^e)}{R_{t-1}^*}\cdot\frac{R_{t-1}^*}{\overline{R}}-\lambda\cdot P_{t-1}\cdot\left[1-\frac{(R_{t-1}^*-R_t^e)}{R_{t-1}^*}\right]\cdot\frac{R_{t-1}^*}{\overline{R}}$$

$$R_t^e=\frac{P_{t-1}}{1-\delta(1-P_{T-t+1}^0)} \tag{7-12}$$

对式(7-12)求导，使 $\pi_{t-1}=\max$，则得到任意 $t-1$ 时期的均衡价格与均衡利润如式(7-13)和式(7-14)所示：

$$P_{t-1}^*=\frac{[1-\delta(1-P_{T-t+1}^0)]}{2(1+\lambda)}\cdot R_{t-1}^*，令 P_{T-t+2}^0=\frac{[1-\delta(1-P_{T-t+1}^0)]}{2(1+\lambda)},$$

$$P_{t-1}^*=P_{T-t+2}^0\cdot R_{t-1}^* \tag{7-13}$$

$$\pi_{t-1}^*=\frac{P_{T-t+2}^0}{2\overline{R}}(R_{t-1}^*)^2 \tag{7-14}$$

由递推关系可得，任意 t 时期，销售商的均衡价格与均衡利润如式(7-15)和式(7-16)所示。

$$P_t^*=P_{T-t+1}^0\cdot R_t^* \tag{7-15}$$

$$\pi_t^*=\frac{P_{T-t+1}^0}{2\overline{R}}(R_t^*)^2 \tag{7-16}$$

接下来具体讨论，当销售商是风险规避类型且存在不同行为类型的消费者时，销售商的利润和消费者福利的变化。

(1)当消费者为短视型时，即当 $\delta\to 0$ 时，根据上述分析，存在以下递推关系式如式(7-17)所示。

$$P_1^0=P_2^0=\Lambda=P_T^0=\frac{1}{2(1+\lambda)},$$

$$R_1^*=\overline{R}，R_2^*=P_1^*，R_3^*=P_2^*，R_t^*=P_{t-1}^*。$$

$$P_1^*=\frac{R_1^*}{2(1+\lambda)}，P_2^*=\frac{R_2^*}{2(1+\lambda)}，P_t^*=\frac{R_t^*}{2(1+\lambda)}(t=1，2，\cdots，T) \tag{7-17}$$

根据式(7－17)，得到任意 t 时期的销售商均衡价格为：$P_t^*=\frac{\overline{R}}{[2(1+\lambda)]^t}$，消费者保留价格为：$R_t^*=P_{t-1}^*=\frac{\overline{R}}{[2(1+\lambda)]^{t-1}}$。

对于风险规避型的销售商，由于任意 t 时期销售商的定价以及消费者的保留价格均大于0，此时销售商利润及消费者福利为：$\pi_t^*=\frac{\overline{R}}{2^{2t}\cdot(1+\lambda)^{2t-1}}$，$\omega_t^*=\frac{\overline{R}\cdot(1+2\lambda)^2}{[2(1+\lambda)]^{2t}}$。

由此可得：

第1时期达均衡，$P_1^*=\frac{\overline{R}}{[2(1+\lambda)]}$，$\pi_1^*=\frac{\overline{R}}{4\cdot(1+\lambda)}$，$\omega_1^*=\frac{\overline{R}\cdot(1+2\lambda)^2}{[2(1+\lambda)]^2}$；

第2时期达均衡，$P_2^*=\frac{\overline{R}}{[2(1+\lambda)]^2}$，$\pi_2^*=\frac{\overline{R}}{2^4\cdot(1+\lambda)^3}$，$\omega_2^*=\frac{\overline{R}\cdot(1+2\lambda)^2}{[2(1+\lambda)]^4}$；

任意 t 时期达均衡，$P_t^*=\frac{\overline{R}}{[2(1+\lambda)]^t}$，$\pi_t^*=\frac{\overline{R}}{2^{2t}\cdot(1+\lambda)^{2t-1}}$，$\omega_t^*=\frac{\overline{R}\cdot(1+2\lambda)^2}{[2(1+\lambda)]^{2t}}$；

第 T 时期达均衡，$P_T^*=\frac{\overline{R}}{[2(1+\lambda)]^T}$，$\pi_T^*=\frac{\overline{R}}{2^{2T}\cdot(1+\lambda)^{2T-1}}$，$\omega_T^*=\frac{\overline{R}\cdot(1+2\lambda)^2}{[2(1+\lambda)]^{2T}}$。

(2)当消费者为策略型时，即 $\delta\to1$ 时，同理可以有递推关系式如式(7－18)。

$$P_1^0=\frac{1}{2(1+\lambda)},\ P_2^0=\frac{1}{4(1+\lambda)^2},\ P_3^0=\frac{1}{8(1+\lambda)^3},\ P_{T-t+1}^0=\frac{1}{[2(1+\lambda)]^{T-t+1}}$$

$$R_1^*=\overline{R},\ R_t^*=[2(1+\lambda)]^{T-t+1}\cdot P_{t-1},\ P_t^*=\frac{R_t}{[2(1+\lambda)]^{T-t+1}}\qquad(7-18)$$

由 P_t^* 与 R_t^* 之间的递推关系得，当任意 t 时期达到均衡时，销售商的均衡价格、消费者保留价格、销售商均衡利润、消费者福利如下：

销售商均衡价格：$P_t^*=\frac{\overline{R}}{[2(1+\lambda)]^T}$，消费者保留价格：$R_t^*=[2(1+\lambda)]^{-t+1}\cdot\overline{R}$。销售商利润为：$\pi_t^*=\frac{\overline{R}}{2\cdot[2(1+\lambda)]^{T+t-1}}$，消费者福利为：$\omega_t^*=\left\{\frac{[2(1+\lambda)]^T-[2(1+\lambda)]^{t-1}}{[2(1+\lambda)]^{T+t-1}}\right\}^2\cdot\overline{R}$。

由此得：

第 1 时期达均衡，$P_1^*=\frac{\bar{R}}{[2(1+\lambda)]^T}$，$\pi_1^*=\frac{\bar{R}}{2\cdot[2(1+\lambda)]^T}$，

$$\omega_1^*=\left\{\frac{[2(1+\lambda)]^T-1}{[2(1+\lambda)]^{T+t-1}}\right\}^2\cdot\bar{R};$$

第 2 时期达均衡，$P_2^*=\frac{\bar{R}}{[2(1+\lambda)]^T}$，$\pi_2^*=\frac{\bar{R}}{2\cdot[2(1+\lambda)]^{T+1}}$，

$$\omega_2^*=\left\{\frac{[2(1+\lambda)]^T-[2(1+\lambda)]}{[2(1+\lambda)]^{T+1}}\right\}^2\cdot\bar{R};$$

任意 t 时期达均衡，$P_t^*=\frac{\bar{R}}{[2(1+\lambda)]^T}$，$\pi_t^*=\frac{\bar{R}}{2\cdot[2(1+\lambda)]^{T+t-1}}$，

$$\omega_t^*=\left\{\frac{[2(1+\lambda)]^T-[2(1+\lambda)]^{t-1}}{[2(1+\lambda)]^{T+t-1}}\right\}^2\cdot\bar{R};$$

第 T 时期达均衡，$P_T^*=\frac{\bar{R}}{[2(1+\lambda)]^T}$，$\pi_T^*=\frac{\bar{R}}{2\cdot[2(1+\lambda)]^{2T-1}}$，

$$\omega_T^*=\left\{\frac{[2(1+\lambda)]^T-[2(1+\lambda)]^{T-1}}{[2(1+\lambda)]^{2T-1}}\right\}^2\cdot\bar{R}。$$

四、模拟研究

为了进一步了解风险规避型销售商的定价变化，采用 R 统计软件 3.2.1 对风险规避型销售商进行动态定价模拟。选择该软件主要出于以下三个方面的考虑：一是 R 统计软件是开源的，可以方便地在网上下载；二是 R 统计软件的使用范围广，国内外的统计学者都在使用；三是我们所构建的模型采用 R 统计软件来模拟比较合适。

参考 Amnon Rapoport（2012）的研究，将模拟研究中消费者的初始保留价格定为服从 $U(0,1000)$ 的均匀分布，λ 取值 2.25。[24]

（一）针对短视型消费者的风险规避型销售商定价

为了分析风险规避型的销售商与短视型消费者的博弈情况，我们选择两个交易时间 $T=4$ 和 $T=10$ 进行分析。当交易时期 T 为 4 时，消费者的保

留价格及福利变化曲线如图 7-1 所示，销售商的定价及均衡利润变化曲线如图 7-2 所示。

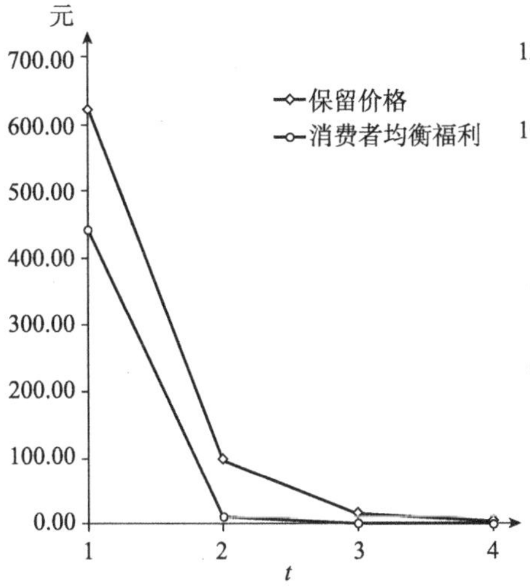

图 7-1　消费者的保留价格及福利变化曲线（$T=4$）

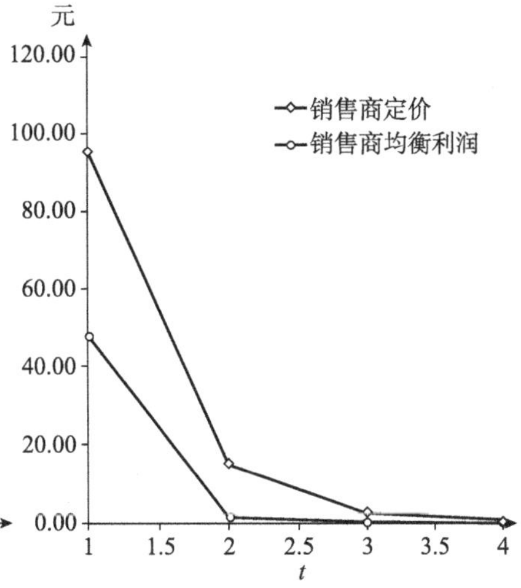

图 7-2　销售商的定价及均衡利润变化曲线（$T=4$）

从图 7-1 和图 7-2 中可以看出，当消费者行为特征为短视型时，消费者的保留价格、销售商的定价、销售商的均衡利润以及消费者的均衡福利均呈现随着交易时间的增加而减少的趋势，尤其是在交易时间第 1 期以后，有显著下降，在交易时间第 2 期以后，下降比较缓慢。说明第 1 期销售商存在明显的定价优势以及利润优势，消费者在第 1 期也有明显的福利优势。因此销售商应以第 1 期为营销重点，想方设法减少交易时间，维持销售商的高均衡利润以及消费者的均衡福利。消费者的保留价格、销售商的定价、销售商的均衡利润以及消费者的均衡福利情况见表 7-1。

表 7-1　消费者保留价格、销售商定价、销售商均衡利润与消费者均衡福利（$T=4$）

变量	时间			
	$t=1$	$t=2$	$t=3$	$t=4$
保留价格 R/元	622.8415	95.8218	14.7418	2.2680
销售商定价 p^*/元	95.8218	14.7418	2.2680	0.3489
销售商均衡利润 π/元	47.9109	1.1340	0.0268	0.0006
消费者均衡福利 W/元	445.9398	10.5548	0.2498	0.0059

当交易时期 T 为 10 时，消费者的保留价格及福利变化曲线、销售商的定价及均衡利润变化曲线分别如图 7-3 和图 7-4 所示。具体的结果见表7-2。

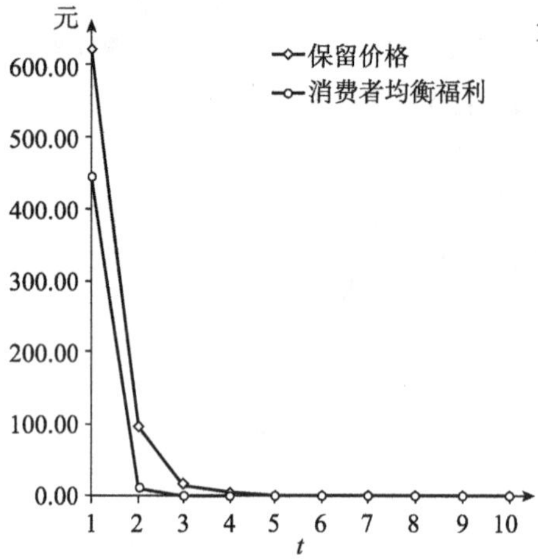

图 7-3　消费者的保留价格及福利变化曲线（$T=10$）

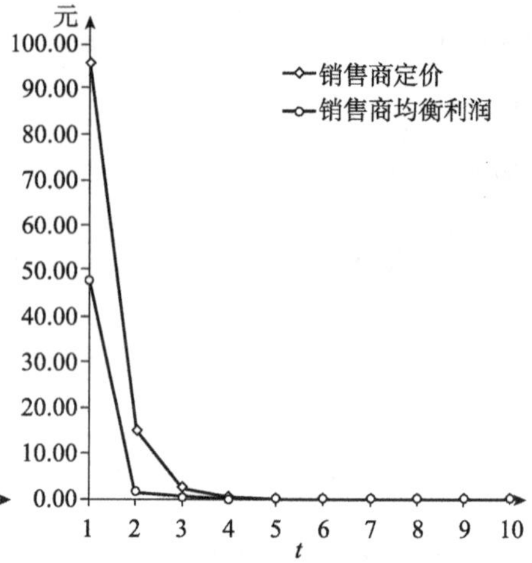

图 7-4　销售商的定价及均衡利润变化曲线（$T=10$）

从图 7-3 和图 7-4 中可以看出，随着交易时期 T 增加，即在 $T=10$ 时，四条曲线图的变化趋势与 $T=4$ 时类似，其中消费者保留价格的曲线在第 1~3 期斜率最大，第 3~10 期曲线趋于平缓；销售商均衡利润曲线，在第 1~2 期图像变化陡减，斜率变化最大，第 2~10 期图像趋于平缓，斜率变化变小，说明销售商在第 1 期也存在明显的利润优势。同样，与第 1 期相比，销售商均衡利润在第 2 期有明显下降；消费者福利变化曲线图像与销售商的均衡利润变化曲线有相似的变化趋势，说明在第 1 期消费者有明显的福利优势，第 2 期以后，消费者福利明显减少。与图 7-1和图 7-2 比较可以看出，随着交易时期 T 值的增大，消费者的保留价格、销售商的定价、销售商的均衡利润以及消费者的福利的总体变化规律类似，均是先快后慢，变化速度逐渐减小，趋于平缓。其中消费者保留价格变化曲线的图像和最优定价的变化曲线都更加凸向原点，前期坡度更陡，后期变化更加趋于平缓；销售商的均衡利润变化曲线在第 1~2 期明显陡减，在第 2 期之后更加趋于平缓。但是交易期限越长，销售商的均衡利润和消费者的均衡福利在第 4 期以后明显减少，而在第 1 期销售商的均衡利润优势和消费者的均衡福利优势非常明显。因此，销售商要想方设法控制交易期限，力争减少交易时间，并且把营销重点放在第 1 期。

表 7-2 消费者保留价格、销售商定价、销售商均衡利润与消费者均衡福利（$T=10$）

变量	时间									
	$t=1$	$t=2$	$t=3$	$t=4$	$t=5$	$t=6$	$t=7$	$t=8$	$t=9$	$t=10$
保留价格 R/元	622.8415	95.8218	14.7418	2.2680	0.3489	0.0537	0.0083	0.0013	0.0002	0.0000
定价 p^*/元	95.8218	14.7418	2.2680	0.3489	0.0537	0.0083	0.0013	0.0002	0.0000	0.0000
均衡利润 π/元	47.9109	1.1340	0.0268	0.0006	0.0000	0.0000	0.0000	0.0000	0.0000	0.0000
均衡福利 W/元	445.9398	10.5548	0.2498	0.0059	0.0001	0.0000	0.0000	0.0000	0.0000	0.0000

注：由于表 7-2 保留小数点后四位有效数字，所以出现 0.0000，实际的定价与利润并不是 0。

通过表 7-1 与表 7-2 结果的比较分析发现，在市场上存在风险规避型的销售商与短视型的消费者时，随着交易时间的增加，消费者的保留价格、销售商的定价、销售商的均衡利润以及消费者的均衡福利都在减少。将 $T=4$ 时与 $T=10$ 时比较，前面四个对应时期的保留价格、销售商定价、销售商的均衡利润以及消费者的均衡福利是相等的。但是在 $T=5$ 时及以后时期，消费者的保留价格、销售商的定价、销售商的均衡利润以及消费者的均衡福利均很小。

（二）针对策略型消费者的风险规避型销售商定价

当交易时期 $T=4$ 时，消费者的保留价格及福利变化曲线如图 7-5 所示。销售商的定价及均衡利润变化曲线如图 7-6 所示。具体结果见表 7-3。

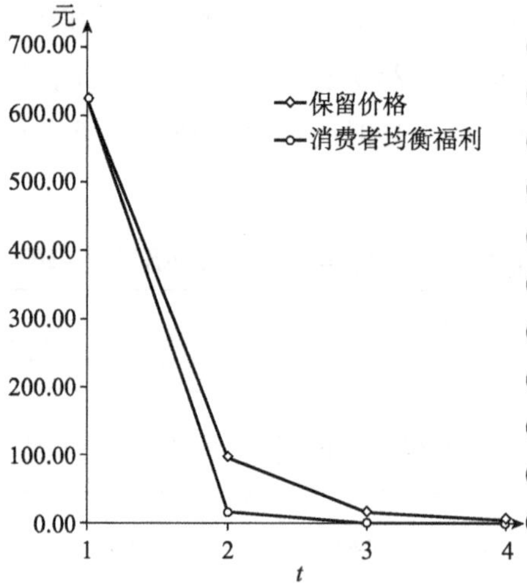

图 7-5　消费者的保留价格及福利变化曲线（$T=4$）

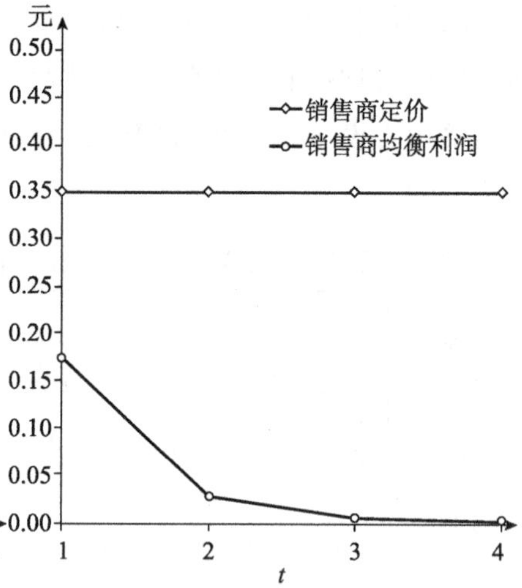

图 7-6　销售商的定价及均衡利润变化曲线（$T=4$）

从图 7-5 和图 7-6 的四条曲线可以看出，在消费者是策略型的情况下，消费者的保留价格、销售商的均衡利润以及消费者的福利均是随着交易时间的增加在减少，并且都是变化速度先快后慢，逐渐变小，趋于平缓。第 2 期与第 1 期相比，销售商的均衡利润、消费者的保留价格以及消费者的均衡利润明显减少，但是在第 2 期以后，减少速度明显变缓。销售商在交易期限内的定价保持不变。

通过图 7-1、图 7-2 与图 7-5、图 7-6 的比较分析发现：风险规避型销售商，即使交易时期 T 相同，面对不同行为类型的消费者时，其定价策略也会发生明显变化。并且销售商的均衡利润（图 7-2）明显高于同时期的销售商均衡利润（图 7-6）。因此，对于风险规避型销售商来说，若对短视型的消费者采取与策略型消费者一样的定价策略，销售商的均衡利润将显著减少。得出结论：风险规避型的销售商应该尽可能减少交易时间，把营销重点放在前期。

表 7-3　消费者保留价格、销售商定价、销售商均衡利润与消费者均衡福利（$T=4$）

变量	时间			
	$t=1$	$t=2$	$t=3$	$t=4$
保留价格 R/元	622. 8415	95. 8218	14. 7418	2. 2680
销售商定价 p^*/元	0. 349	0. 349	0. 349	0. 349

续表

变量	时间			
	t=1	t=2	t=3	t=4
销售商均衡利润 π/元	0.174	0.027	0.004	0.001
消费者均衡福利 W/元	622.144	14.635	0.333	0.006

通过表 7-1 与表 7-3 的比较分析发现，在交易时期 T 均为 4 的时候，短视型消费者的保留价格与策略型消费者的保留价格相同，短视型消费者均衡福利明显低于策略型消费者福利；在面对短视型的消费者时，销售商的定价以及均衡利润均明显高于策略型消费者。因此，风险规避型的销售商应该对不同行为的消费者采用不同的定价策略。

当交易时期 T 为 10 时，面对策略型消费者，消费者的保留价格及福利变化曲线如图 7-7 所示，销售商的定价及均衡利润变化曲线如图 7-8 所示。具体结果见表 7-4。

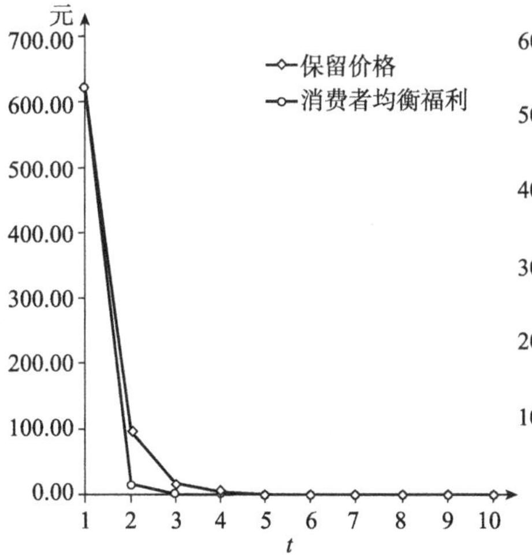

图 7-7 消费者的保留价格及福利变化曲线（T=10）

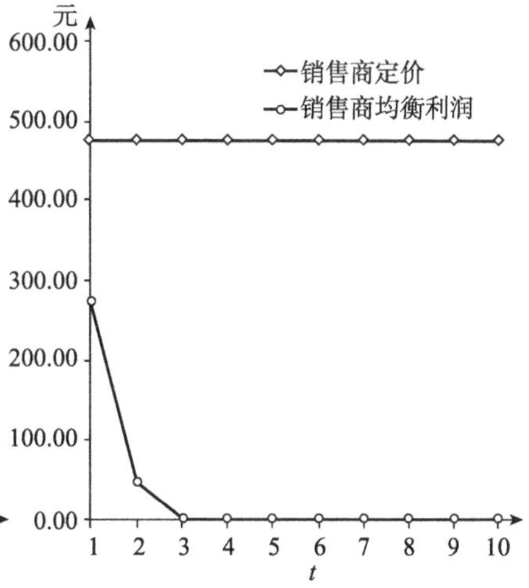

图 7-8 销售商的定价及均衡利润变化曲线（T=10）

从图 7-7 和图 7-8 中可以看出，随着交易时期 T 的增加，四条曲线的变化趋势与 T=4 时类似。但是通过与图 7-5、图 7-6 的对比分析发现，面对策略型的消费者时，虽然在同样交易期限内的销售商定价保持不变，但是交易期限长的销售商定价明显低于交易期限短的销售商定价。T=10 时的销售商各期的均衡利润（在 $t=1, 2, 3, 4$）也明显低于 $T=4$（$t=1, 2, 3, 4$）时同时期的销售商的均衡利润。$T=10$ 时的消费者保留价格以及消费者均衡福利（在 $t=1, 2, 3, 4$）却等于 $T=4$（$t=1, 2, 3, 4$）时同时期的消费者保留价格以及消费者均衡福利。

表 7-4 消费者保留价格、销售商定价、销售商均衡利润与消费者均衡福利（$T=10$）

变量	时间									
	$t=1$	$t=2$	$t=3$	$t=4$	$t=5$	$t=6$	$t=7$	$t=8$	$t=9$	$t=10$
保留价格 R/元	622.842	95.822	14.742	2.268	0.349	0.054	0.008	0.001	0.000	0.000
定价 p^*/元	0.000	0.000	0.000	0.000	0.000	0.000	0.000	0.000	0.000	0.000
均衡利润 π/元	0.000	0.000	0.000	0.000	0.000	0.000	0.000	0.000	0.000	0.000
均衡福利 W/元	622.8415	14.742	0.349	0.008	0.000	0.000	0.000	0.000	0.000	0.000

注：由于表 7-4 保留小数点后三位有效数字，所以出现 0.000，实际的定价与利润并不是 0。

通过表 7-2 和表 7-4 的比较分析可以看出，短视型消费者的保留价格变化规律与策略型消费者相似，对应相同时期的短视型消费者的保留价格等于策略型消费者的保留价格，但是策略型消费者的均衡福利明显大于同时期短视型消费者的均衡福利，当短视型消费者存在于市场时，销售商的定价与销售商的均衡利润均明显高于消费者是策略型的情况（考虑到有效数字的位数问题，$T=5$ 以后的部分结果在表 7-2 和表 7-4 中无法显示）。

五、结论与研究展望

在对现有的动态定价模型研究成果进行梳理的基础上，构建由两个销售商和一个消费者构成的交替动态定价模型。在该动态定价模型中，假设销售商是风险规避型，消费者行为特征包括短视型与策略型，分析了不同时间平面内，风险规避型销售商面对不同行为特征的消费者的定价策略。利用 R 统计软件 3.2.1，针对交易期限分别为 4 和 10 两种情况，模拟研究了竞争环境下的风险规避型销售商交替动态定价以及不同类型消费者的保留价格、福利以及销售商的利润情况。从模拟研究结果来看，消费者的保留价格和消费者的福利基本呈现随着交易时间增加而减少的趋势，而销售商的均衡利润也呈现随着交易时间增加而减少的趋势，不过销售商的定价变化明显小于市场上是短视型消费者的销售商的均衡利润变化，销售商定价较复杂。在消费者是策略型的情况下，销售商的定价策略维持一个固定的价格；而针对短视型的消费者，销售商的定价会随着交易时间的变化作出调整，但是在同样的交易期限内，同时期的策略型消费者比起短视型消费者能够获得更高的均衡福利，而当市场上存在策略型消费者时，销售商必须对不同类型的消费者采取不同的定价策略以获取均衡利润的最大化。

假设销售资源是充足的，没有考虑销售商货品短缺的情况。另外假设消费者的保留价格服从均匀分布，还有可能服从其他的概率分布，同时消费者的选择行为还受消费者的经验以及近期效应等影响，这些问题还有待进一步地深入研究。

六、本章小结

本章研究了竞争环境下有限时间平面内两个销售商交替动态定价的均衡模型。该模型的市场交易主体是两个销售商和一个消费者，一旦消费者接受某销售商的价格，或者到达交易期限，交易就终止。销售商对待风险的态度是风险规避型的，消费者行为类型有短视型和策略型两种。消费者的保留价格服从均匀分布，并根据销售商的定价不断调整保留价格。利用该模型，分析了风险规避型的销售商与不同行为类型消费者的博弈行为，揭示了消费者保留价格和消费者福利的变化特征，发现了销售商定价与销售商均衡利润的变化规律。利用 R 统计软件 3.2.1 进行模拟，结果表明不同行为类型的消费者保留价格和消费者福利随着交易时间的增加而减少，销售商的均衡利润也随着交易时间的增加在减少，但是定价变化比较复杂，是随着消费者行为类型不同而变化，销售商应该针对不同类型的消费者采取不同的定价策略以实现均衡利润的最大化。

第八章　网络消费者行为特征与销售商均衡定价

——基于一阶马尔科夫动态定价视角

在网络环境下，动态定价是企业常用的定价策略，[133]制定合理有效的动态定价策略的关键是构建动态定价模型。[134]市场特征和消费者特征是动态定价模型关注的两类重要变量。[135]

在市场交易中，消费者是有差异的，这种差异性主要体现在两个方面：一是消费者对产品与服务偏好的差异；二是消费者行为特征的差异。前者可以通过消费者的保留价格即支付意愿来体现。考虑消费者保留价格的差异性，一般假设保留价格服从均匀分布或正态分布，[136]这主要是由均匀分布或者正态分布广泛适用性引起的。虽然保留价格难以反映消费者偏好的差异性，但是使用保留价格比较方便，在定价建模中广泛使用。消费者对于产品服务与偏好的差异，也可以选择以脚投票的方式。消费者从一个销售商转移到另一个销售商，可能是源于缺货，[137]消费者买不到预期的产品时，不得不转向其余的销售商，也可能是消费者追求服务或者产品多样化趋势的一种体现。[138-139]消费者在不同销售商之间的选择，反映了消费者购买特定的销售商的产品与服务时存在不确定性，这种不确定性往往采用某一概率表示。[140]另外，产品与服务的定价对消费者的选择行为产生影响。[141-142]鉴于消费者行为特征的差异，一般把消费者分为两种：短视型和策略型。[143-144]消费者是短视型时，[145]只要看到产品的价格低于其保留价格，就选择购买。消费者是策略型时，则会考虑购买的机会成本，这类消费者如果预测到下一时期商家的定价更低，则会拒绝购买当期的商品，即处于一种观察状态。策略型与短视型消费者行为的差异，可以通过设置不同折扣因子参数来体现。[146]

由于任何产品与服务都是在市场中进行交易的，所以必须考虑市场特征。关于市场特征的假设，主要是从竞争环境视角考虑。一种是假设垄断市场的最优动态定价机制。在管理科学文献中，有关垄断环境下的动态定价模型，比较经典的是 Kalish(1983, 1985)[146-147]、Lazear(1984)[148]。这些模型的共同特点是：假设总的销售额会随时间发生变化，不同交易时间的垄断者定价策略影响销售额的变化。对于垄断环境下的动态定价，收入管理领域的研究成果比较丰富，例如 Talluri 和 Garrett(2004)[128]。另一种是考虑竞争对价格的显著影响[136,149]，或者消费者的到来遵循一些分布，例如泊松分布[167]，消费者可以是同类型的[150]，也可以是异质性的[151]。不过大多数研究是假设在多阶段固定库存收入管理的背景下的，竞争效应受到的关注相对较少。Perakis 和 Sood[152]利用稳健优化方法研究了多周期的固定库存的动态定价模型，Lin 和 Sibdari[153]研究存在竞争效应，以及消费者访问服从贝努利分布情况下的消费者选择问题；Papanastasiou 和 Savva[154]研究了需求学习对策略型消费者的影响，并建立了两周期动态定价问题。胡玉生等[155]利用马尔可夫决策过程和博弈论建立了竞争环境下风险规避的航班动态定价问题。段文奇等[156]应用适应性动态定价的策略探究平台竞争环境下的动态定价策略。

目前大部分的动态定价模型只涉及单一因素对定价的影响，如仅考虑定价策略与市场特征的关系，或只考虑定价策略与消费者某种特征的关系(策略行为特征、对产品和服务的偏好等)，而且交易周期局限在两个阶段，[157]而同时考虑多周期交易期限、市场特征和消费者特征等的动态定价研究成果比较缺乏。针对上述研究局限，考虑了消费者行为特征的风险中性型销售商的一阶马尔科夫动态定价模型的研究，研究贡献主要有三点：第一，突破了以往动态定价模型研究中没有考虑多个影响因素的局限，将交易期限、市场特征和消费者行为特征等多个变量同时纳入动态定价模型进行多周期动态分析，厘清了目前学术界一直存在争论的企业最优定价策略与交易期限、消费者策略行为特征以及消费者转移行为之间的动态关系，进一步丰富和发展了马尔科夫动态定价模型。第二，将消费者追求产品与服务的多样性和消费者忠诚度结合，把消费者的忠诚度大小转换为消费者转移概率。在任一时间点消费者访问某一个销售商，在下一时间点仍然以某一固定的概率返回到该销售商。消费者的初始保留价格服从某种随机分布，消费者不能全面掌握销售商的信息，需要不断观察销售商的定价以了解价格的变动趋势，并且根据销售商的定价不断调整保留价格。第三，虽然目前已有文献从不同视角构建了竞争环境下的动态定价模型，但从动态均衡的角度构建理论模型并进行模拟研究的成果仍然十分缺乏，利用开源统计软件 R 对所构建的动态定价模型进行模拟，为定价模型的研究开辟了一种新思路。本章不仅弥补了现有研究中缺乏多因素综合动态定价模型的空白，而且为企业在竞争市场上的最优定价策略提供借鉴。

一、模型假设

模型假设分为三个部分：一是关于销售商的假设，二是关于消费者行为特征的假设，三是关于交易市场特征和交易期限的假设。

（一）关于销售商的假设

假设市场上有两个销售商，其中一个销售商设定为 $i(i=1, 2)$，另外一个销售商则为 j，且 $j=3-i$，两个销售商销售同类型的产品，销售商对待风险的态度为风险中性。产品的交易时间为 T，在每个时点 t，销售商 i 张贴的价格用 P_t^i 表示，另一个则是 P_t^j，为了计算方便，设定产品的销售成本为 0。虽然销售商并不知道特定消费者的保留价格具体是多少，但是根据历史资料可以预测消费者保留价格的大致范围。在任何一个交易时点 t，任何一个销售商均知道前 $t-1$ 交易时点两个销售商的所有定价历史，且根据销售商的定价历史以及消费者的购买决策情况，动态发布价格。

（二）关于消费者行为特征的假设

对于市场上的任何一个消费者，最后的选择往往是在两个销售商提供的产品与服务之间进行比较，且最多只能购买其中一个销售商的一个产品，如购买某一时间点的机票、酒店住宿以及手机等。消费者的初始保留价格 R 服从均匀分布，消费者的行为特征用 $\delta\in[0, 1]$ 刻画，当 $\delta\to0^+$ 时，消费者是短视型，当 $\delta\to1$ 时，消费者是策略型。[136] 假设在任何一个时间

点 t，消费者访问其中一个销售商，如果消费者购买该销售商的产品或服务，则交易中止；如果消费者没有作出购买决策，考虑到消费者的惯性，则在 $t+1$ 的时候访问该销售商的概率为 p，访问另外一个销售商的概率为 $1-p$。若概率 p 为 1，表示消费者绝对的忠诚，只跟一个销售商进行交易；概率 p 为 0，表示消费者对销售商忠诚度为 0。消费者在两个销售商之间不断转换，在概率 p 为 0 时的模型称为 zigzag 竞争模型，[128]也称为零阶马尔科夫链模型。当概率 p 在 0 和 1 之间时，称之为一阶马尔科夫模型。概率 p 的大小往往受消费者购物经验、消费者行为惯性、销售商的服务水平以及商店氛围的影响，甚至还可能与销售商所处的地理位置有关。考虑到竞争环境下的销售商动态定价问题，且消费者有一定的忠诚度，因此设定 $0<p<1$。假设消费者事先对两个销售商提供的产品与服务偏好没有差异，则第一次访问两个销售商的概率相等，设定为 1/2。不失一般性，假设消费者的初始保留价格服从均匀分布，随着两个销售商在不同时间的定价变化，消费者不断修正自己的保留价格。根据贝叶斯定理，修正后的消费者保留价格依然服从均匀分布。

（三）关于交易市场特征和交易期限的假设

假设交易市场是竞争性市场。任意一个销售商在任意的交易时点 t，能够了解前面任何一个交易时间点的各个销售商的定价信息。只要满足以下条件中的任何一个条件，交易就结束。①消费者作出了购买决策；②到达交易时间 T，即使消费者没有作出购买决策，交易也自动结束。由于竞争的力量，两个销售商在任何时期的定价相同，即 $P_t^i=P_t^j$。

二、模型构建

在竞争性市场环境中，必定存在两种类型的重要交互：一是销售商争取客户以获取最大的利益；二是消费者选择合适的销售商以使消费者福利达到最大化。当销售商有充足的生产能力满足消费者的需求时，理性的消费者总是选择合适的购买时机，决定是现在购买还是等待以后购买。市场交易过程实际是销售商和消费者的博弈，消费者预测销售商的定价，销售商根据消费者的决策作出价格调整，而且竞争环境下的销售商无法对未来价格作出有约束力的承诺，这样的均衡定价策略必须是子博弈的完美纳什均衡。意味着在给定的任何时期的市场状态以及消费者预期情况下，销售商的定价必须是最优的。[155]根据前面的模型假设，分别讨论短视型消费者和策略型消费者对销售商的动态定价问题。

（一）针对短视型消费者的动态均衡定价

当消费者为短视型时，意味着只要销售商的定价低于消费者的保留价格，消费者就会作出购买决策。

若在交易时间 T 达到均衡，销售商的利润用 π 表示，$\pi_T^{i,v}$ 表示时间为 T 时消费者访问某销售商 i 产生的利润，$\pi_T^{i,n}$ 则表示消费者在时间为 T 的情况下，没有访问销售商 i 产生的利润(下标 T 表示交易时间，上标 i 表示销售商类型，v 表示访问销售商，n 表示没有访问销售商)。则在交易时间为 T 时，消费者访问销售商 i 的利润函数为：$\pi_T^{i,v}=P_T^i\cdot\dfrac{(R_T^*-P_T^i)}{R_T^*}$，其中 $\dfrac{R_T^*-P_T^i}{R_T^*}$ 为在交易时间为 T 时，短视型消费者作出购买决策的概率，P_T^i 表示在交易时间为 T 时销售商 i 的定价；R_T^* 表示在交易时间为 T 时，经过前面 $T-1$ 时间段修正后的消费者保留价格。$C_T^{i,v}$ 表示在交易时间为 T 时，销售商 i 的均衡利润与消费者保留价格的比值。π_T^i 表示在交易时间为 T 时，销售商 i 的均衡利润，由两个部分组成，一是访问销售商 i 产生的利润，二是没有访问销售商 i 产生的利润，如式(8-1)所示：

$$\pi_T^i=r\cdot\pi_T^{i,v}+(1-r)\cdot\pi_T^{i,n}\tag{8-1}$$

式中，r 表示在 T 时期，消费者访问销售商 i 的概率。由于在初始时期，访问 i 和 j 的概率均为 1/2，设在时间 T，访问销售商 i 和 j 的概率分别为 r 和 $1-r$，按照马尔科夫链的特性，可以得到在任意时间 t，访问 i 和 j 的概率为：

$$\begin{pmatrix} r \\ 1-r \end{pmatrix}^T=\begin{pmatrix} \frac{1}{2} \\ \frac{1}{2} \end{pmatrix}^T\begin{pmatrix} p & 1-p \\ 1-p & p \end{pmatrix}\cdots\begin{pmatrix} p & 1-p \\ 1-p & p \end{pmatrix}=\begin{pmatrix} \frac{1}{2} \\ \frac{1}{2} \end{pmatrix}^T$$

则 $r=\frac{1}{2}$，$1-r=\frac{1}{2}$，式(8-1)可以写成：

$$\pi_T^i=\frac{1}{2}\pi_T^{i,v}+\frac{1}{2}\pi_T^{i,n}=\frac{P_T^i}{2}\cdot\frac{(R_T^*-P_T^i)}{R_T^*}+\frac{1}{2}\pi_T^{i,n} \tag{8-2}$$

为了使 $\pi_T^i=\max$，可得在交易时间为 T 时，销售商 i 的均衡定价为 $P_T^{i*}=\frac{1}{2}R_T^*$。令 $P_1^0=\frac{1}{2}$，$\pi_T^{i,n}=0$，则有 $P_T^{i*}=P_1^0\cdot R_T^*$，对式(8-2)求偏导，令$\frac{\partial\pi_T^i}{\partial P_T}=0$，则：

$$\pi_T^{i*}=\frac{1}{2}\cdot\pi_T^{i,v}+\frac{1}{2}\pi_T^{i,n}=\frac{1}{2}\cdot\frac{1}{4}R_T^*+0=\frac{1}{8}R_T^* \tag{8-3}$$

因此，T 时期销售商 i 均衡利润为：$\pi_T^{i,v}=\frac{R_T^*}{4}$，$\pi_T^{i*}=\frac{R_T^*}{8}$，令 $C_T^{i,v}=\frac{1}{4}$，$C_T^{i,n}=0$，则有：

$$\pi_T^{i,v}=C_T^{i,v}\cdot R_T^* \tag{8-4}$$

$$\pi_T^{i*}=\frac{C_T^{i,v}\cdot R_T^*}{2} \tag{8-5}$$

T 时期的消费者福利 ω_T=(消费者保留价格-访问的销售商 i 的定价)×T 时期作出的购买决策概率，即：$\omega_T=(R_T^*-P_T^i)\cdot\frac{(R_T^*-P_T^i)}{R_T^*}$，将 $P_T^*=\frac{1}{2}R_T^*$ 代入得：

$$\omega_T=\frac{R_T^*}{4} \tag{8-6}$$

参照 T 时期销售商均衡定价的推导，若在 $T-1$ 时期达到均衡，销售商的均衡定价和均衡利润分别如式(8-7)和式(8-8)所示，消费者福利如式(8-9)所示。具体推导过程见附录3。

$$P_{T-1}^*=R_T^*=\frac{2}{4-P}\cdot R_{T-1}^* \tag{8-7}$$

$$\pi_{T-1}^i=\frac{1}{2}\cdot C_{T-1}^{i,v}\cdot R_{T-1}^*+\frac{1}{2}\cdot C_{T-1}^{i,n}\cdot R_{T-1}^* \tag{8-8}$$

$$\omega_{T-1}=(1-2C_{T-1}^{i,v})^2\cdot R_{T-1}^* \tag{8-9}$$

其中，$C_{T-1}^{i,v}=\frac{1}{4-p}$，$C_{T-1}^{i,n}=\frac{1-P}{(4-p)^2}$，$R_{T-1}^*$表示的是在 $T-1$ 时修正后的消费者保留价格。

若在 $T-2$ 时期达到均衡，销售商的均衡定价和均衡利润分别如式(8-10)和式(8-11)所示，消费者福利如式(8-12)所示。具体推导过程见附录 3。

$$P_{T-2}^*=R_{T-1}^*=\frac{1}{2[1-p\cdot C_{T-1}^{i,v}-(1-p)\cdot C_{T-1}^{i,n}]}\cdot R_{T-2}^* \tag{8-10}$$

$$\pi_{T-1}^i=\frac{1}{2}\cdot C_{T-2}^{i,v}\cdot R_{T-2}^*+\frac{1}{2}\cdot C_{T-2}^{i,n}\cdot R_{T-2}^* \tag{8-11}$$

$$\omega_{T-2}=(1-2C_{T-2}^{i,v})^2\cdot R_{T-2}^* \tag{8-12}$$

其中，$C_{T-2}^{i,v}=\frac{1}{4[1-P\cdot C_{T-1}^{i,v}-(1-P)\cdot C_{T-1}^{i,n}]}$，$C_{T-2}^{i,n}=\frac{(1-P)\cdot C_{T-1}^{i,v}+P\cdot C_{T-1}^{i,n}}{4[1-P\cdot C_{T-1}^{i,v}-(1-P)\cdot C_{T-1}^{i,n}]^2}$，$R_{T-2}^*$表示的是在 $T-2$ 时修正后的消费者保留价格。

因此，在任意时期 t 消费者的保留价格、销售商均衡定价与利润、消费者福利分别如式(8-13)、式(8-14)、式(8-15)和式(8-16)所示。具体推导过程见附录 3。

$$R_t^*=B_t\cdot B_{t-1}\cdot\cdots\cdot B_2\cdot R_1^* \tag{8-13}$$

$$P_t^*=B_{t+1}\cdot B_t\cdot\cdots\cdot B_2\cdot R_1^* \tag{8-14}$$

$$\pi_t^i=\frac{(C_t^{i,v}+C_t^{i,n})}{2}\cdot R_t^* \tag{8-15}$$

$$\omega_t=(1-B_{t+1})^2\cdot B_t\cdot B_{t-1}\cdot\cdots\cdot B_2\cdot R_1^* \tag{8-16}$$

其中：

$$B_t=\frac{1}{2+(B_{t+1})^2\cdot[B_{t+2}\cdot(2p-1)-2p]},$$

$$B_{T+1}=\frac{1}{2},$$

$$B_{T+2}=0。$$

$$C_t^{i,v}=\frac{1}{4[1-p\cdot C_{t+1}^{i,v}-(1-p)\cdot C_{t+1}^{i,n}]},$$

$$C_t^{i,n}=\frac{(1-p)\cdot C_{t+1}^{i,v}+p\cdot C_{t+1}^{i,n}}{4[1-p\cdot C_{t+1}^{i,v}-(1-p)\cdot C_{t+1}^{i,n}]^2},$$

$R_1^* = \overline{R}$，$\overline{R}$表示消费者的初始保留价格分布。

（二）针对策略型消费者的动态均衡定价

当在 T 时期达到均衡，销售商 i 的均衡利润函数为：$\pi_T^i = r \cdot \pi_T^{i,v} + (1-r) \cdot \pi_T^{i,n}$，又因为 $r=\frac{1}{2}$，$\pi_T^{i,n}=0$，$\pi_T^{i,v}=P_T^i \cdot \frac{(R_T^*-P_T^i)}{R_T^*}$，其中$\frac{R_T^*-P_T^i}{R_T^*}$为在 T 时期作出决策的概率，则有：

$$\pi_T^i = \frac{1}{2} \cdot \pi_T^{i,v} = \frac{P_T^i}{2} \cdot \frac{(R_T^*-P_T^i)}{R_T^*} \tag{8-17}$$

要使 $\pi_T^i = \max$，可得在交易期限 T 时，销售商 i 的均衡定价为 $P_T^{i*} = \frac{1}{2} R_T^*$，令 $C_T^{i,v} = \frac{1}{4}$，则有 $\pi_T^{i,v} = C_T^{i,v} \cdot R_T^*$，后代入式(8-17)有：

$$\pi_T^i = \frac{C_T^{i,v} \cdot R_T^*}{2} \tag{8-18}$$

T 时期的消费者的均衡福利 ω_T=（消费者保留价格−销售商 i 的定价）×T 时期作出购买决策的概率，即：$\omega_T = (R_T^*-P_T^i) \cdot \frac{(R_T^*-P_T^i)}{R_T^*}$，将 $P_T^{i*} = \frac{1}{2} R_T^*$ 代入得：

$$\omega_T = \frac{R_T^*}{4} \tag{8-19}$$

若在 $T-1$ 时期达到均衡，销售商 i 的均衡定价、均衡利润和消费者福利分别如式(8-20)、式(8-21)和式(8-22)所示。具体推导过程见附录 4。

$$P_{T-1}^* = \frac{1}{2} \cdot R_T^* = \frac{1}{2(2-p)} \cdot R_{T-1}^* \tag{8-20}$$

$$\pi_{T-1}^i = C_{T-1}^{i,v} \cdot R_{T-1}^* + C_{T-1}^{i,n} \cdot R_{T-1}^* \tag{8-21}$$

$$\omega_{T-1} = (1-4C_{T-1}^{i,v})^2 \cdot R_{T-1}^* \tag{8-22}$$

其中，$C_{T-1}^{i,v} = \frac{1}{4(2-p)}$，$C_{T-1}^{i,n} = \frac{1-p}{4(2-p)^2}$，$R_{T-1}^*$表示的是在 $T-1$ 时修正后的消费者保留价格。

若在 $T-2$ 时期达到均衡，销售商 i 的均衡定价、均衡利润和消费者福利分别如式(8-23)、式(8-24)和式(8-25)所示。具体推导过程见附录4。

$$P_{T-2}^{*}=\frac{1}{2(2-p)}\cdot\frac{1}{2[1-2p\cdot(2-p)\cdot C_{T-1}^{i,v}-2(1-p)\cdot(2-p)\cdot C_{T-1}^{i,n}]}\cdot R_{T-2}^{*} \tag{8-23}$$

$$\pi_{T-2}^{i}=C_{T-2}^{i,v}\cdot R_{T-2}^{*}+C_{T-2}^{i,n}\cdot R_{T-2}^{*} \tag{8-24}$$

$$\omega_{T-2}=[1-4(2-p)C_{T-2}^{i,v}]^{2}\cdot R_{T-2}^{*} \tag{8-25}$$

其中，$C_{T-2}^{i,v}=\frac{1}{8(2-p)\cdot[1-2p\cdot(2-p)\cdot C_{T-1}^{i,v}-2(1-p)\cdot(2-p)\cdot C_{T-1}^{i,n}]}$，

$C_{T-2}^{i,n}=\frac{(1-p)\cdot C_{T-1}^{i,v}+p\cdot C_{T-1}^{i,n}}{4[1-2p\cdot(2-p)\cdot C_{T-1}^{i,v}-(1-p)\cdot(2-p)\cdot C_{T-1}^{i,n}]^{2}}$，$R_{T-2}^{*}$表示的是在$T-2$时修正后的消费者保留价格。

因此，在任意时期 t 消费者的保留价格、销售商均衡定价与利润、消费者福利分别如式(8-26)、式(8-27)、式(8-28)和式(8-29)所示。具体推导过程见附录4。

$$R_{t}^{*}=B_{t}\cdot B_{t-1}\cdot\cdots\cdot B_{2}\cdot R_{1}^{*} \tag{8-26}$$

$$P_{t}^{*}=\frac{1}{2}B_{T}\cdot B_{T-1}\cdot\cdots\cdot B_{2}\cdot R_{1}^{*} \tag{8-27}$$

$$\pi_{t}^{i}=\frac{(C_{t}^{i,v}+C_{t}^{i,n})}{2}\cdot R_{t}^{*} \tag{8-28}$$

$$\omega_{t}=(1-B_{t+1})^{2}\cdot B_{t}\cdot B_{t-1}\cdots B_{2}\cdot R_{1}^{*} \tag{8-29}$$

其中，$B_{t}=\frac{1}{2-(B_{t+1})^{2}}(t=1,2,\cdots,T-2)$，$B_{T+1}=\frac{1}{2}$，$B_{T}=\frac{1}{2-p}$，$B_{T-1}=\frac{2-p}{3-2p}$，$C_{t}^{i,v}=\frac{1}{8(2-p)\cdot[1-2p\cdot(2-p)\cdot C_{t+1}^{i,v}-2(1-p)\cdot(2-p)\cdot C_{t+1}^{i,n}]}(t=1,2,\cdots,T-1)$，$C_{t}^{i,n}=\frac{(1-p)\cdot C_{t+1}^{i,v}+p\cdot C_{t+1}^{i,n}}{4[1-2p\cdot(2-p)\cdot C_{t+1}^{i,v}-2(1-p)\cdot(2-p)\cdot C_{t+1}^{i,n}]^{2}}(t=1,2,\cdots,T-1)$，$C_{T}^{i,v}=\frac{1}{4}$，$C_{T}^{i,n}=0$，$C_{T-1}^{i,v}=\frac{1}{4(2-p)}$，$C_{T-1}^{i,n}=\frac{1-p}{4(2-p)^{2}}$，$R_{1}^{*}=\overline{R}$，$\overline{R}$表示消费者的初始保留价格。

（三）相关命题

命题 1

在交易周期为 T 的时间范围内，不管市场上消费者的行为特征是短视型还是策略型，在转移概率一定的情况下，消费者的保留价格均随着交易时间的延长而减少。

证明：对于短视型消费者在任何时期 t 的保留价格 $R_t^* = B_t \cdot B_{t-1} \cdot \cdots \cdot B_2 \cdot R_1^*(t=2, 3, \cdots, T)$，由于任意时期 t，$B_t = \frac{1}{2+(B_{t+1})^2 \cdot [B_{t+2} \cdot (2p-1)-2p]}$，$B_{T+1} = \frac{1}{2}$，$B_{T+2}=0$，所以 $B_t<1$，进而有 $R_t^* < R_{t-1}^*$。

策略型消费者任何时期 t 的保留价格 $R_t^* = B_t \cdot B_{t-1} \cdot \cdots \cdot B_2 \cdot R_1^*(t=2, 3, \cdots, T)$，由于任意时期 t，$B_t = \frac{1}{2-(B_{t+1})^2}(t=1, 2, \cdots, T-2)$，$B_{T+1} = \frac{1}{2}$，$B_T = \frac{1}{2-p}$，$B_{T-1} = \frac{2-p}{3-2p}$，所以 $B_t<1$，进而有 $R_t^* < R_{t-1}^*$。

命题 2

在交易周期为 T 的时间范围内，市场上消费者的行为特征无论是短视型还是策略型，在任一时间 t，消费者的保留价格会随转移概率的增大而增加。

证明：对于短视型消费者在任何时期 t 的保留价格 $R_t^* = B_t \cdot B_{t-1} \cdot \cdots \cdot B_2 \cdot R_1^*(t=2, 3, \cdots, T)$，由于任意时期 t，$B_T = \frac{2}{4-P}$，所以当 P 增加时，$4-p$ 减少，则 B_t 增加，进而 R_t^* 增加。

策略型消费者任何时期 t 的保留价格 $R_t^* = B_t \cdot B_{t-1} \cdot \cdots \cdot B_2 \cdot R_1^*(t=2, 3, \cdots, T)$，由于任意时期 t，$B_T = \frac{1}{2-p}$，所以当 p 增加时，$2-p$ 减少，则 B_t 增加，进而 R_t^* 增加。

命题 3

在转移概率一定的情况下，在交易周期为 T 的时间范围内，当市场上消费者的行为特征为短视型时，销售商的定价会随着交易时间的延长而减少，当市场上消费者的行为特征为策略型时，销售商的定价不随交易时间变化而变化。

证明：在转移概率一定的情况下，当市场上消费者的行为特征是短视型时，销售商在任意时期 t 的定价为：$P_t^* = B_{t+1} \cdot B_t \cdot \cdots \cdot B_2 \cdot R_1^*$，由于 $B_{t+1} < 1$，所以 $P_t^* < P_{t-1}^*$。

在转移概率一定的情况下，当市场上消费者的行为特征是策略型时，销售商在任意时期 t 的定价为：$P_t^* = \frac{1}{2} B_T \cdot B_{T-1} \cdot \cdots \cdot B_2 \cdot R_1^*$，可以看出与交易时期 t 无关。

命题 4

在交易周期为 T 的时间范围内，市场上消费者的行为特征无论是短视型还是策略型，任一时间 t 销售商的定价会随转移概率的增大而增加。

证明：当市场上消费者的行为特征是短视型时，销售商在任意时期 t 的定价为：$P_t^* = B_{t+1} \cdot B_t \cdot \cdots \cdot B_2 \cdot R_1^*$，由于任意时期 t，$B_T = \frac{2}{4-p}$，所以当 P 增加时，$4-p$ 减少，则 B_t 增加，进而 P_t^* 增加。

当市场上消费者的行为特征是策略型时，销售商在任意时期 t 的定价为：$P_t^* = \frac{1}{2} B_T \cdot B_{T-1} \cdot \cdots \cdot B_2 \cdot R_1^*$，由于任意时期 t，$B_T = \frac{1}{2-p}$，所以当 p 增大时，$2-p$ 减少，则 B_t 增加，进而 P_t^* 增加。

命题 5

在交易周期为 T 的时间范围内，当市场上消费者的行为特征是短视型时，任一时期 $t+1$ 的消费者保留价格 R_{t+1}^* 是销售商 t 时期的定价 P_t^*。

证明：对于 T 时期的销售商而言，不管是销售商 i 还是销售商 j，其均衡价格都是消费者保留价格的函数，为了使 $\pi_T^i = \max$，销售商 i 的均衡价格 $P_T^* = \frac{1}{2} R_T^*$，又因为 $(R_{T+1} - P_T) = \delta(R_{T+1} - P_{T+1})$，当消费者为短视型，$\delta = 0$。由此可得 $P_T^* = R_{T+1}^*$。

命题 6

在交易周期为 T 的时间范围内，当市场上消费者的行为特征是策略型时，任一时期 t 的销售商定价 P_t^* 均等于在 T 交易时期均衡时消费者保留价格 R_T^* 的一半。

证明：对于 T 时期的销售商而言，不管是销售商 i 还是销售商 j，其均衡价格都是消费者保留价格的函数，为了使 $\pi_T^i=\max$，均衡价格 $P_T^*=\frac{1}{2}R_T^*$，又因为 $(R_{T+1}-P_T)=\delta(R_{T+1}-P_{T+1})$，当消费者为短视型，$\delta=1$。由此可得 $P_T^*=\frac{1}{2}R_{T+1}^*$。

命题 7

在交易周期为 T 的时间范围内，无论市场上消费者的行为特征是短视型还是策略型，在转移概率一定的情况下，销售商的均衡利润均随着交易时间的延长而减少。

证明：在转移概率一定的情况下，对于短视型消费者，在任何时期 t 的销售商的均衡利润为 $\pi_t^i=\frac{(C_t^{i,v}+C_t^{i,n})}{2}\cdot R_t^*$，且保留价格 $R_t^*=B_t\cdot B_{t-1}\cdot\cdots\cdot B_2\cdot R_1^*(t=2,3,\cdots,T)$，由于任意时期 t 的 $B_t=\frac{1}{2+(B_{t+1})^2\cdot[B_{t+2}\cdot(2p-1)-2p]}$，$B_{T+1}=\frac{1}{2}$，$B_{T+2}=0$，所以 $B_t<1$，有 $R_t^*<R_{t-1}^*$，进而有 $\pi_t^*<\pi_{t-1}^*$。

在转移概率一定的情况下，对于策略型消费者在任何时期 t 的销售商的均衡利润为 $\pi_t^i=\frac{(C_t^{i,v}+C_t^{i,n})}{2}\cdot R_t^*$，且 $R_t^*=B_t\cdot B_{t-1}\cdot\cdots\cdot B_2\cdot R_1^*(t=2,3,\cdots,T)$，由于任意时期 t，$B_t=\frac{1}{2-(B_{t+1})^2}(t=1,2,\cdots,T-2)$，$B_{T+1}=\frac{1}{2}$，$B_T=\frac{1}{2-P}$，$B_{T-1}=\frac{2-P}{3-2P}$，所以 $B_t<1$，则有 $R_t^*<R_{t-1}^*$，进而 $\pi_t^*<\pi_{t-1}^*$。

三、模拟研究

对于消费者的初筛保留价格，参照 Vincent Max、Amnon Rapoport 2012 年发表在 *Games and Economic Behavior* 杂志上的观点，假设消费者的初始保留价格服从(0, 1000)的均匀分布。对于转移概率，不失一般性，转移概率 p 分别取 0.1、0.3、0.5 和 0.7 四种值，市场上有短视型和策略型两种类型的消费者。考虑到不同交易期限的影响，对于交易期限的取值，参考 Vincent Max、Amnon Rapoport 关于交易期限的取值，他们在比较不同交易期限对动态定价影响的时候，将交易期限 T 分别设为 4 和 8，[136] 采用开源软件 R 3.5.2 对上述模型进行数值模拟，模拟分析消费者的保留价格、销售商的定价和消费者均衡福利的变化规律。

(一) 消费者保留价格分析

(1) 在交易期限 $T=4$ 时，转移概率 p 的四种取值为 0.1、0.3、0.5 和 0.7，在不同交易时间下，不同行为特征的消费者保留价格的情况如表 8-1 所示。

表 8-1　交易期限 $T=4$ 时消费者保留价格的变化情况表

行为特征	转移概率	时间			
		$t=1$	$t=2$	$t=3$	$t=4$
短视型	$p=0.1$	694.3898	381.4948	207.0855	106.1977
	$p=0.3$	694.3898	399.4504	226.1570	122.2470
	$p=0.5$	694.3898	422.6556	252.5625	144.3214
	$p=0.7$	694.3898	455.6766	292.2449	177.1181
策略型	$p=0.1$	885.70	575.30	390.38	205.46
	$p=0.3$	885.70	591.15	418.73	246.31
	$p=0.5$	885.70	616.14	462.10	308.07
	$p=0.7$	885.70	661.05	537.10	413.15

从表 8-1 可以看出，在交易期限 $T=4$ 时，在转移概率一定的情况下，消费者的保留价格随着交易时间的延长而减少，命题 1 得到验证。在交易时间一定的情况下，消费者的保留价格随着转移概率的增大而增加，命题 2 得到验证。

为了更直观地发现消费者保留价格的变化规律，面对不同行为特征的消费者，不同交易时间下，消费者保留价格变化曲线如图 8-1 所示。

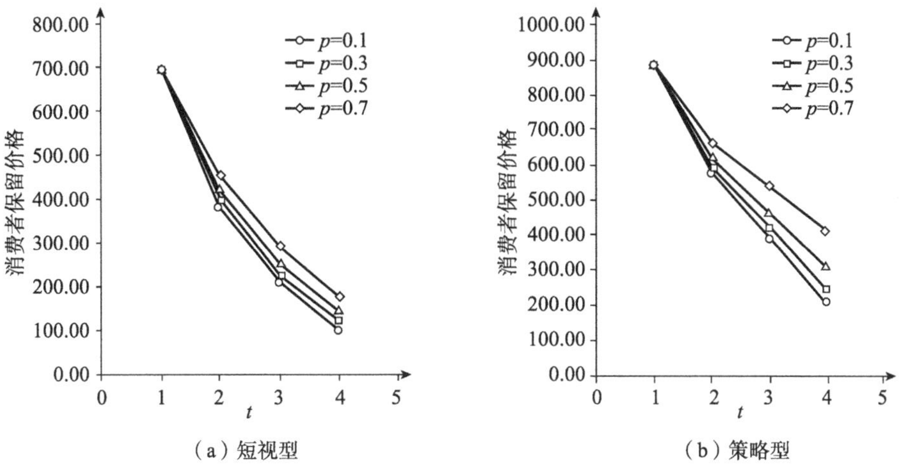

图 8-1　交易期限 $T=4$ 时消费者保留价格的变化曲线

(2)当交易期限 T 从 4 变化为 8 时，转移概率 p 的四种取值为 0.1、0.3、0.5 和 0.7，不同行为特征消费者保留价格的变化情况如表 8-2 所示。

表 8-2　交易期限 $T=8$ 时消费者保留价格的变化情况表

行为特征	转移概率	时间							
		$t=1$	$t=2$	$t=3$	$t=4$	$t=5$	$t=6$	$t=7$	$t=8$
短视型	$p=0.1$	669.31	371.42	206.03	114.18	63.13	34.68	18.83	9.66
	$p=0.3$	669.31	389.49	226.53	131.59	76.22	43.84	24.82	13.42
	$p=0.5$	669.31	413.35	255.07	157.12	96.42	58.69	35.07	20.04
	$p=0.7$	669.31	448.23	299.75	199.90	132.59	87.01	55.80	33.82
策略型	$p=0.1$	885.70	548.91	341.23	213.48	135.27	87.87	59.62	31.38
	$p=0.3$	885.70	549.91	343.15	216.34	139.17	92.88	65.79	38.70
	$p=0.5$	885.70	551.74	346.64	221.51	146.11	101.64	76.23	50.82
	$p=0.7$	885.70	556.08	354.86	233.51	161.83	120.78	98.13	75.49

从表 8-2 可以看出，当交易期限延长到 8 时，消费者的保留价格变化表现出与表 8-1 相似的规律。结合表 8-1 和表 8-2 可以看出，在一定的交易期限范围内，无论消费者的行为特征是短视型还是策略型，其保留价格均受交易时间和转移概率的双重影响。在转移概率一定的情况下，消费者的保留价格随着交易时间的延长而减少，且交易期限越短，保留价格随着交易时间延长而减少得越快；在交易时间一定的情况下，消费者的保留价

格随着转移概率的增大而增加。

为了更直观地发现消费者保留价格的变化规律，面对不同行为特征的消费者，不同交易时间下，消费者保留价格变化曲线见图 8-2。

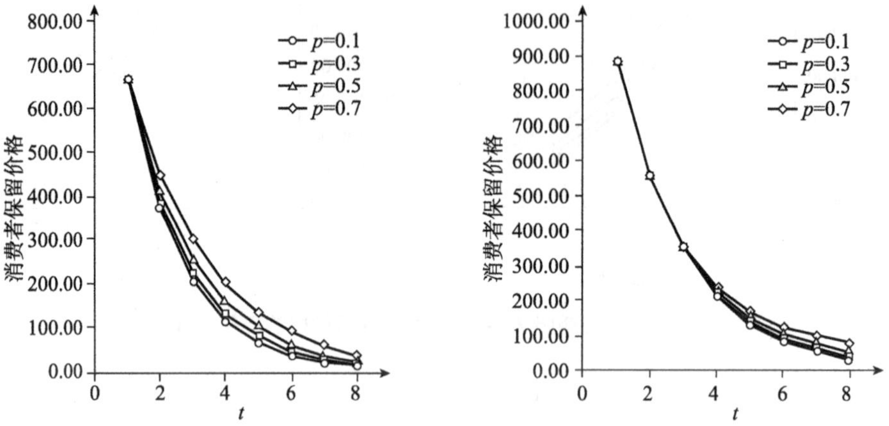

（a）短视型　　（b）策略型

图 8-2　交易期限 $T=8$ 时消费者保留价格的变化曲线

（二）销售商定价分析

(1)在交易期限 $T=4$ 时，转移概率 p 的四种取值为 0.1、0.3、0.5 和 0.7，在不同交易时间下，针对两种不同行为特征的消费者，销售商的均衡定价情况见表 8-3。

表 8-3　交易期限 $T=4$ 时销售商均衡定价情况表

行为特征	转移概率	时间			
		$t=1$	$t=2$	$t=3$	$t=4$
短视型	$p=0.1$	86.79872	47.68685	25.88569	13.27471
	$p=0.3$	86.79872	49.93130	28.26963	15.28088
	$p=0.5$	86.79872	52.83195	31.57031	18.04018
	$p=0.7$	86.79872	56.95957	36.53061	22.13976
策略型	$p=0.1$	102.73	102.73	102.73	102.73
	$p=0.3$	123.16	123.16	123.16	123.16
	$p=0.5$	154.03	154.03	154.03	154.03
	$p=0.7$	206.58	206.58	206.58	206.58

从表 8-3 可以看出，在交易期限 $T=4$ 时，在转移概率一定的情况下，当市场上的消费者行为特征是短视型消费者时，销售商的定价随着交易时间的延长而减少；而当市场上的消费者行为特征是策略型时，销售商的定价不随交易时间的变化而变化，命题 3 得到验证。无论是短视型还是策略型的消费者，在交易时间一定的情况下，销售商的定价随着转移概率的增大而增加，命题 4 得到验证。

为了更直观地发现销售商均衡定价的变化规律，面对不同行为特征的消费者，不同交易时间下，销售商的均衡定价变化曲线如图 8-3 所示。

从图 8-3 可以看出，当消费者的行为特征是短视型时，销售商均衡定价是一条向下弯曲且逐渐平缓的曲线。在转移概率一定的情况下，随着交易时间的延长，销售商均衡定价减少的速度变慢。当消费者的行为特征是策略型时，销售商的均衡定价曲线是一条平行于时间轴的直线。

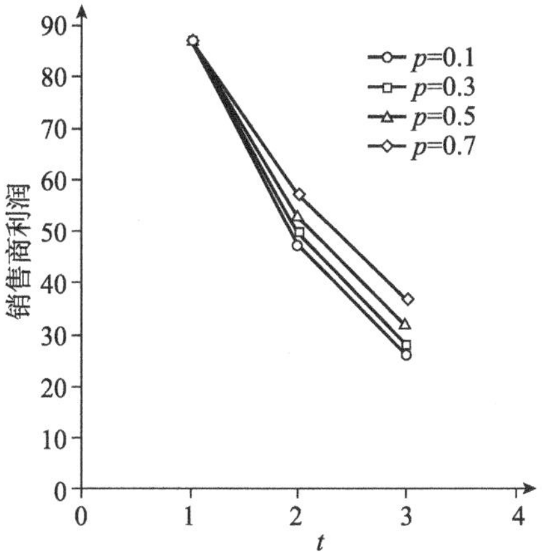

（a）短视型

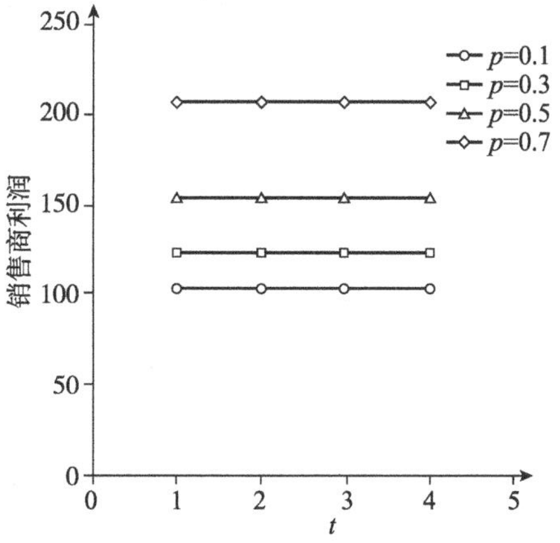

（b）策略型

图 8-3　交易时期 $T=4$ 时销售商均衡定价的变化曲线

（2）在交易期限 $T=8$ 时，转移概率 p 的四种取值为 0.1、0.3、0.5、0.7，在不同交易时间下，针对短视型和策略型消费者，销售商的均衡定价情况见表 8-4。

表 8-4　交易期限 $T=8$ 时销售商均衡定价情况表

行为特征	转移概率	时间							
		$t=1$	$t=2$	$t=3$	$t=4$	$t=5$	$t=6$	$t=7$	$t=8$
短视型	$p=0.1$	371.42	206.03	114.18	63.13	34.68	18.83	9.66	4.83
	$p=0.3$	389.49	226.53	131.59	76.22	43.84	24.82	13.42	6.71
	$p=0.5$	413.35	255.07	157.12	96.42	58.69	35.07	20.04	10.20
	$p=0.7$	448.23	299.75	199.90	132.59	87.01	55.80	33.82	16.91
策略型	$p=0.1$	15.69	15.69	15.69	15.69	15.69	15.69	15.69	15.69
	$p=0.3$	19.35	19.35	19.35	19.35	19.35	19.35	19.35	19.35
	$p=0.5$	25.41	25.41	25.41	25.41	25.41	25.41	25.41	25.41
	$p=0.7$	37.74	37.74	37.74	37.74	37.74	37.74	37.74	37.74

从表 8-4 可以看出，当交易期限延长到 8 时，与表 8-3 呈现出相似的规律，命题 3 和命题 4 同样得到验证。

从表 8-1 到表 8-4 可以看出：在一定交易期限 T 的范围内，当市场上消费者的行为特征是短视型时，任一时期 t 销售商的均衡定价等于 $t+1$ 时期消费者的保留价格，即命题 5 得到证实。当消费者的行为特征是策略型时，任一时期 t 的销售商定价都等于在 T 交易时期均衡时消费者保留价格的一半，即命题 6 得到证实。

为了更直观地发现销售商定价的变化规律，针对不同行为特征的消费者，不同交易时间下，销售商的定价变化曲线如图 8-4 所示。

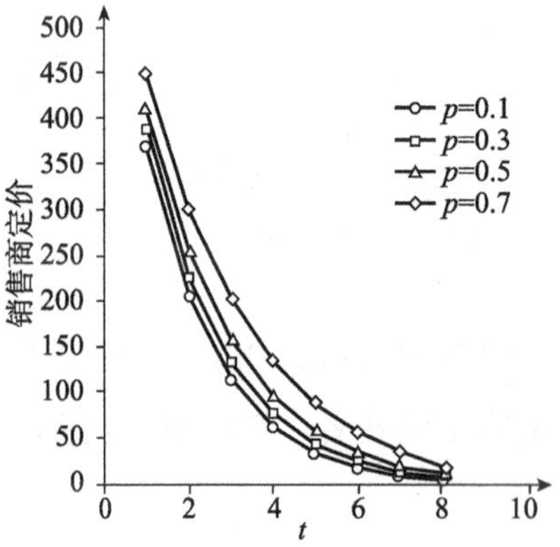

（a）短视型

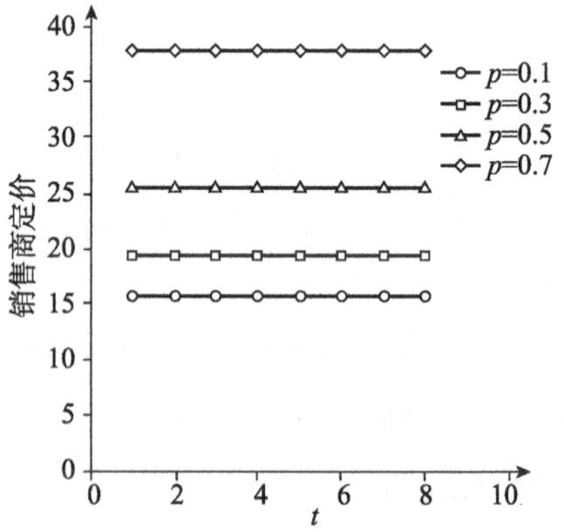

（b）策略型

图 8-4　交易期限 $T=8$ 时销售商均衡定价的变化曲线

从图 8-4 可以看出，当交易期限延长到 8 时，无论消费者的行为特征是短视型还是策略型，销售商均衡定价曲线与图 8-2 呈现的曲线表现出同样的规律。结合图 8-3 和图 8-4 可以看出，在一定的交易期限范围内，当消费者的行为特征是短视型时，销售商定价受交易时间和转移概率的双重影响。在转移概率一定的情况下，销售商的均衡定价随着交易时间的延长而减少；在交易时间一定的情况下，销售商的均衡定价随着转移概率的增大而增加。当消费者的行为特征是策略型时，销售商的均衡定价不受交易时间的影响，仅受转移概率的影响，即销售商的均衡定价随着转移概率的增大而增加。

（三）消费者均衡福利分析

(1)在交易期限 $T=4$ 时，转移概率 p 的四种取值为 0.1、0.3、0.5、0.7，在不同交易时间下，消费者的均衡福利情况如表 8-5 所示。

表 8-5　交易期限 $T=4$ 时消费者均衡福利情况表

行为特征	转移概率	时间			
		$t=1$	$t=2$	$t=3$	$t=4$
短视型	$p=0.1$	140.99	79.74	49.15	26.55
	$p=0.3$	125.27	75.18	47.74	30.56
	$p=0.5$	106.34	68.45	46.39	36.08
	$p=0.7$	82.06	58.62	45.35	44.28
策略型	$p=0.1$	108.78	59.44	87.59	51.37
	$p=0.3$	97.96	50.29	70.99	61.58
	$p=0.5$	82.04	38.51	51.34	77.02
	$p=0.7$	56.98	23.24	28.60	103.29

从表 8-5 可以看出，在交易期限 $T=4$ 时，在交易时间一定的情况下，对于短视型的消费者，在转移概率一定的情况下，消费者的均衡福利随着交易时间的延长而减少；而在交易时间一定的情况下，消费者的均衡福利随着转移概率的增大而减少，且转移概率越小，随着交易时间的延长，消费者均衡福利越少。对于策略型消费者，消费者的均衡福利变化规律比较复杂。在转移概率一定的情况下，消费者的均衡福利先是随着交易时间的延长而减少。但是在最后一个时期($t=4$)，消费者的均衡福利却突然增加。这是由于交易期限已到，如果再不购买，交易就结束了，不存在下个时点再返回某个销售商的情况，使得消费者福利出现突然增大的情况。对于短视型的

消费者，只要销售商的定价低于保留价格，就会作出购买决策，不存在等待合适的交易时间和定价的问题，所以消费者均衡福利变化规律比较简单。

为了更直观地发现消费者均衡福利的变化规律，不同交易时间下，不同行为特征的消费者均衡福利变化曲线如图 8-5 所示。

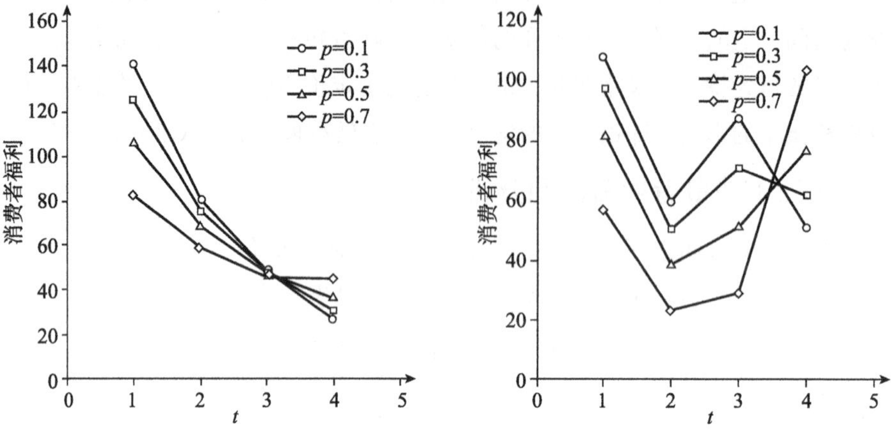

（a）短视型　　（b）策略型

图 8-5　交易期限 $T=4$ 时消费者均衡福利的变化曲线

从图 8-5(a)可以看出，当消费者的行为特征是短视型时，在转移概率等于 0.1、0.3、0.5 和 0.7 时，消费者的均衡福利都是一条向下弯且逐渐平缓的曲线；从图 8-5(b)可以看出，当消费者的行为特征是策略型时，在转移概率为 0.1、0.3 时，消费者的均衡福利都是一条先减后增再减的曲线；而在转移概率等于 0.5 和 0.7 时，消费者的均衡福利则是一条先减后增的曲线。尤其在交易时间为 4 时，出现消费者均衡福利突然增大的情况。

(2)在交易期限 $T=8$ 时，转移概率 p 的四种取值为 0.1、0.3、0.5 和 0.7，在不同交易时间下，消费者的均衡福利情况见表 8-6。

表 8-6　交易时期期限 $T=8$ 时消费者均衡福利情况表

行为特征	转移概率	时间							
		$t=1$	$t=2$	$t=3$	$t=4$	$t=5$	$t=6$	$t=7$	$t=8$
短视型	$p=0.1$	132.58	73.64	40.95	22.82	12.82	7.25	4.47	2.41
	$p=0.3$	116.99	68.18	39.79	23.30	13.75	8.25	5.24	3.35
	$p=0.5$	97.88	60.61	37.61	23.45	14.77	9.51	6.44	5.01
	$p=0.7$	73.02	49.19	33.26	22.66	15.67	11.19	8.66	8.46

续表

行为特征	转移概率	时间							
		$t=1$	$t=2$	$t=3$	$t=4$	$t=5$	$t=6$	$t=7$	$t=8$
策略型	$p=0.1$	128.06	78.58	47.83	28.65	16.61	9.08	13.38	7.85
	$p=0.3$	127.30	77.74	46.86	27.53	15.39	7.90	11.16	9.68
	$p=0.5$	125.92	76.24	45.17	25.67	13.53	6.35	8.47	12.70
	$p=0.7$	122.67	72.81	41.50	22.00	10.41	4.25	5.22	18.81

从表 8-6 可以看出，当交易期限延长到 8 时，在交易时间一定的情况下，当市场上是短视型消费者时，消费者的均衡福利变化规律与表 8-5 类似。即在转移概率一定的情况下，消费者的均衡福利随着交易时间的延长而减少。在交易时间一定的情况下，消费者的均衡福利随着转移概率的增大而减少。当市场上是策略型消费者时，前 7 个时期，在转移概率一定的情况下，消费者的均衡福利随着交易时间的延长而减少；而在交易时间一定的情况下，消费者的均衡福利随着转移概率的增大而减少，但是在最后一个时期，消费者的均衡福利突然增大，甚至出现消费者转移概率越大，消费者均衡福利越大的情况。

为了更直观地发现消费者均衡福利的变化规律，不同交易时间下，不同行为特征的消费者均衡福利变化曲线如图 8-6 所示。

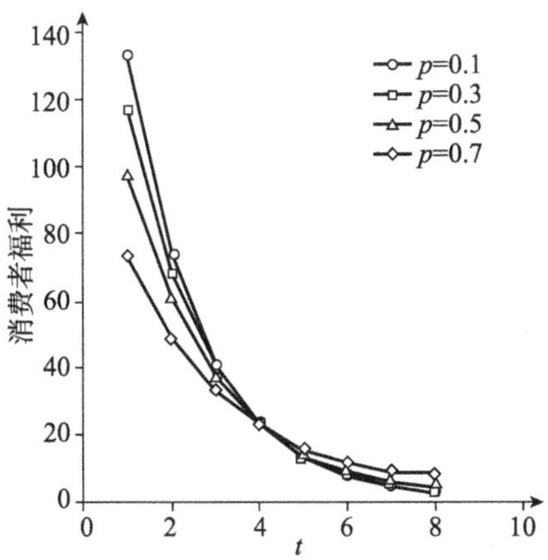

（a）短视型

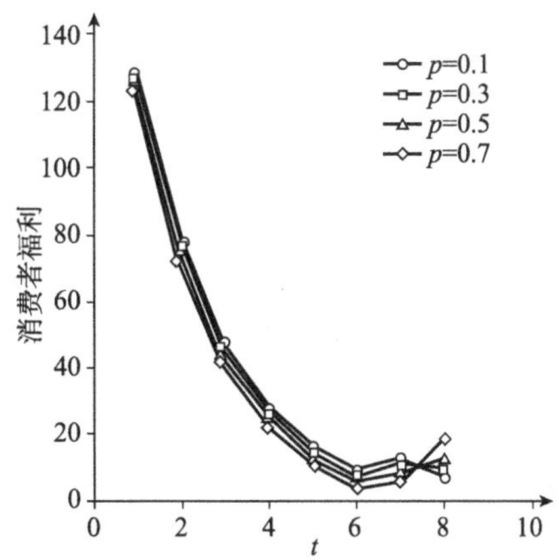

（b）策略型

图 8-6　交易期限 $T=8$ 时消费者均衡福利的变化曲线

可以看出，当交易期限延长到8时，图8-5(a)的曲线与图8-6(a)相似，即市场上消费者的行为特征是短视型时，消费者的均衡福利都是一条弯向下且逐渐平缓的曲线。图8-5(b)的曲线与图8-6(b)曲线呈现明显的差异，即市场上是策略型消费者时，交易期限为4时，消费者的均衡福利变化比较复杂，而在交易期限为8时，消费者均衡福利的变化比较简单。说明消费者的均衡福利不仅受消费者行为特征的影响，也受交易期限、消费者的转移概率以及交易时间的多重影响。

（四）结果分析与管理含义

在风险中性销售商的情况下，针对 $T=4$ 和 $T=8$ 的两个交易期限，在转移概率分别为0.1、0.3、0.5和0.7，市场上存在策略型消费者和短视型消费者的情况下，对消费者保留价格、销售商的动态定价以及消费者的均衡福利进行了模拟研究。不管是策略型还是短视型消费者，消费者保留价格不仅受转移概率的影响，还受交易时间的影响。在转移概率不变的情况下，消费者的保留价格总是随着交易时间的延长而减少。在交易时间不变的情况下，消费者的保留价格随着转移概率的增大而增加，只是在交易期限为4和8两种情况下，增加的幅度明显不同。当市场上的消费者类型不同时，销售商采取的最优定价策略不同。当消费者为短视型时，均衡定价不仅受交易时间的影响，也受转移概率的影响，且不管交易期限是4还是8，销售商在 t 时期的最优定价总是等于短视型消费者在 $t+1$ 时期的保留价格。当销售商与策略型的消费者博弈时，销售商的最优定价曲线是一条直线，不受交易时间的影响，但是受转移概率的影响，消费者的转移概率越大，销售商的定价越高，且在交易期限不同的情况下，当转移概率相同时，交易期限短的销售商的定价明显高于交易期限长的销售商定价，说明在交易期限内，销售商的最优定价策略是采用固定的价格还是采用随着交易时间变化的价格，主要取决于消费者类型。但是到底制定怎样的价格策略，则与交易期限的长短以及转移概率的大小有关。在同样的交易期限情况下，消费者的转移概率越大，销售商的定价越高。

从理论上说，忠诚的消费者均衡福利受消费者转移概率和交易均衡时间的双重影响。对于短视型消费者，均衡福利下降速度很快，而对于策略型消费者，均衡福利下降较慢，但是不管怎样类型的消费者，都随着交易时间的延长，均衡福利减少。因此，减少交易时间是关键所在。在一阶马尔科夫模型中，由于在交易末期的消费者缺少下一次返回到相应销售商的机会，因此消费者的均衡福利在最后交易时间有明显的波动。不过与转移概率之间的关系比较复杂。不管交易期限是 4 还是 8，消费者的均衡福利在交易前期下降速度很快，越往后期，下降速度越慢。

在竞争性市场条件下，不管什么行为类型的消费者，销售商设法制定合理的定价策略是关键。考虑到交易时间对销售商定价的影响，必须缩短交易期限。如何缩短交易期限？一般采取两种途径：一是通过技术创新，缩短产品的生命周期，不断推出新的产品；二是通过服务创新，提升用户体验，加强与用户的交流与沟通，例如传统零售业的线上线下平台整合。“双十一”和“双十二”的电商促销节，一般都规定一天的促销时间。在交易期限不变的情况下，对于销售商而言，需要想方设法缩短交易的时间，以提高利润。策略型的消费者与短视型的消费者相比，在同样的转移概率以及交易时间下，销售商的均衡定价不同。因此销售商在制定定价策略时，需要考虑消费者的行为特征，针对短视型消费者与策略型消费者采取不同的定价策略，以获得更大的利润。另外必须考虑到转移概率对销售商定价以及消费者均衡福利的影响，销售商应该加强客户的忠诚度管理，最大限度留住客户，并将营销重点放在交易前期，不仅有利于提高销售商的定价，也有助于提升消费者的均衡福利。

四、结论与研究展望

在对现有的动态定价研究成果进行梳理的基础上，本章构建了由两个销售商和一个消费者构成的一阶马尔科夫动态定价模型。在该动态定价模型中，我们分析了风险中性的销售商，面对策略型消费者与短视型消费者时，在不同的交易期限以及转移概率时的动态均衡，并利用开源软件 R 3.5.2 对上述情况进行了模拟。模拟研究结果表明：消费者的保留价格不仅受转移概率的影响，也受到交易时间的影响，并且随着交易时间的延长而减少。消费者的均衡福利受到交易时间以及转移概率的双重影响，只是转移概率的影响比较复杂。在转移概率不变的情况下，消费者的均衡福利随着交易时间的延长而减少。不管是短视型的消费者还是策略型的消费者，在四种转移概率下，消费者的保留价格都是在前期减少速度最快，在后期短视型消费者的保留价格曲线逐渐趋于平缓。销售商的最优定价策略随着消费者行为特征的变化而变化，当市场是策略型的消费者时，销售商的最优定价策略是保持价格不变，而固定多少的价格，却与交易时间、消费者的转移概率有关。当市场是短视型的消费者时，销售商的定价不仅受转移概率的影响，还受交易时间的影响。在同样的交易期限内，销售商的定价随着交易时间的延长而减少。随着交易时间的变化，风险中性的销售商与不同行为特征的消费者存在于市场时，销售商的定价曲线、消费者的保留价格以及消费者均衡福利曲线有一定的变化。由于在假设商品和服务充足的情况下进行研究的，没有考虑在可供商品和服务有限的情况下，消费者为了获得产品与服务表现的竞争问题，这有待于进一步的研究。

五、本章小结

基于策略型和短视型两种消费者的行为特征，本章构建一阶马尔科夫动态定价模型，在多周期交易情况下，研究风险中性销售商的均衡动态定价问题。根据所构建的一阶马尔科夫动态定价模型，在不同的转移概率下，针对不同行为特征消费者的销售商均衡动态定价，利用 R 统计软件进行模拟。模拟研究结果表明：当与策略型消费者博弈时，销售商的均衡动态定价与交易时间无关，但与转移概率的大小以及交易期限有关；而当与短视型消费者博弈时，销售商的均衡定价不仅受交易时间的影响，也受转移概率与交易期限的影响；消费者的均衡福利与消费者的转移概率以及交易时间有关，也与交易期限有关。

第九章　网络消费者行为特征、市场退出与销售商均衡定价

随着电子商务的迅速发展，产品的重新标价成本以及价格变化的传递成本显著降低，消费者可以方便快捷地获取产品价格变化的信息并作出决策。[145]当消费者网购某种商品时，往往会徘徊于京东和天猫两个平台，根据网店商家定价的变化，不断调整保留价格，作出是否购买的决策。在交易过程中，消费者行为的差异性主要体现在两个方面：一是产品与服务偏好的差异；二是消费者行为特征的差异。前者可以通过消费者的保留价格来体现，即支付意愿建模；后者主要通过对消费者行为特征分类来处理，把消费者分成两种：短视型和策略型。[144,158-159]当产品价格低于消费者的保留价格时，短视型消费者立即选择购买；策略型消费者则会考虑购买的机会成本，根据对下一时期商家定价的预测，寻找合适的时机购买，即处于一种观察状态。Arndorfer 将行动果断的短视型消费者与耐心等待降价、折扣活动的策略型消费者分别称为“天使”和“魔鬼”。[160]对于策略型与短视型的消费者行为特征的差异性，通过设置不同折扣因子参数来体现。

在竞争环境下，对于任何给定的一个交易时期，消费者面临产品或服务的选择时，通常不能确定应该选择哪一个。[161]在近似的条件下，消费者往往作出不一样的选择。为了解决这种选择的不一致性或者不确定性，用概率表示消费者的选择结果。[162]消费者的偏好则用随机效用表示，效用的随机性可以当作保留价格的随机性来处理。[163]因此消费者的保留价格服从某种随机分布，例如均匀分布或者贝塔分布，而不是一个确定的值。竞争环境下，消费者如果买不到预期的产品，受购物经验与零售商服务、商店氛围等影响，会不断在销售商之间转换，[164]这种转换也反映了消费者的忠

诚度，可以用消费者返回概率来体现。概率为 1，说明消费者绝对忠诚；概率为 0，说明消费者对销售商无忠诚度可言。[137] 消费者在两个销售商之间不断转换的模型称为 zigzag 竞争模型，[165] 也称为零阶马尔科夫链模型。

销售商在动态定价时，虽然价格变换的成本以及消费者获取相关信息的成本都在下降，但是为了避免频繁的价格变动导致消费者对产品质量的质疑以及对品牌的影响，销售商需要限制价格变化的次数。因此，销售商需要在有限的时间平面内进行价格的变化与调整，以此控制价格变化的频数。同时销售商与消费者一样，存在着不同的行为特征：策略型和短视型，短视型的销售商考虑当期利润的最大化，不注重未来收益；策略型的销售商则在综合考虑后，在不同时间确定合适的价格进行销售，以使利润最大化。

在竞争环境中，消费者希望以最小成本买到期望的商品；销售商的目的是通过制定不同的定价策略以获得利润最大化。消费者期望的价格与销售商的定价之间必然存在差异，双方的交易过程实际就是价格博弈过程。销售商为了在激烈的竞争中处于不败之地，在制定定价策略时，往往会结合历史销售情况和预测的市场需求，估计消费者的保留价格分布，并设计相应的动态定价机制来调解消费者和销售商之间的利益诉求。消费者则通过观察市场当前价格及产品销售的历史数据，确定保留价格的大致分布区间，并根据销售商的动态定价策略，不断调整保留价格的分布。通过更新的保留价格与销售商的动态价格的比较，选择合适的产品与服务，作出是否购买的决策。在销售商和消费者的价格博弈过程中，不同消费者的行为特征与退出概率、销售商的行为特征以及交易期限等，都将对动态定价和销售商利润产生影响。本章聚焦于多周期时间平面内，研究不同行为类型的销售商如何根据不同类型的消费者行为特征以及消费者退出市场的概率来动态制定价格策略，从而实现期望利润的最大化。

一、文献回顾

动态定价的研究起初聚焦于垄断市场环境。垄断环境下动态定价研究主线有两条：一是以消费者的行为特征为研究主线，针对策略型的消费者和短视型的消费者展开研究；二是以产品研究对象为焦点，针对不同产品特性，采用不同的定价策略。这两条主线在垄断环境下的动态定价模型中往往交叉使用。

(1)在消费者行为特征研究方面，Bulow(1982)[166]较早考虑到消费者理性预期与行为特征对销售定价的影响，他认为理性预期是消费者对销售商下一步将要制定的价格策略的预期，这种预期与销售商的实际决策一致。Kalish(1983)[146]提出，如果消费者预测价格下降，那么消费者最优的策略是等待，等到未来降价的时候再购买。还有文献认为策略型消费者对销售商未来的价格存在理性的预期，这种理性的预期引导消费者选择合适的购买时机，最终目的是实现消费者效用的最大化；[151]同时销售商在定价过程中如果考虑消费者的策略行为进行定价将会获得更多的利润，[167]并且在消费者估价服从均匀分布的情况下，策略型消费者所占比例越大，销售商期望利润就越小。[143]对策略型消费者保留价格与定价机制设计研究方面，已有文献认为消费者保留价格的分布不依赖到达市场的时间，并且消费者一旦进入市场，其保留价格不会发生变化。[168]

(2)在以交易产品为研究对象方面，动态定价研究对象主要集中在三类产品：新产品、易逝性产品和耐用品。新产品定价中常用的方法是撇脂定价法。David 和 Wayne(1990)[169]结合新产品的特性和不同类型消费者的特性，研究垄断竞争环境中，新产品的跨期定价问题。研究结果发现，在垄断竞争环境中，任何给定状态下，策略型消费者与短视型消费者比较，前者的垄断性定价总是偏低。如果垄断者面临的是策略型消费者，采用短视型消费者的最优定价策略，则利润显著低于垄断者为策略型消费者设置的均衡定价策略时的利润。易逝性或者季节性商品的动态定价，主要集中在收入管理领域。已有研究得出的结论认为，信息与消费者行为类型对销售商有重要影响，在完全信息情况下，销售商应根据不同的消费者行为特征综合定价，单一定价方法会使得利润显著下降。[170-171]以策略型消费者为研究对象，探讨易逝性产品在不同供需关系情况[157]、不同周期[172]、消费者到达时间服从泊松分布[173]、消费者风险特征[174]等不同情况下的销售商与消费者的纳什均衡问题。针对耐用品，Gallien(2006)[175]研究了垄断环境下，在有限的交易时间平面内，针对价格敏感型消费者，垄断者对耐用品的销售采用动态定价，且保留价格是随机分布时，销售商与消费者动态均衡。在竞争市场环境下，原有垄断环境的假设不能刻画实际问题，企业的定价行为通常也受到竞争对手的影响。怎样把有限数量的商品在有限时间段内，以尽可能高的价格售卖给消费者，是任何一个厂商在销售产品的过程中都会面临的问题。关于竞争环境下销售商动态定价的研究，依据研究的周期数可以把现有的文献概括为两类：两周期动态定价以及多周期动态定价。

（一）基于竞争环境的两周期动态定价

由于计算的复杂性，竞争环境下收益管理的研究往往基于两周期，即正常销售期和折扣销售期。Biglaiser 和 Vettas(2004)[176]研究了两周期时间内，销售商针对策略型消费者的动态定价问题，发现在供大于求的情况下，零售商与消费者之间只存在混合战略均衡，而在供小于求的情况下，零售商与消费者之间既存在纯策略均衡，也存在混合战略均衡。Cachon 和 Swinney(2009)[177]指出策略型顾客有意等待降价的行为减少了零售商的期望收益，通过快速补货可以减少期初订购量并缓解策略行为。Lai 等(2009)[178]研究了基于顾客策略行为的易逝品降价问题，并在动态定价决策中引入差价补偿机制。通过比较引入差价补偿机制和无差价补偿机制两者之间的收益差异，得出差价补偿机制可以缓解顾客的策略行为，使得零售商期望收益增加。Jerath 等(2010)[179]针对零售商往往采用季末清仓策略而造成大量策略型顾客的现实状况，引入模糊销售机制来缓解顾客的策略行为。模型假设市场上有两个厂商，并且每个厂商有两种市场策略：直接季末清仓或者在第一周期采用模糊销售，在第二周期清仓。通过比较厂商在两种策略下的均衡期望收益发现：模糊销售策略在一定程度上缓解了顾客的策略行为，并且当需求量越大时对收益的提升越大。需要指出的是，两周期动态定价模型能刻画竞争和动态两个方面的内容，可以对竞争环境下厂商的定价行为进行定性和定量的分析，其计算方式也可以通过逆向归纳法分两周期进行求解，相对比较容易。但是，两周期动态定价并不能反映价格随时间变化的动态特征。所以，竞争环境下两周期的动态定价只适合于决策者进行有限次价格调整的情况。

（二）基于竞争环境的多周期动态定价

为了应付多周期的复杂性，很多学者应用博弈理论研究多周期动态定价问题。Friesz 等(2005)[180]利用进化博弈理论研究了基于价格决策的网络收益管理问题。假定需求变化率受竞争对手以往价格和企业当前价格的影响，将此博弈问题构造为一个变分不等式，证明变分不等式的解就是博弈的均衡，并证明了变分不等式解的存在性。Gallego 和 Hu(2014)[181]研究了连续时间的动态定价竞争问题，将随机问题转换为分析相应的确定性问题，证明了该微分博弈开环纳什均衡的存在性和唯一性，并进一步证明了由开环均衡得到的价格策略是随机微分博弈的渐近纳什均衡。Elodie 和 Georgia(2010)[182]利用鲁棒优化的方法，研究两个厂商竞争情况下的动态定价和库存控制模型，并将不确定性引入到模型中，证明了连续时间下的均衡价格，讨论了均衡价格的唯一性及特殊需求函数下均衡价格的计算方法。还有学者研究了多周期中只有有限次降价的情况。Hu(2007)[183]研究了可行价格集为离散集合的竞争性动态定价问题，解出了每个企业最优价格策略(阈值策略)的闭解，并根据每个企业的价格策略构造出了随机博弈的纳什均衡。还有文献讨论了策略型消费者在多个销售周期下，如何在观察销售商反反复复的折扣后，学会延迟购买。[184]

从文献梳理中可以看出，虽然具有一些竞争环境下的动态定价研究成果，但是忽视了消费者退出交易行为以及不同销售商行为特征的动态定价问题。在网络环境中，销售商明显体现出策略行为特征，例如部分销售商为了强调品质，一般采用高价策略，只在一些特定的节假日采取价格促销，尤其是在“双十一”或者“双十二”时，利用价格促销吸引消费者；而有些销售商则采用高价低入策略，先是高价格，然后不断降低价格吸引消费者。虽然网络购物平台比较多，但是消费者一般在京东和天猫两大销售平台之间不断进行选择，而且消费者也有可能不购买任何一个销售商的产品或者服务，选择中途退出交易。基于这样的现实问题，本章聚集于竞争环境下的多周期阶段的有限时间平面内，考虑不同行为类型的销售商与不同行为类型的消费者之间的交互作用，以及消费者如何在两个交替动态定价的销售商之间进行选择的问题。本章的主要贡献如下。

(1)在拓展销售商和消费者的交易周期的基础上，从已有的两周期拓展为多个交易周期，考虑了消费者中途退出市场对销售商的动态定价、销售商期望利润、消费者保留价格以及消费者均衡福利的影响。

(2)不仅考虑了策略型和短视型消费者对销售商交替动态定价的影响，而且考虑了策略型和短视型的销售商的行为特征，研究了不同类型的销售商和不同类型消费者之间的交互作用对动态定价的影响。

(3)考虑到市场上的任意一个消费者在进行决策时，往往倾向于在两个销售商之间进行比较，构建了多周期交易期限内的销售商交替动态定价模型。

(4)针对所构建的模型，采用 Python 3.5 软件进行模拟，直观描述了存在消费者退出比率的情况下，不同行为类型的销售商以及不同行为类型的消费者之间的博弈，揭示了消费者的保留价格、销售商的均衡定价以及销售商均衡利润的变化规律。

二、模型假设

对于交替动态定价模型，两个销售商的定价过程假设为：在 t 时期，若是销售商 1 定价，则在 $t+1$ 时期由销售商 2 定价。在任意一个时刻，针对某一特定的产品或者服务，消费者获得一个销售商的定价信息并作出是否购买的决策。若消费者作出购买决策，则交易结束；若没有购买，则在下一个时期转向另一个销售商，获得此时期产品或者服务的定价信息，并继续作出是否购买的决策。消费者在两个销售商之间交替徘徊，了解销售商的定价信息，并作出决策。对于交替动态定价模型，我们从销售商、消费者以及交易市场三个方面进行假设。

（一）关于销售商的假设

假设竞争市场上有两个销售商，销售相同的产品或者服务。销售商不知道特定类型消费者的保留价格，但是根据历史资料可以预测消费者保留价格的大致范围。销售商的类型有两种：策略型与短视型，市场上的两个销售商要么都是短视型，要么都是策略型。销售商是风险中性的，对损失与收益的偏好程度一样。在任何一个时期 t，两个销售商均知道前 $t-1$ 时期销售商的历史定价，并能够根据历史定价以及消费者的购买决策，不断修正调整价格。为了便于分析，假设销售商的销售成本为 0，销售商退出市场的概率为 0。

（二）关于消费者的假设

对于市场上的任意一个消费者，每次最多只能购买一个产品或者服务，其保留价格服从均匀分布；消费者追求多样化，对销售商不存在忠诚度以及偏好。消费者在两个销售商之间交替光顾，呈现"之"字形，即如果消费者在 t 期访问销售商 i，则在 $t+1$ 时期访问销售商 j。消费者在任何一个时期 t，只能访问一个销售商，并且可以根据两个销售商的定价情况不断修正自己的保留价格。当消费者可能不需要销售商提供的产品与服务，或者临时由于某种原因不需要与销售商进行交易时，消费者可以选择退出市场，退出市场的概率为 r。

（三）关于交易市场的假设

假设交易市场是完全竞争的市场。两个销售商充分知道任何一个交易时期销售商的定价信息。只要满足以下条件中的任何一个条件，交易就结束。一是消费者作出了购买决策；二是到了交易期限，即使消费者没有作出购买决策，交易也自动结束；三是消费者退出了交易市场。

三、模型构建

根据前面的假设，交替动态定价过程描述为：风险中性的两个销售商均知道消费者的保留价格服从均匀分布，但是不确切知道消费者的保留价格是多少。销售商根据消费者作出的决策，不断调整销售价格；同样，消费者也是根据销售商提供的价格，不断修正其保留价格。消费者在中途可以退出市场，一旦消费者退出市场，交易结束。

（一）交替动态定价模型

假设交易期限为 T，在 T 时期达到均衡时，在 T 时期定价的销售商的利润函数如式(9-1)所示：

$$\pi_T=P_T\cdot\frac{(R_T^*-P_T)}{R_T^*}\cdot\frac{R_T^*}{\overline{R}}\cdot(1-r)^T \tag{9-1}$$

其中，π_T 表示 T 时期定价的销售商在 T 时期的利润；P_T 表示销售商在 T 时期的定价；消费者的初始保留价格 R 假设服从均匀分布，$R\sim U(0,\overline{R})$；R_T^* 表示消费者在 T 时期的保留价格，这是消费者在观察前面 $T-1$ 期销售商的定价后，经过调整的保留价格，仍然服从均匀分布。$\frac{(R_T^*-P_T)}{R_T^*}$表示消费者在 T 时期购买的概率，$\frac{R_T^*}{\overline{R}}$表示消费者在 T 时期前还没有购买的概率；r 表示消费者在任意时期退出市场的概率。在第 1 时期，消费者参与交易的可能性为$1-r$；第 2 时期为$(1-r)^2$，依此类推，在 T 时期，消费者参与交易的可能性为$(1-r)^T(0<r<1)$。

销售商要想利润最大化，对式(9-1)求导，可得 T 时期销售商的均衡定价 $P_T^*=\frac{1}{2}R_T^*$，令 $P_1^0=\frac{1}{2}$，则 $P_T^*=R_T^*P_1^0$。P_1^0 也可以看成为 T 时期的销售商定价与消费者保留价格的比值。将销售商的均衡定价表达式代入式(9-1)，得到 T 时期销售商的均衡利润为 $\pi_T^*=\frac{(R_T^*)^2}{4\overline{R}}(1-r)^T$。

参照 T 时期销售商均衡定价的推导，在 $T-1$ 时期销售商的均衡价格和销售商的均衡利润分别如式(9-2)、式(9-3)所示。具体推导过程见附录 5。

$$P_{T-1}^*=\frac{[1-\delta(1-P_1^0)]\cdot R_{T-1}^*}{2}=P_2^0\cdot R_{T-1}^*\left(令\frac{2-\delta}{4}=P_2^0\right) \tag{9-2}$$

$$\pi_{T-1}^*=\left(\frac{R_{T-1}^*}{\overline{R}}\right)^2\times\frac{1}{2}P_2^0\times(1-r)^{T-1}\qquad P_2^0=\frac{2-\delta}{4} \tag{9-3}$$

在任意 t 时期达到均衡时，销售商的均衡价格和均衡利润的表达如式(9-4)所示。

$$P_t^* = R_t^* P_{T-t+1} \tag{9-4}$$

式中，$P_1^0=\frac{1}{2}$，$P_2^0=\frac{2-\delta}{4}$，$P_3^0=\frac{1}{2a_3}$，$P_t^0=\frac{1}{2a_t}$，$a_T=\frac{1}{1-\delta(1-P_{T-1}^0)}-\frac{\delta_s^2(P_{T-t}^0)^2\cdot P_{T-2}^0}{2[1-\delta(1-P_{T-1}^0)^2][1-\delta(1-P_{T-2}^0)^2]}$。

参数 $\delta_S\in[0,1]$描述销售商的行为特征，当 $\delta_S\to 0$ 时，销售商是短视型的；当 $\delta_S\to 1$ 时，销售商是策略型的。

根据 δ_S、δ、r 的不同取值，来判断不同类型的销售商、不同类型的消费者以及存在不同消费者退出概率下的动态定价以及销售商的利润问题。

(1)当 $\delta_S=1$，$\delta\to 0$，$0<r<1$ 时，即销售商为策略型，消费者为短视型，消费者退出市场的概率为 r。

$P_1^0=P_2^0=\frac{1}{2}$，$P_3^0=\frac{8}{15}$，$P_t^0=\frac{8}{2-(P_t^0)^2P_{t-2}^0}(t=3,4,5,\cdots,T)$，

$a_t=\frac{2-(P_{t-1}^0)^2\cdot P_{t-2}^0}{2}$，$P_t^0=\frac{1}{2a_t}$

根据 P_t^0 的变化规律，可归纳出 $0.5\leqslant P_t^0\leqslant 0.55$，

$R_1^*=\overline{R}$，$R_t^*=P_{T-1}^*$，$t=2,3,\cdots,T$，

$P_t^*=R_t^*P_{T-t+1}^0=P_{t-1}^*P_{T-t+1}^0$，

由 P_t^* 与 R_T^*、P_t^* 与 P_{t-1}^*的递推关系得任意 t 时期销售商定价为：$P_t^*=\overline{R}\cdot P_{T-t+1}^0\cdot P_{T-t+2}^0\quad P_{T-1}^0\cdot P_T^*$。

消费者调整后的保留价格为：$R_t^*=\overline{R}\cdot P_{T-t+2}^0\cdot P_{T-t+3}^0\cdots P_T^0(t=1,2,3,\cdots,T)$。由此可以看出，当销售商为策略型，消费者为短视型时，任意一个时期的销售商的均衡定价是上一个时期消费者的保留价格。因 $0.5\leqslant P_t^0\leqslant 0.55$，随着达到交易均衡时间的延长，销售商的定价和消费者的保留价格将降低。

当消费者为短视型，销售商为策略型的时候，销售商 1 的期望利润为销售商的定价乘以交易发生的概率(根据前面销售成本假设为 0)：

$$\pi_1=p_1^*\times\frac{1}{2}\times(1-r)=\frac{1}{2}\overline{R}P_T^0(1-r) \tag{9-5}$$

销售商 2 的期望利润为：

$$\pi_2=p_2^*\times\frac{1}{2}\times\frac{R_2^*}{\overline{R}}\times[(1-r)(1-r)]=\frac{1}{2}\overline{R}P_{T-1}^0P_T^0P_T^0[(1-r)^2] \tag{9-6}$$

(2) 当 $\delta_S=1$，$\delta\to1$，$0<r<1$ 时，即销售商是策略型，消费者也是策略型，消费者退出市场的概率为 r。

$P_1^0=\frac{1}{2}$，$P_2^0=\frac{1}{4}$，$P_t^0=\frac{1}{2a_t}(t=3,\ 4,\ 5\quad T)$，$a_t=\frac{1}{P_{T1-1}^0}-\frac{1}{2P^t-2}$，

用数学归纳法证得 $a_t=t$，则 $P_t^0=\frac{1}{2a_t}=\frac{1}{2t}$，$P^*=P_1^*=P_2^*=\cdots=P_t^*=\overline{R}\cdot P_T^0=\frac{\overline{R}}{2T}$，即任意时期销售商均衡价格均为$\frac{\overline{R}}{2T}$。

$R_1^*=\overline{R}$，$R_t^*=\frac{P_{t-1}^*}{P_{T-t+1}^0}=\overline{R}\cdot\frac{T-t+1}{T}$，$t=2,\ 3,\ \cdots,\ T$，即任意时期消费者保留价格均为 $R_t^*=\overline{R}\cdot\frac{T-t+1}{T}(t=1,\ 2,\ 3,\ \cdots,\ T)$。

当消费者是策略型的时候，由于在 T 时期内，销售商的定价保持不变，所以在任何时期 t，只要 $t<T$，交易发生的概率为$\frac{1}{T}$；当 $t=T$ 时，交易发生的概率为$\frac{1}{2T}$。销售商 1 的均衡期望利润为：

$$p^*\times\left(\frac{1}{T}\times(1-r)+\frac{1}{T}[(1-r)^3]+\cdots+\frac{1}{T}[(1-r)^{T-1}]\right)=\frac{\overline{R}}{2T^2}\times\{[1-r]+[(1-r)^3]+\cdots+[(1-r)^{T-1}]\}; \tag{9-7}$$

销售商 2 的均衡期望利润为：

$$p^*\left(\left\{\frac{1}{T}\times[(1-r)^2]+\cdots+\frac{1}{T}[(1-r)^{T-2}]+\frac{1}{2T}[(1-r)^T]\right\}\right)=\frac{\overline{R}}{2T^2}\left(\left\{[(1-r)^2]+\cdots+[(1-r)^{T-2}]+\frac{1}{2}[(1-r)^T]\right\}\right) \tag{9-8}$$

从销售商 1、销售商 2 的期望利润表达式可以知道，销售商 1 的期望利润明显高于销售商 2。

(3) 当 $\delta_S=0$，$\delta\to0$，$0<r<1$ 时，即销售商和消费者都是短视型，消费

者退出市场的概率为 r。

$a_t = 1(t=2,\ 3,\ \cdots,\ T)$

$P_1^0 = P_2^0 = \cdots = P_t^0 = \frac{1}{2}$

$R_1^0 = \overline{R}$，$R_t^* = P_{t-1}^0$，$t=2,\ 3,\ \cdots,\ T$

$P_t^* = \frac{1}{2}R_t^* = \frac{1}{2}P_{t-1}^*$，由此得出，销售商均衡定价为 $P_t^* = \overline{R}\cdot\left(\frac{1}{2}\right)^t$，消费者修正的保留价格为 $R_t^* = \overline{R}\cdot\left(\frac{1}{2}\right)^{t-1}(t=1,\ 2,\ 3,\ \cdots,\ T)$。

销售商 1 的期望利润为：

$$\pi_1 = P_1^* \times \frac{1}{2} \times (1-r) = \frac{1}{4}\overline{R}(1-r) \tag{9-9}$$

销售商 2 的期望利润为：

$$\pi_2 = P_2^* \times \frac{1}{2} \times \frac{R_2^*}{\overline{R}} \times [(1-r)^2] = \frac{1}{16}\overline{R}(1-r) \tag{9-10}$$

（4）当 $\delta_S = 0$，$\delta \to 1$，$0<r<1$ 时，销售商是短视型，消费者是策略型，消费者退出市场的概率为 r。

$a^t = \frac{1}{P_{t-1}^0}(t=3,\ 4,\ 5,\ \cdots,\ T)$，$P_1^0 = \frac{1}{2}$，$P_2^0 = \frac{1}{4}$，由 a_t 与 P_t^0 的函数关系得 $P_t^0 = \left(\frac{1}{2}\right)^t(t=1,\ 2,\ 3,\ 4,\ 5,\ \cdots,\ T)$。

$R_1^* = \overline{R}$，$R_t^* = \frac{P_{t-1}^*}{P_{T-t+1}^0} = \overline{R}\cdot\frac{T-t+1}{T}$，$t=2,\ 3,\ \cdots,\ T$，

$P_1^* = P_2^* = \cdots. = P_t^*$，则由 P_t^* 与 R_t^* 函数关系得 $P_t^* = \overline{R}\cdot P_T^0 = \overline{R}\cdot\left(\frac{1}{2}\right)^T$，即任意时期销售商均衡价格为 $\overline{R}\cdot\left(\frac{1}{2}\right)^T$，消费者保留价格为 $\overline{R}\cdot\left(\frac{1}{2}\right)^{t-1}(t=1,\ 2,\ 3,\ \cdots,\ T)$。

销售商 1 的期望利润为：销售商 1 的定价乘以销售商 1 与消费者交易的概率，销售商 1 的期望利润为：

$$p^{*}\times\left(\frac{1}{T}\times(1-r)+\frac{1}{T}[(1-r)]+\cdots+\frac{1}{T}[(1-r)^{T-1}]\right)=$$
$$\frac{\bar{R}}{T}\times\left(\frac{1}{2}^{T}\right)([1-r]+[(1-r)^{3}]+\cdots+[(1-r)^{T-1}]) \quad (9-11)$$

销售商 2 的期望利润为：

$$p^{*}\left(\left\{\frac{1}{T}\times[(1-r)^{2}]+\cdots+\frac{1}{T}[(1-r)^{T-2}]+\frac{1}{2T}[(1-r)^{T}]\right\}\right)=$$
$$\frac{\bar{R}}{T}\times\left(\frac{1}{2}\right)^{T}([1-r]^{2}+[(1-r)^{4}])+\cdots+\left[\frac{1}{2}(1-r)^{T}\right] \quad (9-12)$$

（二）相关命题

根据前面的讨论，得出下面六个命题。

命题 1

在交易周期为 T 的时间范围内，消费者的保留价格随着交易时间的延长而不断减少。在任何一个交易周期内，消费者的保留价格大于销售商的均衡价格。且随着交易期限 T 的增加，销售商的均衡价格都会下降。

$R_T^e=R_T^*<R_{T-1}^*$，$R_{T-1}^*<R_{T-2}^*$，且对于参数 P_1^0，P_2^0，P_3^0，…，P_T^0，$P_1^0\geqslant P_2^0\geqslant\cdots\geqslant P_T^0$。

命题 2

在任一交易时期 t，消费者的保留价格是根据销售商的定价策略来不断调整的。如果 $t<T$，消费者的保留价格一定在区间 $[v_{t+1}^*, v_t^*]$ 内；但是当 $t=T$ 时，其保留价格一定是 $[p_t^*, v_t^*]$。

命题 3

对于策略型的消费者，不管销售商是短视型的还是策略型的，在交易期限为 T 的情况下，$t\leqslant T$ 时，销售商的均衡定价保持不变。$t\leqslant 2$ 时，短视型的销售商的均衡定价等于策略型的销售商的均衡定价。$T\geqslant t>2$ 时，短视型的销售商均衡定价明显低于策略型销售商的均衡定价。

命题 4

对于短视型的消费者，不管销售商是短视型的还是策略型的，在交易期限为 T 的情况下，销售商的均衡定价都随着交易时间 t 的延长而下降。$t\leqslant 2$ 时，短视型的销售商的均衡定价等于策略型的销售商的均衡定价。$T\geqslant t>2$

时，同时期的策略型销售商的均衡定价大于同时期短视型销售商的均衡定价。

命题 5

由于 P_T^0，P_{T-1}^0，P_{T-2}^0，…，P_1^0 均大于 $\left(\frac{1}{2}\right)^T$，在交易期限为 T 时，$t \leqslant T$ 时，短视型销售商针对策略型消费者的定价小于针对短视型消费者的定价；策略型销售商针对策略型消费者的定价小于针对短视型消费者的定价，且销售商是短视型，消费者是策略型的时候，定价最低；销售商是策略型，消费者是短视型的时候，定价最高。

命题 6

在消费者的退出比率不变和交易期限 $T=2$ 的情况下，策略型销售商 1 和 2 面对策略型消费者的期望利润分别等于针对短视型消费者的期望利润；在消费者的退出比率不变和交易期限 $T>2$ 的情况下，策略型销售商 1 和 2 针对策略型消费者的期望利润分别小于针对短视型消费者的期望利润。在消费者的退出比率不变和交易期限 $T=2$ 的情况下，短视型的销售商 1 和 2 针对策略型消费者的期望利润均小于针对短视型消费者的期望利润。

四、模拟研究

为了更直观地分析竞争环境下的动态定价均衡状况，采用 python 3.5 进行模拟。消费者的初始保留价格服从(0，1000)的均匀分布，分别模拟 $T=4$，$T=8$ 两个交易期限，不同行为特征的销售商与不同行为特征的消费者交互作用，主要从销售商的动态定价、销售商的期望利润两个方面进行分析。

（一）销售商的定价分析

在竞争性市场，存在两种类型的重要交互：一是销售商争取客户以获取最大的利益；二是消费者选择合适的销售商以使消费者的福利最大化。在销售商有充足的生产能力满足消费者需求的情况下，理性的消费者总是权衡利益，选择合适的时间进行购买。因此交易过程就是销售商和消费者的博弈过程，消费者不断预测销售商采纳的定价策略，而且销售商无法对未来价格作出有约束力的承诺，这样的均衡定价策略必须是子博弈完美纳什均衡。意味着在任何时期，给定那个时期的市场状态以及消费者预期，销售商在那个时期的定价必须是最优的。

在 $T=4$ 时，不同类型的销售商与不同类型消费者进行交易时，当 $r=0$、0.1、0.5、0.9 时，不同时期销售商的均衡定价情况见表 9-1。

表 9-1　$T=4$ 时销售商的均衡定价情况表

类型	时间			
	$t=1$	$t=2$	$t=3$	$t=4$
短视型消费者策略型销售商(MS)	538.28	287.08	143.54	71.77
短视型消费者短视型销售商(MM)	500.00	250.00	125.00	62.50
策略型消费者策略型销售商(SS)	125.00	125.00	125.00	125.00
策略型消费者短视型销售商(SM)	62.50	62.50	62.50	62.50

从表 9-1 可以看出，销售商的定价不受消费者退出比率的影响。不管销售商的类型如何，只要消费者类型是策略型，在交易期限 $T=4$ 的情况下，当 $t\leqslant 4$ 时，即 $t\leqslant T$ 时，销售商的定价都保持不变，且策略型销售商的定价明显高于短视型销售商的定价，且恰好是短视型销售商定价的 2 倍，不过这是特例，当交易期限等于其余值时，并没有这样的规律。

当市场是短视型消费者时，销售商的均衡定价都是随着交易时间 t 的延长而降低，且短视型销售商的定价低于同时期策略型销售商的定价。在短视型消费者的情况下，短视型销售商 t 时期的定价是 $t+1$ 时期的 2 倍，而策略型的销售商却没有表现出同样的规律。不管策略型的销售商还是短视型的销售商，针对短视型消费者定价，在交易初期定价($t=1$ 或 $t=2$ 时)明显高于针对同时期的策略型消费者定价。但是在交易后期($t=4$)，短视型消费者和销售商博弈时，不管是策略型销售商，还是短视型销售商，其定价小于或者等于针对策略型消费者的定价。两种不同类型的销售商与两种不同类型消费者构成的四种场合下，销售商的均衡定价如图 9-1 所示。

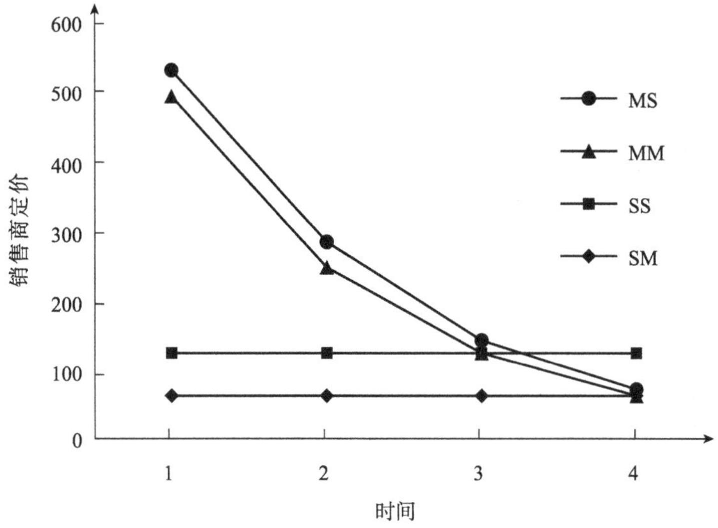

图 9-1　交易期限 $T=4$ 时不同时期销售商的定价

注：图 9-1 和表 9-1 中的英文字母 S 和 M 分别代表策略型和短视型。其中第一个英文字母代表的是销售商类型，第二个字母表示的是消费者类型。例如 SM 表示销售商为策略型，消费者为短视型；MM 则表示销售商为短视型，消费者也为短视型。下面图表英文字母表示的含义也一样。

从图 9-1 中可以看出，当消费者是策略型时，短视型的销售商均衡定价和策略型销售商的均衡定价都是一条直线，而当消费者是短视型的时候，短视型的销售商均衡定价和策略型销售商的均衡定价都是一条向下弯曲的曲线。且在 $t=4$ 时，短视型销售商针对策略消费者的定价曲线与短视型销售商针对短视型消费者的定价曲线相交于一点。

当交易期限 $T=8$ 时，市场上两种不同类型的销售商与两种不同类型的消费者博弈时，在 $r=0$、0.1、0.5、0.9 情况下，不同时期销售商的均衡定价情况见表 9-2。

表 9-2　$T=8$ 时的销售商的均衡定价表

类型	时间							
	$t=1$	$t=2$	$t=3$	$t=4$	$t=5$	$t=6$	$t=7$	$t=8$
短视型消费者策略型销售商(MS)	543.57	295.37	160.36	86.89	46.77	24.95	12.47	6.24
短视型消费者短视型销售商(MM)	500.00	250.00	125.00	62.50	31.25	15.63	7.81	3.91

续表

类型	时间							
	$t=1$	$t=2$	$t=3$	$t=4$	$t=5$	$t=6$	$t=7$	$t=8$
策略型消费者策略型销售商(SS)	62.50	62.50	62.50	62.50	62.50	62.50	62.50	62.50
策略型消费者短视型销售商(SM)	3.91	3.91	3.91	3.91	3.91	3.91	3.91	3.91

从表 9-2 可以看出，当交易期限延长到 8 时，与表 9-1 呈现出相似的规律。当消费者是策略型时，不管是短视型的销售商还是策略型的销售商，在交易时间内，均衡价格都保持不变。即均衡价格在交易期限内是否发生变化与销售商的类型无关，只与消费者的类型有关。只要消费者是策略型的消费者，销售商的均衡定价曲线就是一条直线。但消费者是短视型时，销售商的均衡定价曲线是一条向下弯曲的曲线。

从表 9-1 和表 9-2 可以看出，消费者的退出比率对销售商的均衡定价不产生影响，但是销售商的行为特征、消费者的行为特征以及交易期限对销售商的均衡定价具有重要影响。当消费者为策略型时，不管销售商的行为特征如何，销售商的交易均衡定价都是一条直线，消费者为短视型时，均衡定价曲线是向下弯曲的曲线，说明消费者的行为特征对定价曲线特征产生影响。除了消费者是短视型，销售商是策略型以外，其余情况下消费者和销售商的博弈中，随着交易期限的延长，销售商的均衡定价都会降低。

随着交易期限从 4 延长到 8，策略型的销售商针对策略型消费者的均衡价格变为原来的一半，从 125 变成 62.5；而短视型的销售商针对策略型消费者的均衡定价则变成 1/16，从 62.5 变成 3.91，交易期限的延长对短视型销售商的均衡定价影响更大；而当消费者是短视型时，不管是短视型销售商还是策略型销售商，均衡价格都是随着交易时间的延长而减低，且短视型的销售商在 t 时期的价格是 $t+1$ 时期的两倍，且低于同时期策略型销售商的定价。市场上不同类型销售商与不同类型消费者组成的四种情况下，销售商的均衡定价如图 9-2 所示。

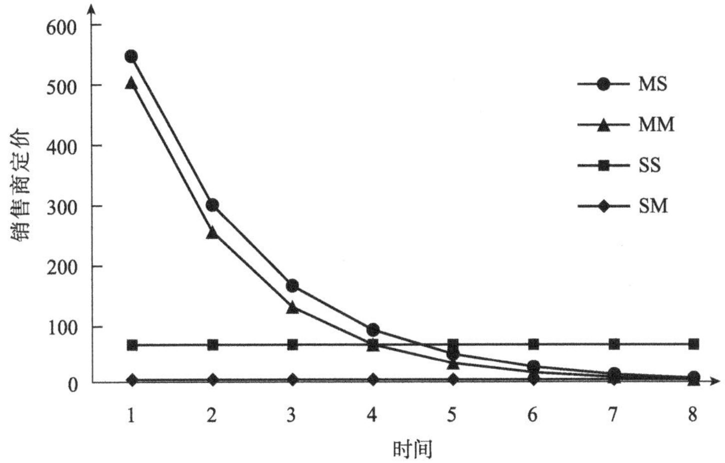

图 9-2　交易期限 $T=8$ 时不同时期销售商的定价

从图 9-2 可以看出，当消费者是策略型时，短视型的销售商均衡定价和策略型销售商的均衡定价都是一条直线，而当消费者是短视型的时候，短视型的销售商均衡定价和策略型销售商的均衡定价都是一条向下弯曲的曲线，且下降的斜率一样，前一个时期的均衡定价是下个时期的两倍。且从 $t=4$ 时开始，策略型销售商针对短视型消费者的销售商定价低于针对策略消费者的定价，且在 $t=8$ 时，短视型销售商针对策略消费者的定价曲线与短视型销售商针对短视型消费者的定价曲线相交于一点。

（二）销售商的利润分析

在交易期限为 4 的情况下。销售商 1 和 2 的期望利润见表 9-3。

表 9-3　$T=4$ 时销售商 1 和销售商 2 的期望利润

类型	退出比率			
	$r=0$	$r=0.1$	$r=0.5$	$r=0.9$
短视型消费者策略型销售商 1	269.14	242.23	134.57	26.91
短视型消费者策略型销售商 2	77.26	62.58	19.32	0.77
短视型消费者短视型销售商 1	250.00	225.00	125.00	25.00
短视型消费者短视型销售商 2	62.50	50.63	15.63	0.63
策略型消费者策略型销售商 2	46.88	35.56	8.79	0.31

续表

类型	退出比率			
	$r=0$	$r=0.1$	$r=0.5$	$r=0.9$
策略型消费者短视型销售商 1	31.25	25.45	9.77	1.58
策略型消费者短视型销售商 2	23.44	17.78	4.4	0.16

注：策略型消费者策略型销售商 1 的相关数据未取得。

从表 9-3 可以看出，①随着消费者退出比率的增加，不管消费者的行为特征和销售商的行为特征如何，销售商 1 和销售商 2 的期望利润均下降。②销售商1 和销售商 2 的期望利润不一样，且销售商 1 的期望利润较大，由于我们的研究是默认销售商 1 提前出价，因此销售商 1 具有明显的“首发优势”。③以 $r=0.1$ 为例，在消费者为短视型时，策略型销售商 1 和 2 分别大于短视型销售商 1 和 2 的期望利润；当消费者为策略型时，策略型销售商 1 和 2 的期望利润大于短视型销售商 1 和 2 的期望利润。也就是说，不管消费者的行为特征如何，策略型销售商的期望利润大于短视型销售商的期望利润。当 r 为其余值时，销售商 1 和 2 的期望利润也表现出类似的规律。④以 $r=0.1$ 为例，策略型销售商 1 和 2 与短视型消费者交易时，期望利润最大；其次是短视型销售商与短视型消费者博弈，期望利润次之，销售商 1 和 2 的期望利润最低的是短视型销售商与策略型消费者博弈。在 r 为其余值的时候，销售商 1 和 2 的期望利润也表现出类似的规律。

在交易期限为 8 的情况下，销售商 1 和 2 的期望利润见表 9-4。

表 9-4　$T=8$ 时销售商 1 和销售商 2 的期望利润

类型	退出比率			
	$r=0$	$r=0.1$	$r=0.5$	$r=0.9$
短视型消费者策略型销售商 1	271.78	244.61	135.89	27.18
短视型消费者策略型销售商 2	80.28	65.02	20.07	0.80
短视型消费者短视型销售商 1	250.00	225.00	125.00	25.00
短视型消费者短视型销售商 2	62.50	50.63	15.63	0.63
策略型消费者策略型销售商 1	31.25	21.08	5.19	0.79
策略型消费者策略型销售商 2	27.34	17.29	2.58	0.08

续表

类型	退出比率			
	$r=0$	$r=0.1$	$r=0.5$	$r=0.9$
策略型消费者短视型销售商 1	1.95	1.32	0.32	0.05
策略型消费者短视型销售商 2	1.71	1.08	0.16	0.005

从表 9-4 可以看出，①消费者的退出比率对销售商 1 和 2 的期望利润产生了影响，且随着退出比率的增加，销售商 1 和 2 的期望利润减少。②消费者类型和销售商类型也对销售商的期望利润产生影响。在消费者退出比率相同的情况下，当策略型销售商与短视型消费者博弈时，销售商 1 和 2 的期望利润最大；而短视型销售商与策略型消费者博弈时，销售商 1 和 2 的期望利润最小。③在不同类型的销售商和不同类型的消费者组合的四种情况下，无论哪种组合，销售商 1 的期望利润均大于销售商 2 的期望利润。这三点规律与表 9-3 呈现的规律相似。

将表 9-4 的数据与表 9-3 进行比较发现，当交易期限从 4 延长到 8 时，在同样的退出比率以及消费者类型和销售商类型的情况下，除了策略型销售商和短视型消费者博弈情况，销售商 1 和 2 的期望利润略微增加，这是由定价决策引起的，其余情况下的销售商 1 和 2 的期望利润都在下降。特别是在短视型销售商与策略型消费者博弈时，在消费者退出比例为 0.9 时，销售商 1 和 2 的期望利润更低。

（三）交易期限与消费者退出比率的影响

交易期限的变化，不仅对销售商的定价产生了影响，而且对销售商的期望利润有影响。随着交易期限的延长，不管是何种类型的消费者与何种类型的销售商博弈，销售商的均衡价格都随着交易期限的延长而降低，而且随着交易期限的延长，销售商 1 和 2 的期望利润均在下降，尤其是策略型消费者与短视型销售商博弈时，在消费者退出比率为 0.9 时，销售商 1 和 2 的期望利润从 1.58 和 0.16 下降到 0.05 和 0.005，分别下降了 31.6 倍和 32 倍。

从表 9-1、表 9-2、表 9-3 和表 9-4 可以看出，消费者的退出比率变化，对销售商的均衡定价不会产生影响，但是将对销售商的期望利润产生影响，无论是在交易期限为4还是交易期限为8的情况下，随着消费者退出比率的增加，不同类型的消费者和不同类型的销售商交互时，销售商1和2的期望利润均降低。因此，消费者的退出比率对销售商的期望利润具有影响，即消费者的退出比率越高，销售商(无论是策略型销售商还是短视型销售商)的期望利润越低。

五、结论与研究展望

(一)结论

在对现有的动态定价模型研究成果进行梳理的基础上，构建了由两个销售商和一个消费者构成的交替动态定价模型。该模型分析了风险中性的销售商，具有策略型行为特征和短视型行为特征，面对策略型消费者与短视型消费者时的四种组合情况，在不同的交易期限以及交易时间平面内的博弈结果。同时，本章进一步分析了在竞争市场中的消费者可以自由退出市场的情况下，不同类型的消费者与不同类型销售商的均衡问题。在此基础上，基于Python软件，对于$T=4$和$T=8$两个交易期限，在消费者退出比率分别为0、0.1、0.5和0.9四种情况下，针对销售商和消费者分别为短视型和策略型两种行为特征的四种组合进行了模拟研究，得出了如下结论。

(1)对于短视型消费者，消费者保留价格(销售商最优定价)不受消费者退出比率的影响，只受交易均衡时间的影响，并且是随着交易均衡时间的延长而减少。具体来说，当短视型消费者存在于市场时，不管是策略型销售商还是短视型销售商，最优的定价不受消费者退出比率的影响，仅仅受交易均衡时间的影响。不管面临的是策略型销售商还是短视型销售商，销售商的定价曲线都是一条向下弯曲的曲线，且销售商的行为类型对曲线形状特征不产生影响。

(2)对于策略型消费者，消费者保留价格(销售商最优定价)不受消费者退出比率的影响，也不受交易均衡时间的影响，而只受交易期限的影响，即交易期限越长，最优定价越低。具体来说，当销售商与策略型消费者博弈时，不管是短视型销售商还是策略型销售商，销售商的最优定价曲线都是一条直线，既不受消费者退出比率的影响，也不受交易均衡时间的影响，而只受交易期限的影响，销售商的行为类型对曲线形状特征不产生影响。但是销售商的均衡定价则与交易期限的长短以及销售商的类型有关。在同样交易期限的情况下，不管消费者退出比率如何，当消费者是策略型的时候，短视型销售商的最优定价明显低于策略型销售商的定价。不管是短视型的销售商还是策略型的销售商定价，面对策略型的消费者时，都是交易期限越长，最优定价越低。

(3)对于销售商的期望利润来说，受消费者退出比率和交易均衡时间的双重负面影响。当策略型销售商与策略型消费者交易时，在同样的交易期限，如 $T=4$ 或者 $T=8$，首先出价的销售商 1 获得明显的优势，其期望利润明显大于第二次出价的销售商 2 的期望利润，且在同样的交易期限下，消费者退出比率越小，销售商的期望利润越大。当消费者的退出比率为 0 时，销售商的期望利润最大；消费者退出比率为 0.9 时，销售商的期望利润最低，说明竞争市场上留住客户对企业的利润有明显的影响；在同样的消费者退出比率的情况下，交易均衡时间越长，销售商的期望利润越小。

(4)销售商若想降低均衡价格和提高期望利润，其关键在于缩短交易期限。具体来说，随着交易期限的延长，不管是何种类型的消费者与何种类型的销售商博弈，销售商的均衡价格都是随着交易期限的延长而降低，而且随着交易期限的延长，销售商的期望利润均在下降，即缩短交易期限是提高销售商(无论是策略型销售商还是短视型销售商)期望利润的关键所在。那么，如何缩短交易期限，主要通过两种途径：一是通过技术创新，缩短产品的生命周期，不断推出新的产品，例如华为手机差不多半年就推出一款新的产品；二是通过服务创新，提升用户体验，加强与用户的交流与沟通，例如零售业的线上线下平台整合。

(5)在交易期限不变的情况下，对于销售商而言，需要想方设法缩短交易的时间以提高销售商的期望利润。策略型销售商与短视型销售商相比，在同样的消费者类型、消费者退出比率以及交易期限的情况下，策略型销售商可以获得更高的期望利润，销售商应该着眼于长期利益而非即期利益，不能为了一时的利益而牺牲长期的利益。销售商在制定定价策略时，需要考虑消费者的行为特征，针对不同类型的消费者，采取不同的定价策略才能获得更大的期望利润。

(6)考虑消费者退出比率对销售商期望利润的影响，销售商应该在制定营销策略过程中充分考虑消费者退出比例的影响。为了降低消费者退出比率，销售商应将营销重点放在交易前期，并且要关注消费者退出比率，加强客户关系管理，最大限度留住客户。与此同时，销售商应在考虑自身情况的基础上，采取适合自身并有效的营销策略，努力提高服务质量，降低消费者退出市场交易的概率。

（二）研究展望

对于销售商的期望利润曲线来说，存在首次出价优势。我们默认的是销售商1首次出价，理论上采用随机的方式更加理想，这是有待于改进的地方。同时是在假设消费者保留价格服从均匀分布的前提下进行分析的，对于消费者的保留价格服从贝塔分布或者其余分布的情况，有待于进一步的研究。最严格的假设是“信息可得性”。在实际的运营中，企业和消费者无法知道市场的所有特征，因此进一步研究需要关注战略交互，一是将企业学习元素合并进模型，使企业随着时间的推移，学习市场特征，从而不断调整定价策略；二是将消费者学习合并进去，使得消费者的行为决策更接近现实环境。

六、本章小结

本章基于相关理论与文献，考虑到不同行为类型的销售商与不同行为类型的消费者之间的交互作用，研究了不同行为类型的销售商如何根据不同类型的消费者行为特征以及消费者退出市场的概率来动态制定价格策略，提出了竞争环境下考虑消费者退出的多周期交易时间平面内的交替动态定价均衡模型。在模型构建的基础上，利用 python 3.5 软件，模拟研究了存在消费者一定退出比率的情况下，不同行为类型的销售商以及不同行为类型的消费者之间的博弈，揭示了销售商的均衡定价以及销售商期望利润的变化规律。研究结果表明：不管消费者类型如何，消费者退出市场的比率对销售商的期望利润产生影响，但是对销售商的均衡定价不产生影响；而交易时间长短却对销售商的均衡定价以及销售商的期望利润均产生影响。消费者类型和销售商类型也同样对销售商的均衡定价以及销售利润产生影响。

第三篇

品牌选择模型构建及实证研究

本篇通过构建网络消费者品牌选择模型，分析消费者的小样本反馈经验、行为惯性，以及不同的促销方式对网络消费者品牌选择行为的影响。在无法利用感官判断产品质量的网络购物环境下，反馈经验是网络消费者品牌选择的重要依据。集成小样本反馈经验以及行为惯性，构建网络消费者品牌选择IEIDM模型，并模拟研究不同惯性概率及反馈经验对网络消费者品牌选择的影响。基于组合效用视角和MDCEV模型，分别对互补型多品牌选择、互斥型或者独立性产品的多品牌选择模型进行实证研究。

第十章　集成反馈经验和行为惯性的网络消费者品牌决策建模

——基于小样本视角

在烈日炎炎的夏季，青海湖、布达拉宫、内蒙古大草原和新疆天山等自然美景，吸引了全国各地游客前往，自驾成为中国游客的主要交通方式之一。在一个第一次来的城市驾车导航固然重要，但更需要驾驶员结合当时的路线、行驶速度以及个人经验作出决策，这类决策问题属于经验型决策问题。[185]经验型决策一般有三个特征：一是重复性，即决策者可能面临很多次相似的场景；二是每一次决策结果对决策者不会产生至关重要的影响；三是决策者没有完全“客观”的先前信息进行判断，需要凭借经验进行决策（Decision From Experience，简称为 DFE）。[185]与经验型决策问题对应的是描述型决策（Decision From Description，简称为 DFD），描述型决策是建立在具有明确报酬分布函数基础上的，例如 Thaler（1990）的六个经典选择问题，每个选择项的报酬以及对应的概率都来自大样本数据。[186]在描述型决策问题中，研究者往往设定类似这样的实验室决策场景：每一个决策者面前有两个选择按钮，每个选择按钮的报酬和产生该报酬的概率已知，根据选择项的报酬信息作出二选一的决策。在作出决策以后，实验室的决策者无法收到任何反馈信息。但是在实际的决策中，决策者所依据的决策信息是不完整的，无法知道各个选择项的报酬分布，只能根据先前决策后的反馈信息以及获得的经验进行决策。在 DFE 中，决策者的经验以及决策次数（单次或者重复多次）会影响人们的判断和选择。决策者的经验是来自决策后获得的小样本数据，从小样本数据中估计选择项的可能报酬分布并作出决策，但与描述型决策相比，这可能导致决策者低估小概率事件发生带来的损失或者收益。

在网络环境下，网络消费者无法通过感官判断产品质量的高低，只能集成获得的相关信息，例如品牌名称、价格、销售量以及在线评论和购物经验等进行判断。购买经验对网络消费者的品牌决策产生影响，与没有网购经验的消费者相比，有网购经验的消费者倾向于继续选择网上购物，网购满意的消费者也会选择继续网上购买。[187]当受到价格促销的明显刺激时，有网购经验的消费者更加理智，不易产生冲动性的购买行为，相反，没有网购经验者容易产生冲动购买行为。但是经验如何影响网络消费者的决策，需要结合认知理论进行分析。

从认知理论的研究视角来看，理性思维的自适应控制系统（Adaptive Control of Thought-Rational，ACT-R）是研究认知体系结构的代表性理论。人们在进行动态决策时，会经历认知、检索（根据以前类似经历或者记忆中能够回想的事件）以及根据检索结果进行决策判断三个阶段。在检索过程中，决策者根据检索条件从记忆中选择相应的知识块或者事件，如果多个知识块或者事件同时满足条件，则面临如何选择的问题，这需要认知符号子系统提供的选择机制来解决。选择依据来自选择项混合值大小，混合值越大，越有可能选中某选择项，而这个混合值又与某选择项检索的概率有关。[188]

与物体具有惯性一样，人类行为也具有惯性，即重复最近的行为，这也是为了减少外部环境不确定性引发的选择成本。例如我们在请朋友吃饭时，习惯性进入上次认为满意的某家饭店；在买衣服时，习惯性去上次消费的商场；当觉得有痛苦（或开心）的事情时，习惯性地和某个朋友或者亲人倾诉（分享）等等。在相对稳定的环境下，人类的行为具有一定的惯性。

与小样本数据相比，根据大样本数据得到的结果更有说服力，[189]因此进行实证研究时，研究者往往过分关注大样本，忽略小样本的作用。但是在实际决策中，小样本的作用不可忽视，“一朝被蛇咬，十年怕井绳”，充分反映了从小样本获得的反馈经验对个人决策的影响。实际生活中，很多的决策都是依据小样本作出的，大数据获取的成本过高，基于小样本的反馈经验同样有较大价值。[190]因此，从认知理论的研究视角，集成小样本反馈经验以及行为惯性，研究集成不同惯性概率以及反馈经验对网络消费者小决策的影响，具有十分重要的理论和现实意义。

一、文献综述

（一）基于经验的决策

在描述型决策中，决策信息是以明确的报酬函数形式呈现在决策者面前的，决策者根据两个选择项的报酬分布，从中选择一个。在描述型决策模式下，前景理论（Prospect Theory）、禀赋效应（Endowment Effect）、不对称占优效应（Asymmetric Dominant Effect）等理论应运而生。但是在经验型决策中，决策者无法知道选择项的报酬分布到底是什么，只能通过抽样或者重复决策获得的经验来估计不同选择项的报酬分布，并进一步作出决策。[197]在经验型决策中，时间不仅承担着决策者期望、体验与记忆的一个媒介，也是决策者获取经验的筹码，决策者需要一定时间进行经验的积累，但是时间又会让决策者的部分记忆模糊，因此时间对经验型决策产生重要的影响。[191] Hertwig 和 Pleskac（2010）认为利用大样本数据，固然可以得到更准确的报酬分布，但在实际决策环境中，获得大样本数据不仅成本很高，而且获取难度很大，甚至无法获取，使得人们在实际决策时倾向选择小样本。[189]

国内外关于经验型决策的研究成果主要分为三个部分：一是比较描述型决策与经验型决策的差异。主要反映在小概率事件的权重在两种决策模式中存在明显差异，这种差异称之为描述—经验决策差异。Hertwig 等人（2004）指出在描述型的决策情境中，决策者通常高估了小概率事件，这在前景理论（即描述型决策范式的经典理论）的预测结果中已验证，但是在经验型的决策情境中，决策者往往低估了小概率事件，[192]这一差异在不同决策情境中得到验证。[193-194]因此，对于实质上相同的信息，描述型决策结果与经验型决策结果不一致。二是探讨描述型与经验型决策产生差异的原因。Hau 等人（2010）基于信息加工决策视角，探讨了描述—经验差异的原因，认为经验型决策的偏差源于三个因素：收益变异性、抽样误差与记忆能力。[193]刘建民（2016）从决策认知过程框架角度出发，整体解释了描述—经验决策存在差异的原因，认为时间、情绪情感对描述—经验差异有影响。[195] Camilleri 等人(2013)从时间的角度分析，认为时间越长，描述型与经验型决策之间的差异越少。[196] Palma 等人(2014)从不确定性决策的角度出发，发现描述—经验决策的差距很大一部分来自抽样误差和高斯分布的置信误差，小部分与经验以及通过经验估计的报酬分布有关。[197] 三是研究经验型决策的解释模型。经验型决策的解释模型有三种：一是累积前景理论(Cumulative Prospect Theory，CPT)模型，该模型假设人们首先形成对事件概率的主观信念，然后将主观概率代入 CPT 的权重方程。[198] 二是分级调整模型(Fractional-Adjustment Model，FAM)，该模型假设人们从没有倾向到产生选择某个选项的倾向是以前抽样结果的函数。[199] 三是价值更新模型(Value-Updating Model，VUM)，该模型认为决策者在每次抽样后，都会获得选项的收益分布情况，再通过计算加权前次的估计值以及最近得到的结果，并更新当前估计结果。[200] 在这三种经典的解释模型中，影响力最大的是累积前景理论。Jiang(2014)针对决策者具有动态期望的混合型随机多属性决策问题，提出了一种基于累积前景理论，并考虑决策者在有限理性行为的不同收益和损失面前的风险态度，以及将不同时期的属性期望为参照点的决策分析方法。[201] Wang(2011)考虑到道路通行能力会退化的问题，构建了以 CPT 为理论基础的用户均衡模型，并对比分析了基于期望效用理论和基于累积前景理论的出行者在路径选择上的行为差异，发现累积前景理论克服了期望效用理论的不足，可以更好地描述出行者的路径选择决策过程。[202] Liu 等(2014)考虑了决策者的心理行为，如参考依赖、损失规避、判断扭曲等，提出一种基于 CPT 的风险决策分析方法来解决突发事件的应急风险决策问题。[203]

（二）行为惯性

惯性(Inertia)来自物理学，是指物体不受外力作用时，保持自身原有运动状态的性质。惯性反映物体具有抵制运动状态改变的性质，人们的决策行为也存在惯性。根据 Samuelson 和 Zeckhauser(1988)的观点，惯性决策可定义为当前决策对过去决策行为的强状态依赖。[204]

对行为惯性的研究主要分为两类：一是企业的行为惯性，强调了企业过去的行为方式对当前行为的影响，也就是说“历史是有意义的”。Hannan

和 Freeman(1984)发现行为惯性会产生可解释、可重复和可靠的结果，从而减少不确定性与风险。[205] Makino(2007)在 1988 年至 1999 年期间，对日本 52 个行业中 899 家跨国公司的 4451 个海外子公司所有权的结构进行分析，发现与组织间的模仿相比，企业更倾向使用本企业的惯常做法，也就是说，倾向保持其行为惯性。[206] Pangarkar 和 Yuan(2010)从生态学和制度理论出发，将企业自身的过去(行为惯性)和对手的过去作为选址的关键决定因素，发现行为惯性对中国跨国公司的地理位置选择比对手有更强的影响。[214] 企业在不同类型的投资决策中，重复以往行为方式并不一定符合经济理性，但为减少不确定性和获取合法性，企业会不断延续和提升自身的行为惯性。

二是个体决策行为惯性，主要是投资决策的行为惯性和消费决策的行为惯性。Samuelson 和 Zeckhauser(1988)通过实验发现，个体在作投资决策时，会表现出一定的行为惯性，维持现有投资决策的趋势较为明显。[204] Rodriguez 和 Sbuelz(2006)研究了惯性效应下的投资策略，并解释了中短期投资者的投资策略。[208] Bilias 和 Haliassos(2010)分析了投资者在收入追踪调查中的交易行为，发现大多数股票账户所有者(高达 70%)表现出投资决策惯性，且投资决策的惯性在整个生命周期中遵循“U”形轮廓。[209] Kim 等人(2016)对可以自由进入股票市场但对投资组合接触时间不长的个人投资者的惯性进行建模，研究表明 47%的股票投资者在投资组合的选择时有惯性行为。[210] 换句话说，对于多数的投资者来说，投资决策的惯性行为是常态。

在消费决策中，惯性是指基于过去的消费经验，消费者习惯性地光顾某一家商店或某些商店以购买同一品牌的商品，[211] 即重复购买是消费者行为惯性的表现形式之一。不过消费者重复购买或忠诚性购买行为对新产品扩散有阻滞作用。Khalia 和 Liu(2007)认为习惯可能是网络消费者重复购买意向的决定因素。[212] Kuo 等(2013)的研究发现：惯性和满意度均正向影响网络消费者的重复购买意向，且惯性的影响大于满意度的影响。[213] 在网购环境下，将习惯定义为消费者在没有经过思考或无意识的条件下，依据过去的购物行为和满意结果所产生的一种自动的行为反应。[214] 习惯性购买行为是消费者典型的购买行为之一，从选择成本的视角看，惯性购买行为减少了消费者购买决策的时间成本和信息处理成本。在网络环境下，网络消费者承受“信息过剩”和“信息不足”的双重困扰，在惯性购买行为下，会减少新的信息搜寻和品牌评估成本，但这种行为往往只是出于习惯，而不是对品牌的忠诚。

国内外学者分别从惯性和经验决策角度进行了相关研究，但是没有考虑决策行为的惯性以及经验的共同影响。考虑到经验型决策问题的普遍性，集成网络消费者的小样本反馈经验以及行为惯性，在构建集成经验和行为惯性的决策模型 IEIDM（Integrated Experience and Inertia Decision Model）的基础上，模拟研究不同惯性概率以及反馈经验对网络消费者品牌决策的影响。

二、模型假设与 IEIDM 模型构建

（一）模型假设

假设 1：在网络环境下，无论网络消费者在众多产品和服务中如何选择，选择多少，都可以归结到两两比较并进行选择的问题。假设消费者面临在两个品牌选择项 $i(i=1,\ 2)$ 和 $j(j=3-i)$ 中进行选择，两个品牌选择项的报酬分布如何，消费者事前不知道，只能通过从两个品牌选择项中进行有限的抽样来估计其报酬分布，从而作出决策，且消费者的决策结果将对后面的决策产生影响。[215]

假设 2：消费者决策存在惯性机制，即以某一概率重复上次所作出的决策，这个概率称为惯性概率，取值在 0~1，并且不会随着决策次数的变化而变化。惯性概率越大，表明消费者重复上次选择的可能性越大。决策规则为：消费者决策存在混合激活机制。如果惯性概率大于某一个随机值，该随机值服从 $U(0,\ 1)$ 的均匀分布，那么就作出与前面一次相同的决策。在某个时间 t，如果没有重复 $t-1$ 时期的选择，则选择最大效用值的选项。

假设 3：当 $t=1$ 时，由于消费者先前没有作出任何决策，无法检索任何记忆中所出现的信息。因此假设效用初始值 $U_i(1)=U_j(1)=2000$，这个值是任意设定的，它大于任何一个选择项可能出现的值，在实际的

模拟研究中也不会出现这个值，但它是重要的初始值，是对具有两个选择项的决策进行分析的初始探索。在初始值相等的时候，选择 i 还是 j 是计算机随机选择的。

假设 4：消费者在两个选择项之间进行选择的时候，是风险厌恶型的，需要衡量收益和损失带来的不同效用。

（二）IEIDM 模型

依据前面的假设，时间点 t，$U(0, 1)$ 是服从均匀分布的随机数，$P_{inertia}$ 是一个常数，表示惯性概率，代表行为惯性的大小，若 $U(0, 1) < P_{inertia}$，则重复上一次选择；否则依据假设 2，选择具有最大期望效用的选择项；很明显，$P_{inertia}$ 的数值越大，重复上一次选择的可能性越大。

在时间 t，选择项 i 的期望效用值为：

$$U_i(t) = \sum p_i(t) x_i(t) \tag{10-1}$$

在式(10-1)中，$p_i(t)$ 表示在时间 t，选择项 i 从所有的知识块或者实例的记忆能够检索到的概率，$x_i(t)$ 表示在时间 t，选择项 i 带来的收益。选择项 j 的效用值表达式与选择项 i 的效用表达式类似。

在 ACT-R 系统中，$p_i(t)$ 的表达式为：

$$p_i(t) = \frac{e^{A_{i,\ t/\tau}}}{\sum j^{e^{A_{j,\ t/\tau}}}} \tag{10-2}$$

$$A_{i,\ t} = \ln\left(\sum_{t_i \in \{1,\ 2,\ \cdots,\ t-1\}} (t - t_i)^{-d}\right) + \sigma \ln\left(\frac{1 - r_{i,\ t}}{r_{i,\ t}}\right) \tag{10-3}$$

式中，$\sigma \ln\left(\frac{1-r_{i,t}}{r_{i,t}}\right)$ 表示高斯噪音；在许多 ACT-R 的结构研究中，一般设定 $\tau = \sqrt{2}\sigma$，[216] σ 的均值为 0.45；d 表示记忆衰减程度，默认值为 0.5。$r_{i,t}$ 服从 $N(0, 1)$ 的正态分布，其中 t_i 表示在时间 t 以前，选择项 i 被选择的时间。

在描述型决策中，$x_i(t)$ 对应的是明确的报酬函数，但是对于经验型决策者而言，不知道明确的报酬函数是什么，对于选择项 i 的报酬分布只能通过抽样来了解。在经验型决策中，对于每一个决策时间 t，选择项 i 的收益 $x_i(t)$ 由两部分组成，一是在 $k(k=1, 2, 3, \cdots, K)$ 次抽样中，选择项 i

与 j 相比，所拥有的平均绝对优势；二是在 $k(k=1, 2, 3, \cdots, K)$ 次抽样中，选择项 i 与 j 相比，所拥有的相对优势。$x_i(t)$ 的计算公式为：

$$x_i(t)=\frac{\sum_k V_k(i)(t)}{k}+R(i, j)(t) \tag{10-4}$$

式中，右边第一项表示在时间 t，选择项 i 在 k 次抽样中获得的平均绝对优势，第二项表示 i 与选择项 j 相比所具有的相对优势，其计算公式为：

$$R(i, j)(t)=\frac{\sum_k \mathrm{ad}V_k(i, j)(t)}{\sum_k \mathrm{ad}V_k(i, j)(t)+\sum_k \mathrm{dis}V_k(i, j)(t)} \tag{10-5}$$

式中，$\mathrm{ad}V_k(i, j)(t)$ 表示在时间 t，选择项 i 与 j 相比所具有的收益正差值，计算公式如式(10-6)所示。$\mathrm{dis}V_k(i, j)(t)$ 表示选择项 i 与 j 相比，在决策时间 t 所具有的收益负差值，计算公式如式(10-7)所示。

$$\mathrm{ad}V_k(i, j)(t)=V_k(i)(t)-V_k(j)(t),\quad V_k(i)(t)>V_k(j)(t) \tag{10-6}$$

$$\mathrm{dis}V_k(i, j)(t)=\delta[V_k(i)(t)-V_k(j)(t)],\quad V_k(i)(t)\leqslant V_k(j)(t) \tag{10-7}$$

在式(10-7)中，δ 是损失规避系数，因为消费者存在风险规避，i 与 j 相比所具有的劣势肯定大于优势。根据前景理论，δ 取值在 2.0~2.5，[①] 本章取值为 2.5。在时间 t，选择项 i 与 j 的报酬假设服从离散分布，但是决策者不知道 i 和 j 的报酬分布。对于任意一个决策者，在时间 t，只有反复抽样 i 或者 j 才能获得选择项 i 与 j 的报酬分布信息，且在作出决策以后，该次决策对后面决策产生影响。

$u(0, 1)$：服从(0, 1)均匀分布；

$P_{inertia}$：行为惯性概率；

σ：自由噪声参数；

---

① Kahneman 和 Tversky(1979)通过实验证实：损失和收益的期望值相等的赌博游戏对被试者不具有吸引力，且涉及的金钱数值越大，被试者不愿参加赌博游戏的比例越大。因此，Kahneman 和 Tversky 认为，损失和受益的心理效用不相同，且损失比等量的收益产生的心理效用更大，并把这种现象命名为损失规避(loss aversion)。若所有 $x>0$，$-U(x)>U(x)$ 成立，损失规避系数为 $-U(x)/U(x)$ 在 x 上的平均值或中值。国内外大量文献对其进行了研究，在损失规避度量方面，由于对损失规避的假设和定义不同，得出的损失规避系数的估计也不同，本章采用 Kahneman 和 Tversky(1992)的损失规避系数。

τ：随机噪声参数；

d：噪声衰退参数；

$r_{i,t}(i=1,\ 2)$：是一个随机值，服从标准正态分布，$r_{i,t}(i=1,\ 2)\sim N(0,\ 1)$；

$A_{i,t}(i=1,\ 2)$：在时间 t，选项 i 的激活值；

$P_i(t)(i=1,\ 2)$：在时间 t，选项 i 从所有选项的记忆中能检索到的概率，即激活概率；

$V_k(i)(i=1,\ 2)$：选项 i 通过 k 次抽样所体现出来的绝对优势；

$R(i,\ j)(t)$：在时间 t，选项 i 与选择项 j 相比所具有的相对优势；

$x_i(t)(i=1,\ 2)$：在时间 t 选项 i 的报酬；

$U_i(t)(i=1,\ 2)$：在时间 t 选项 i 的效用值。

三、模拟研究

为了解不同的报酬分布和惯性概率对经验型决策者的影响，现在采用R统计软件3.3.2进行模拟分析，本章设定的三种分布来自描述型决策中的三种经典分布，具体见表10-1。

表10-1　三种报酬分布情况表

	选项	概率	收益	概率	收益	期望报酬
场景1	i	0.80	4	0.20	0	3.20
	j	1.00	3	0.00	0	3.00
场景2	i	0.25	3	0.75	0	0.75
	j	0.20	4	0.80	0	0.80
场景3	i	0.80	−4	0.20	0	−3.20
	j	1.00	−3	0.00	0	−3.00

在这三种不同的报酬分布情境下，消费者事先不知道选项 i 和 j 的概率和收益，只能通过抽样获得反馈信息且根据自己的经验进行估计和推断，抽样次数设定为：$k=30$。

（一）不同惯性概率对集成小决策的影响

针对三种不同的报酬分布，在模拟决策次数为200的情况下，假设

$P_{inertia}$分别为 0、0.2、0.5、0.9，分析不同的惯性概率对决策的影响，模拟决策结果分布如图 10-1 所示。

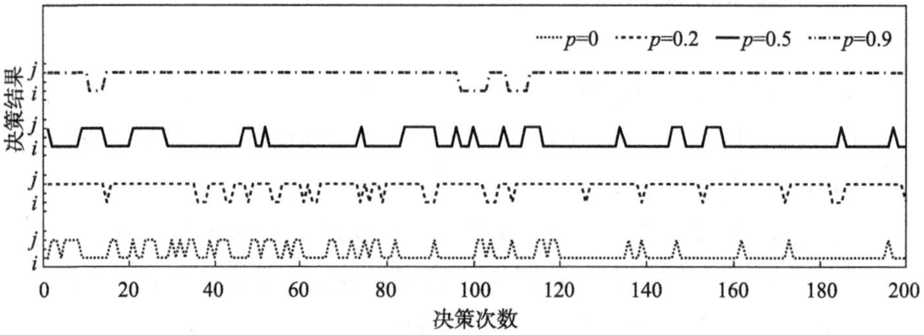

(a)场景 1 的模拟决策结果

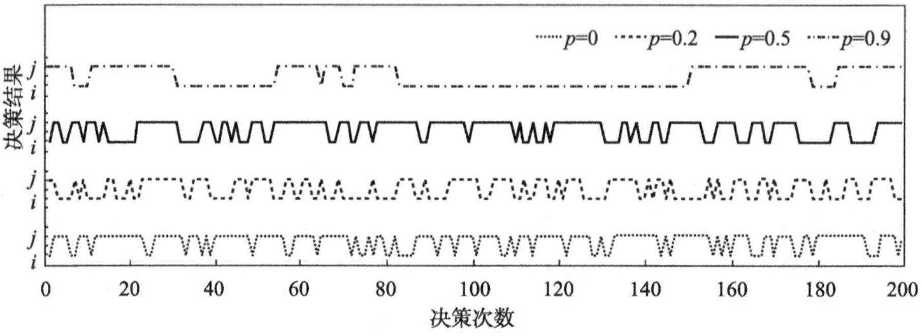

(b)场景 2 的模拟决策结果

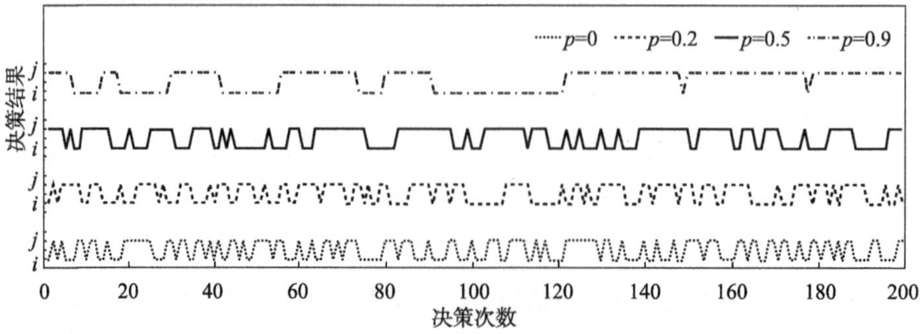

（c）场景3的模拟决策结果

图 10-1　不同惯性概率下三种报酬分布的模拟决策结果

从图 10-1 中可以看出，①对于首次决策结果，由于是随机选择的，惯性概率的大小对决策结果不产生影响。②在同样的报酬分布下，随着惯性概率的增加，前后两次决策不一致的比例在减少；行为惯性越大，对模拟决策的影响程度也大，而基于抽样获取的反馈信息经验对模拟决策的影响较小；随着惯性概率的减少，行为惯性的影响减弱，基于抽样获取的反馈信息经验对模拟决策产生了较大的影响。以图 10-1(a)为例，$p=0$ 时，首次随机选择的结果为 i，选择期望报酬较高的选择项 i 的比例为 75%，选择 j 的比例为 25%，前后两次模拟决策结果不一致的比例为 31%；$p=0.2$ 时，首次随机选择的结果为 j，模拟选择 i 的比例为 15%，选择 j 的比例为 85%，前后两次模拟决策结果不一致的比例为 18.5%；$p=0.5$ 时，随机产生的首次选择项为 j，决策者选择 i 的比例为 77.5%，选择 j 的比例为 22.5%，前后两次模拟决策结果不一致的比例为 15.5%；$p=0.9$ 时，随机产生的首次选择项为 j，决策者选择 i 的比例为 8%，选择 j 的比例为 92%，前后两次选择结果不一致的比例为 3%。③随着报酬分布的变化，虽然选择 i 与 j 的比例发生了变化，但是不管何种分布，惯性概率影响的是前后两次决策结果的一致性。

在不同的期望报酬条件下，进一步分析惯性概率对模拟决策结果的影响，具体结果见表 10-2。

表 10-2 惯性概率对模拟决策的影响

场景	概率	首次选择结果	选择 i 的比例	选择 j 的比例	前后决策结果不一致的比例
场景 1	$p=0.0$	i	75.0%	25.0%	31.0%
	$p=0.2$	j	15.0%	85.0%	18.5%
	$p=0.5$	j	77.5%	22.5%	15.5%
	$p=0.9$	j	8.0%	92.0%	3.0%
场景 2	$p=0.0$	i	25.5%	74.5%	34.5%
	$p=0.2$	j	53.0%	47.0%	34.0%
	$p=0.5$	i	35.5%	64.5%	27.5%
	$p=0.9$	j	53.0%	47.0%	6.0%
场景 3	$p=0.0$	i	50.5%	49.5%	47.5%
	$p=0.2$	i	46.0%	54.0%	37.0%
	$p=0.5$	j	44.0%	56.0%	24.5%
	$p=0.9$	j	36.0%	64.0%	7.0%

从表 10-2 可以看出，在不同的报酬分布下，随着惯性概率的增大，

决策结果重复前一次选择的比例增加，前后两次决策结果不一致的比例减少。

（二）不同报酬分布对集成小决策的影响

在四种不同的惯性概率情况下，进一步针对不同的收益分布对决策的影响进行模拟研究。如图 10-2 所示分别表示在模拟品牌决策次数为 200 时，惯性概率为 0、0.2、0.5、0.9 的三种报酬分布情况的模拟决策结果。

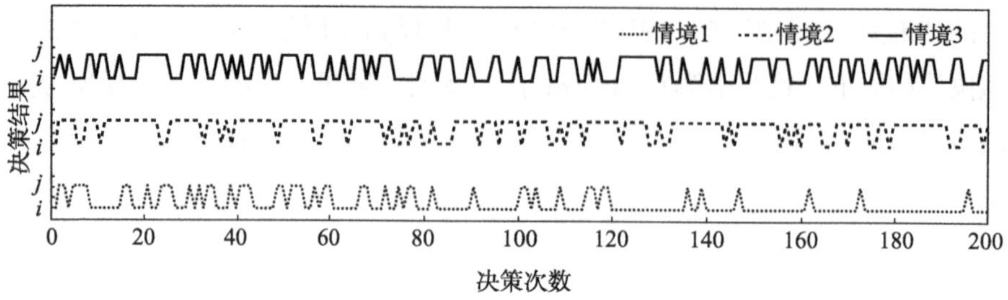

（a）$p=0$ 的模拟决策结果

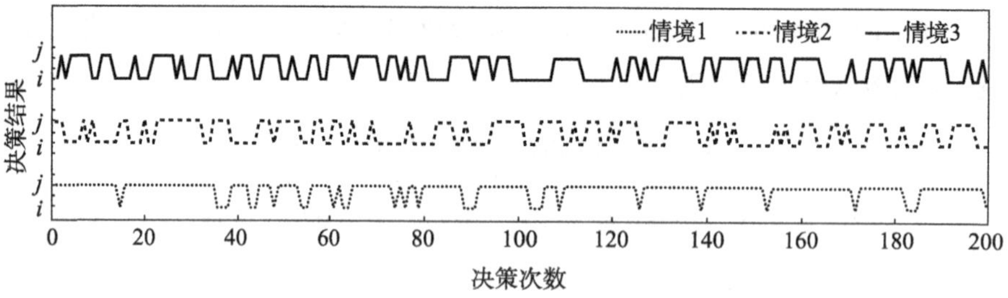

（b）$p=0.2$ 的模拟决策结果

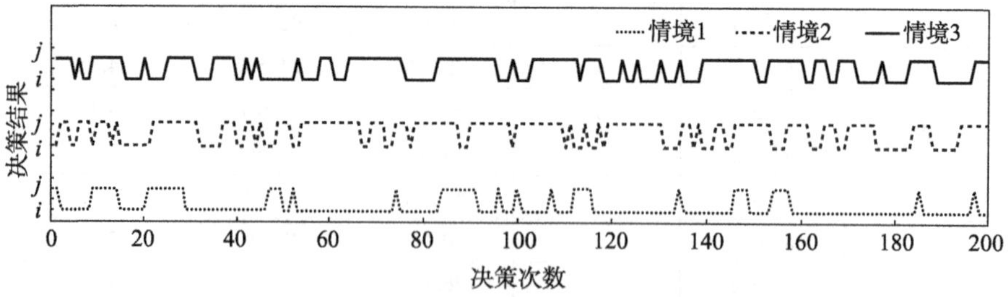

（c）$p=0.5$的模拟决策结果

图 10-2　不同惯性概率下的四种报酬分布模拟的决策结果

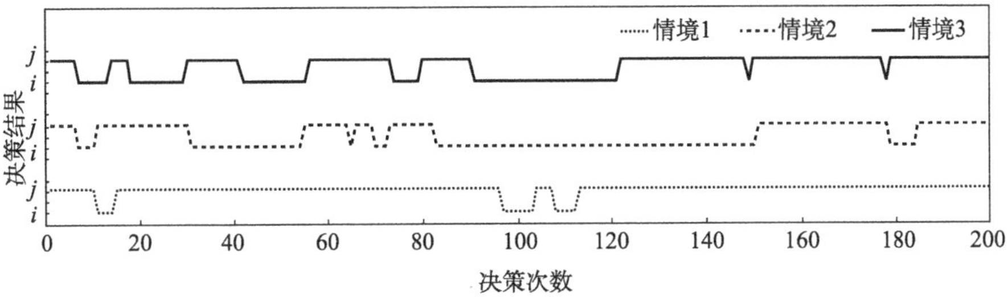

（d）p=0.9的模拟决策结果

图 10-2　不同惯性概率下的四种报酬分布模拟的决策结果（续）

根据图 10-2 可以得出，①当惯性概率相同时，虽然存在报酬分布的差异，不管首次决策结果是 i 还是 j，前后两次模拟决策结果不一致的比例相差不大，说明不同的惯性概率对前后两次决策结果的一致性产生较大的影响。②在同样的惯性概率水平下，随着报酬分布的变化，选择 i 与 j 的比例发生了变化，但是前后选择结果不一致的比例相差不大。以图 10-2(a)为例，当 p=0时，在情境 1 的情况下，首次随机决策的结果为 i，模拟选择期望报酬高的选择项 i 的比例为 75%，选择 j 的比例为 25%；在情境 2 的情况下，首次随机决策的结果为 i，选择 i 的比例为 25.5%，选择 j 的比例为 74.5%；在情境 3 的情况下，首次随机选择的结果为 i，选择 i 的比例为 50.5%，选择 j 的比例为 49.5%。在同样的惯性概率水平下，不同报酬分布的模拟决策结果见表 10-3。

表 10-3　在一定的惯性概率水平下，不同报酬分布的模拟决策结果

概率	情境	首次选择结果	选择 i 的比例	选择 j 的比例	前后选择结果不一致的比例
p=0	情境 1	i	75.0%	25.0%	31.0%
	情境 2	i	25.5%	74.5%	34.5%
	情境 3	i	50.5%	49.5%	47.5%
p=0.2	情境 1	j	15.0%	85.0%	18.5%
	情境 2	j	53.0%	47.0%	34.0%
	情境 3	i	46.0%	54.0%	37.0%
p=0.5	情境 1	j	77.5%	22.5%	15.5%
	情境 2	i	35.5%	64.5%	27.5%
	情境 3	j	44.0%	56.0%	24.5%

续表

概率	情境	首次选择结果	选择 i 的比例	选择 j 的比例	前后选择结果不一致的比例
$p=0.9$	情境 1	j	8.0%	92.0%	3.0%
	情境 2	j	53.0%	47.0%	6.0%
	情境 3	j	36.0%	64.0%	7.0%

从表 10-3 可以看出，在惯性概率相同的情况下，虽然不同场景的报酬分布有差异，导致选择 i 与 j 的比例发生变化，但是前后两次模拟决策结果不一致的比例相差不大，说明不同的惯性概率对前后两次决策结果的一致性产生较大的影响。

（三）结果分析与管理建议

基于经验和行为惯性集成的模拟研究结果、卡尼曼的描述性决策结果、Greg Barron 的基于小反馈的结果存在差异，具体见表 10-4。

表 10-4　描述性决策、基于小反馈的实验决策和基于小反馈的模拟决策结果比较

决策场景	选择项 i 收益	选择项 i 的概率	选择项 j 收益	选择项 j 概率	选择 i 的比例（卡尼曼）	选择 i 的比例（Greg Barron）	选择 i 的比例（模拟结果）
1	4	0.8	3	1.00	20%	63%	45.0%
2	4	0.2	3	0.25	65%	51%	41.5%
3	-4	0.8	-3	1.00	92%	58%	49.0%

从表 10-4 中可以看出，在 $p=0$ 的情况下，惯性概率对决策不产生影响，类似于只考虑小反馈经验的影响，模拟研究结果与卡尼曼的描述性决策之间存在较大差异，这反映了经验型的决策模式与描述型决策模式之间存在差异，与描述型决策相比，消费者不是高估小概率事件，而是存在低估小概率事件发生的可能性。模拟研究中选择 i 的比例为 37%，明显大于卡尼曼所选择的 i 的比例 25%。同时模拟研究结果与 Greg Barron（2003）的研究结果之间也存在一定差异，但是相差不大，后者是决策者在实验室的决策，这样的决策结果往往受多种因素的随机影响，而模拟研究是依据所构建的效用模型进行决策，不存在个体差异以及随机因素的影响。对于行为惯性与小反馈经验集成的决策，如果采用在实验室设计相应实验场景，

实现的难度太大甚至难以实现，只能进行模拟决策。

消费者的行为惯性概率越大，重复上一次决策的可能性越大，但是行为惯性并不代表消费者对品牌或者商家的忠诚度高，因此企业要想方设法提高网络消费者的满意度，在提高行为惯性概率的同时，进一步将惯性概率大的网络消费者培养成品牌忠诚度高的客户。

四、结论与研究展望

以认知理论为基础，集成小样本反馈经验以及行为惯性对网络消费者小决策的影响，对网络消费者的小决策进行建模以及模拟研究，突破了以往基于大样本数据的描述型决策或者单纯从小样本出发的经验型决策的研究思路，是对基于经验型决策研究的重要补充。我们根据三种经典的描述型决策情境，考虑集成反馈经验和惯性概率下的网络消费者模拟决策，模拟决策结果与描述型决策研究成果存在较大差异。在设定的三种报酬分布的情况下，随着惯性概率的增加，前后两次决策结果不一致的比例在减少。在同样的惯性概率水平下，基于经验型的决策与基于描述型的决策之间存在较大的差异。在模拟研究中，两个选择项的初始效用值均设置为2000，即 $U_i(1)=U_j(1)=2000$，是为了后面的模拟决策服务，虽然这个数值对于后面效用值的计算不产生影响，但是对于较大惯性概率下的模拟决策还是有一定影响的，因为惯性概率越大，重复上次决策的可能性越大。同时在实际的购买决策中，首次的决策结果对后面的决策影响很大。若网络消费者第一次购买某品牌的满意度很高，则消费者继续网购该品牌的可能性很大；若第一次购物就非常不愉快，下次继续购买该品牌的可能性就会大大减少。当然，网络消费者的首次决策，实际上受多种因素的影响，本身就具有一定的随机性，因此首次决策设置为随机选择，还是比较合理的。

研究聚焦集成小反馈经验和行为惯性对网络消费者品牌决策的影响，消费者每次面临的是二选一的问题，没有考虑多选多的情况。对于网络消费者而言，直接经验对其决策有很大的影响，不过间接经验的影响也不可忽视。间接经验如何影响决策，直接经验和间接经验对决策者的影响具有怎样的差异，这些问题有待于进一步研究。

五、本章小结

在无法利用感官判断产品质量的情况下，网购经验是网络消费者品牌决策的重要依据。在相对稳定的网络购物环境下，消费者的品牌决策具有一定的惯性，即倾向于重复上次的购买决策。本章以认知理论为基础，集成小样本反馈经验以及行为惯性，构建了网络消费者 IEIDM 模型，并模拟研究不同惯性概率以及反馈经验对网络消费者小决策的影响。研究结果表明：在同样的报酬分布下，随着惯性概率的增加，前后两次决策结果不一致的比例减少；同时，在同样的惯性概率水平下，集成行为惯性与经验的决策结果与描述型决策以及经验型决策之间存在显著差异，高估小概率事件的情况发生了变化。

第十一章　基于 MDCEV 的网络消费者多品牌选择模型构建及应用

一、文献综述

经典的离散选择模型在品牌选择行为研究中广泛应用，关注的是“多选一”的问题，但是消费者在酸奶、饮料、服饰、纸巾等许多产品的实际购买过程中，往往会表现出多品牌购买行为。在实际购物时，消费者的决策除了涉及离散选择，还涉及连续结果。大到买房买车，小到买饮料矿泉水，不仅要决定买什么品牌，还要决定买多少。在传统离散选择模型的基础上，离散—连续选择模型不仅考虑了如何选择备选项，也考虑了选多少的问题。其中离散指的是在备选集中选择的元素(如品牌、活动等)，连续则指的是所选择元素的取值。

考虑到多项选择模型不能应用于消费者同时选择多个品牌的数据，同时 MNL 和 Probit 模型不能解决消费者选择多种产品的内部解问题。Wales 和 Woodland(1983)基于库恩—塔克(Kuhn-Tucker)条件，假设消费者群体的偏好是随机的，提出消费者需求计量模型，并运用该模型分析澳大利亚肉类消费，由于不能对效用函数进行评估，最多只能研究三个品牌。[217]针对存在同时决定购买多个单位多个品牌的决策问题(如航空公司航班的选择、家庭车辆类型的选择、个人服饰的选择等)，Hendel(1999)提出一种基于随机效用的多重离散选择(Mulitiple-Discrete Choice)模型，不仅能解决买多少的问题，还能解决买多个品牌的问题，并运用该模型来研究个人电脑的购买行为。[218]

针对经济学需求模型往往只显示内部解，Kim 等人(2002)提出一个具有可加性的效用结构需求模型，该模型嵌套线性效用结构，同时允许选择多于一个但不是所有品种的角解和内部解混合的可能性。[219] Bhat(2005)提出一个基于效用理论的离散—连续选择模型，模型假设任何特定替代品的消费水平都随着边际效用的增加而递减，可以同时选择多个备选商品，称之为多重离散—连续极值(Multiple Discrete-Continuous Extreme Value，MDCEV)模型。[220]

Kim 等(2002)和 Bhat(2005)提出的模型都是以 Wales 和 Woodland (1983)的库恩—塔克条件为基础，因此，模型形式比较接近，只是误差项的假设不同，两者都广泛应用于时间分配和消费者决策行为的研究。Srinivasan 和 Bhat(2006)提出多离散连续计量经济结构来模拟夫妻单独活动和共同活动的时间分配。研究结果表明：车辆可用性正向影响单独活动的时间，而小孩的存在和时间强制性则负面影响着共同活动的时间分配。[221] Bhat 等(2006)运用 MDCEV 模型对旧金山家庭车辆持有和使用数据进行分析和预测，发现家庭人口数量、居住地点和车辆属性是家庭车辆持有和使用的重要影响因素。[222] Jian 等(2017)运用 MDCEV 模型分析了消费者在车辆类型选择及车辆使用方面的行为，发现消费者年龄、收入水平、驾驶证所属国家、保险、出发地点等都会影响消费者的车辆选择及使用。[223] Van Nostrand(2011)运用 MDCEV 模型分析家庭在一年中旅行目的地选择和旅行时间的分配问题，同时预测一个家庭到不同目的地旅行的次数和时间，发现家庭收入、人口数量、目的地类型、家庭户主年龄、目的地距离、目的地数量、到达目的地的次数等都会影响家庭旅行目的地选择和时间分配。[224] Lu 等(2016)运用 MDCEV 模型分析促销活动引起的价格变化对消费者购买行为的影响。[225] 王芯和吕晓玲(2015)基于 KAR 和 MDCEV 模型构建适合比例数据的多元离散—连续比例选择模型，并用此分析消费者选购笔记本时在不同渠道进行信息搜索的时间分配问题。[226]

在网络商品相当丰富的情况下，网络消费者往往会选择购买多个品牌的商品。传统的离散选择模型聚焦于单一品牌选择的问题，忽视了消费者多品牌购买行为特征。离散—连续选择模型是传统离散选择模型的扩展，可以用来研究在多个品牌产品中选择多个品牌的产品与服务，即多选多的品牌选择问题，基于随机效用理论与效用最大化理论，以离散—连续选择模型为基础，构建网络消费者的多品牌选择模型(Online Consumer Multi-Brand Choice Model，OCMCD)，并对网络消费者的多品牌选择模型进行实证研究。

二、模型假设与参数含义

模型的研究假设为：

假设 1：网络消费者面临着复杂且不确定的网络购物环境，为满足多元化需求，倾向于选择多个品牌的商品。

假设 2：不同品牌的商品带给消费者的效用不同，效用虽然具有一定的主观性，难以进行准确直接的测量。按照基数效用论，假设效用可以通过网络消费者消费的品牌商品或服务组合的属性及消费数量来反映。

假设 3：网络消费者在某一预算约束条件下，倾向选择其认为带给其效用最大的品牌商品或服务组合。

OCMCD 模型中所涉及相关参数的具体含义见表 11-1。

表 11-1　模型参数的具体含义信息表

符号	含义
x_{ik}	消费者 i 对品牌商品 k 的非负购买量
p_k	品牌商品 k 的单位价格
E_i	消费者 i 的总预算，通常情况下，$E_i \leq I_i$(I_i 为消费者可支配收入)
α_k	品牌商品 k 的边际效用递减参数
ψ_{ik}	品牌商品 k 在零消费点时给消费者 i 带来的基准边际效用
γ_k	品牌商品 k 零消费点时的饱和参数
ε_k	品牌商品 k 的不可观测的效用误差项
z_k	品牌商品 k 的非价格属性向量
β_k	品牌商品 k 的非价格属性向量 z_k 的对应参数

三、OCMCD 多品牌选择模型构建

假设网络消费者 i 的总预算为 E_i，网络消费者 i 对 K 个品牌商品的非负购买量的向量为 $X_i=(x_{i1},\ x_{i2},\ \cdots,\ x_{ik})$，从购买量向量 X_i 中获得的效用为$U(X_i)$。同时 K 个品牌商品的单价组成的价格向量为 $P=(p_1,\ p_2,\ \cdots,\ p_k)$，则消费者 i 的预算约束条件可以写成：

$$\sum_{k=1}^{K} x_{ik}p_k \leqslant E_i \tag{11-1}$$

考虑到效用函数大多数为凸曲线，消费者每消费一单位的产品或服务所获得的效用值是随着消费量增多而降低的，即效用函数的二阶导数应该是小于零的。非线性效用函数的形式必须满足边际效用递减的规律，并且适用于多重离散选择问题。网络消费者 i 从多品牌商品消费组合中所获得的效用的$U(X_i)$函数形式引用 Bhat 和 Pinjari(2014)的研究。[227] 网络消费者 i 从多品牌消费组合 X_i 中获得的效用 $U(X_i)$的表达式可以写成：

$$U(X_i)=\sum_{k=1}^{K}\frac{\gamma_k}{\alpha_k}\psi_{ik}\left(\left(\frac{x_{ik}}{\gamma_k}+1\right)^{\alpha_k}-1\right) \tag{11-2}$$

其中，γ_k 表示品牌商品 k 零消费点的饱和参数(Satiation Parameter)，γ_k 值越大，意味着消费者购买品牌商品 k 的可能性越大。

α_k 表示品牌商品 k 的边际效用递减参数(Diminishing Marginal Utility Parameter)。依据边际效用递减规律，随着消费者对品牌商品 k 购买量的增加，边际效用会减少。α_k 越低，表明消费者饱和越快。从其中 α_k 的定义可以看出，$\alpha_k \geqslant 0$，若 $\alpha_k>1$，则表明消费者增加商品 k 的购买量时，边际效用也随之增加，这与边际效用递减的规律相悖。因此，α_k 的取值范围为 $0 \leqslant \alpha_k \leqslant 1$。

ψ_{ik}表示品牌商品 k 给消费者 i 带来的基准边际效用。如果品牌商品 k 的基准边际效用越大，则消费者 i 购买的可能性就越大。因为基准边际效用一定大于 0，可以采用指数函数的形式表示 ψ_{ik}，具体可以写成：

$$\psi_{ik}=e^{\beta'_k z_k} \tag{11-3}$$

其中，z_k 表示品牌商品 k 的非价格属性向量，β_k 表示品牌商品 k 的非

价格属性向量 z_k 的对应参数。

考虑到可能存在一些不可观测的影响，用效用误差项 ε_k 表示，并以加乘的形式添加到式(11-3)中，则变成：

$$\psi_{ik}=e^{\beta'_k z_k+\varepsilon_k} \tag{11-4}$$

把式(11-4)代入到式(11-2)中，消费者 i 的效用函数则可以写成：

$$U(X_i)=\sum_{k=1}^{K}\frac{\gamma_k}{\alpha_k}\exp(\beta'_k z_k+\varepsilon_k)\left(\left(\frac{x_{ik}}{\gamma_k}+1\right)^{\alpha_k}-1\right) \tag{11-5}$$

在一定的总预算约束条件下，针对效用函数式(11-5)，通过构造拉格朗日函数，求出消费者 i 对 K 个品牌商品的最佳消费量，拉格朗日函数表达式可以写成：

$$L=\sum_{k=1}^{K}\frac{\gamma_k}{\alpha_k}\exp(\beta'_k z_k+\varepsilon_k)\left(\left(\frac{x_{ik}}{\gamma_k}+1\right)^{\alpha_k}-1\right)-\lambda\left[\sum_{k=1}^{K}x_{ik}p_k-E_i\right] \tag{11-6}$$

其中，λ 是预算约束的拉格朗日乘子。

消费者 i 最佳消费量 $x_{ik}^*(k=1,2,\cdots,K)$ 得到的 KKT 一阶条件①可以写成：

$$\exp(\beta'_k z_k+\varepsilon_k)\left(\frac{x_{ik}^*}{\gamma_k}+1\right)^{\alpha_k-1}-\lambda p_k=0,\ x_{ik}^*>0,\ k=(1,2,3,\cdots,K) \tag{11-7}$$

$$\exp(\beta'_k z_k+\varepsilon_k)\left(\frac{x_{ik}^*}{\gamma_k}+1\right)^{\alpha_k-1}-\lambda p_k<0,\ x_{ik}^*=0,\ k=(1,2,3,\cdots,K) \tag{11-8}$$

假设消费者在 K 个品牌中购买 M 个品牌的商品，由式(11-7)可以得到消费者 i 商品的最优消费量：

$$x_{ik}^*=\left[\left(\frac{\exp(\beta'_k z_k+\varepsilon_k)}{\lambda p_k}\right)^{\frac{1}{\alpha_k-1}}-1\right]\gamma_k,\ k=(1,2,3,\cdots,M) \tag{11-9}$$

同时，拉格朗日乘子也可由式(11-7)得出：

---

① KKT 条件指的是某非线性规划问题在一定约束条件下，具有最优解的充要条件。KKT 条件在 Karush(1939)、Kuhn 和 Tucker(1951)的成果中均有描述，但是在 Kuhn 和 Tucker 的研究成果中才得到重视，因此也有很多学者称之为 KT 条件。

$$\lambda=\frac{\exp(\beta'_k z_k+\varepsilon_k)}{p_k}\left(\frac{x_{ik}^*}{\gamma_k}+1\right)^{\alpha_k-1} \tag{11-10}$$

从式(11-8)可以看出，当消费者 i 未购买品牌 k 的商品，即 $x_{ik}^*=0$ 时，恒有：

$$\frac{\exp(\beta'_k z_k+\varepsilon_k)}{p_k}<\lambda \tag{11-11}$$

将消费者 i 的品牌商品最优消费量代入预算约束条件，则预算约束可以写成：

$$\sum_{k=1}^{K} x_{ik}^* p_k \leqslant E_i \tag{11-12}$$

根据预算约束条件，只需要估计 $K-1$ 个品牌商品的最佳消费量 x_{ik}^* 即可，剩下一个未估计的商品的最佳消费量可通过式(11-12)求出。

为保证式(11-12)右边大于0，即消费者 i 必须至少消费其中一个品牌商品。假设消费者 i 对品牌商品1的最优消费量大于0，即 $x_{i1}^*>0$，因此，商品1的KKT条件可以写成：

$$\lambda=\frac{\exp(\beta'_k z_1+\varepsilon_1)}{p_1}\left(\frac{x_{i1}^*}{\gamma_1}+1\right)^{\alpha_1-1} \tag{11-13}$$

对比式(11-10)和式(11-11)可以看出，当消费者 i 购买了品牌商品 k，而未购买品牌商品 l 时，恒有 $\frac{\psi_{il}}{p_{il}}<\frac{\psi_{ik}}{p_{ik}}$ 成立，联立式(11-10)、式(11-11)、式(11-13)可得：

$$\frac{\exp(\beta'_1 z_1+\varepsilon_1)}{p_1}\left(\frac{x_{i1}^*}{\gamma_1}+1\right)^{\alpha_1-1}=\frac{\exp(\beta'_k z_k+\varepsilon_k)}{p_k}\left(\frac{x_{ik}^*}{\gamma_k}+1\right)^{\alpha_k-1},\ x_{ik}^*>0(k=2,\ 3,\ \cdots,\ K) \tag{11-14}$$

$$\frac{\exp(\beta'_k z_k+\varepsilon_k)}{p_k}\left(\frac{x_{ik}^*}{\gamma_k}+1\right)^{\alpha_k-1}<\frac{\exp(\beta'_1 z_1+\varepsilon_1)}{p_1}\left(\frac{x_{i1}^*}{\gamma_1}+1\right)^{\alpha_1-1},\ x_{ik}^*=0(k=2,\ 3,\ \cdots,\ K) \tag{11-15}$$

对式(11-14)、式(11-15)的等式两边都取对数，则可得到：

$$(\beta'_k z_k+\varepsilon_k)+(\alpha_k-1)\ln\left(\frac{x_{ik}^*}{\gamma_k}+1\right)-\ln p_k=(\beta'_1 z_1+\varepsilon_1)+(\alpha_1-1)\ln\left(\frac{x_{i1}^*}{\gamma_1}+1\right)-\ln p_1 \tag{11-16}$$

$$(\beta'_k z_k+\varepsilon_k)+(\alpha_k-1)\ln\left(\frac{x_{ik}^*}{\gamma_k}+1\right)-\ln p_k<(\beta'_1 z_1+\varepsilon_1)+(\alpha_1-1)\ln\left(\frac{x_{i1}^*}{\gamma_1}+1\right)-\ln p_1 \tag{11-17}$$

令：

$$V_1=\beta'_1 z_1+(\alpha_1-1)\ln\left(\frac{x_{i1}^*}{\gamma_1}+1\right)-\ln p_1 \tag{11-18}$$

$$V_k=\beta'_k z_k+(\alpha_k-1)\ln\left(\frac{x_{ik}^*}{\gamma_k}+1\right)-\ln p_k \tag{11-19}$$

则 KKT 条件可以写成：

$$V_k+\varepsilon_k=V_1+\varepsilon_1,\ x_k^*>0(k=2,\ 3,\ \cdots,\ K) \tag{11-20}$$

$$V_k+\varepsilon_k<V_1+\varepsilon_1,\ x_k^*=0(k=2,\ 3,\ \cdots,\ K) \tag{11-21}$$

因此，消费者 i 在 K 个品牌商品中购买 M 个品牌商品的概率由向量 $(x_{i1}^*,\ x_{i2}^*,\ \cdots,\ x_{iM}^*,\ 0,\ \cdots,\ 0)$ 表示：

$$P(x_{i1}^*,\ x_{i2}^*,\ \cdots x_{iM}^*,\ 0,\ \cdots,\ 0)=|J|\int_{\varepsilon_1=-\infty}^{+\infty}\int_{\varepsilon_{M+1}=-\infty}^{V_1-V_{M+1}+\varepsilon_1}\int_{\varepsilon_{M+2}=-\infty}^{V_1-V_{M+2}+\varepsilon_1}\cdots\int_{\varepsilon_{K-1}=-\infty}^{V_1-V_{K-1}+\varepsilon_1}\int_{\varepsilon_K=-\infty}^{V_1-V_K+\varepsilon_1}$$
$$f(\varepsilon_1,\ V_1-V_2+\varepsilon_1,\ V_1-V_3+\varepsilon_1,\ \cdots,\ V_1-V_M+\varepsilon_1,\ \varepsilon_{M+1},\ \varepsilon_{M+2},\ \cdots,$$
$$\varepsilon_{K-1},\ \varepsilon_K)d\varepsilon_K d\varepsilon_{K-1}\cdots d\varepsilon_{M+2}d\varepsilon_{M+1}d\varepsilon_1 \tag{11-22}$$

其中 J 是雅可比矩阵，其元素由下式给出：

$$J_{gh}=\frac{\partial[V_1-V_{g+1}+\varepsilon_1]}{\partial x_{h+1}^*}=\frac{\partial[V_1-V_{g+1}]}{\partial x_{h+1}^*};\ g,\ h=1,\ 2,\ \cdots,\ M-1 \tag{11-23}$$

消费者 i 在 K 个品牌商品中购买 M 个品牌商品的概率表达式(11-22)是一个 $(K-M+1)$ 维积分，通过 KKT 条件可以降低一个维度，令 $\tilde{\varepsilon}_{k1}=\varepsilon_k-\varepsilon_1$，则误差差分的多变量分布函数为 $g(\tilde{\varepsilon}_{21},\ \tilde{\varepsilon}_{31},\ \cdots,\ \tilde{\varepsilon}_{k1})$，因此，式(11-22)的 $(K-M)$ 维积分可以写成：

$$P(x_{i1}^*,\ x_{i2}^*,\ \cdots x_{iM}^*,\ 0,\ \cdots,\ 0)=|J|\int_{\tilde{\varepsilon}_{M+1,1}=-\infty}^{V_1-V_{M+1}}\int_{\tilde{\varepsilon}_{M+2,1}=-\infty}^{V_1-V_{M+2}}\cdots\int_{\tilde{\varepsilon}_{K-1,1}=-\infty}^{V_1-V_{K-1}}\int_{\tilde{\varepsilon}_{K,1}=-\infty}^{V_1-V_K}$$
$$g\Big(V_1-V_2,\ V_1-V_{31},\ \cdots,\ V_1-V_M,\ \tilde{\varepsilon}_{M+1,1},\ \tilde{\varepsilon}_{M+2,1},\ \cdots,$$
$$\tilde{\varepsilon}_{K-1,1},\ \tilde{\varepsilon}_{K,1}\Big)d\tilde{\varepsilon}_{K,1}d\tilde{\varepsilon}_{K-1,1}\cdots d\tilde{\varepsilon}_{M+1,1} \tag{11-24}$$

参考Bhat(2005，2008)假设ε_k服从极大值分布，[226,228]并独立于$z_k(k=1, 2, \cdots, K)$，同时假设在备选方案中ε_k相互独立，其尺度参数为σ(如果品牌商品之间的价格没有变化，可以将σ归一化为1)，由于α_k和γ_k都是关于品牌商品k影响消费者饱和效应的参数，当$\gamma_k=1$时，式(11-19)可以写成：

$$V_k=\beta'_k z_k+(\alpha_k-1)\ln(x_k^*+1)-\ln p_k \tag{11-25}$$

当$\alpha_k=0$时，式(11-19)可以写成：

$$V_k=\beta'_k z_k-\ln\left(\frac{x_k^*}{\gamma_k}+1\right)-\ln p_k \tag{11-26}$$

因此，消费者i在一定预算约束条件下购买K个品牌商品中的$M(M\geqslant 1)$个品牌商品的概率表达式，可以用消费量向量$x_i^*=(x_{i1}^*, x_{i2}^*, x_{i3}^*, \cdots, x_{iM}^*, 0, 0, \cdots, 0)$表示，可以写成：

$$P(x_{i1}^*, x_{i2}^*, x_{i3}^*, \cdots, x_{iM}^*, 0, 0, \cdots, 0)=|J|\int_{\varepsilon_1=-\infty}^{\varepsilon_1=+\infty}\left\{\left(\prod_{m=2}^{M}\frac{1}{\sigma}\lambda\left[\frac{V_1-V_m+\varepsilon_1}{\sigma}\right]\right)\right\}\times$$
$$\left\{\prod_{s=M+1}^{K}\Lambda\left[\frac{V_1-V_s+\varepsilon_1}{\sigma}\right]\right\}\frac{1}{\sigma}\lambda\left(\frac{\varepsilon_1}{\sigma}\right)d\varepsilon_1 \tag{11-27}$$

其中λ是标准极大值分布密度函数，Λ是标准极大值分布函数，$|J|$是应用随机KKT条件和消费量之间的变量微积分变化，所得到的雅可比矩阵行列式。

对式(11-27)中的积分部分和雅可比矩阵$|J|$求解，可得消费者i在K个品牌商品中购买M个品牌商品的概率，详细推导过程见附录6。

$$P(x_1^*, x_2^*, \cdots, x_m^*, 0, \cdots, 0)=\frac{1}{p_1}\frac{1}{\sigma^{M-1}}\left(\prod_{m=1}^{M}f_m\right)\left(\sum_{m=1}^{M}\frac{p_m}{f_m}\right)\left(\frac{\prod_{m=1}^{M}e^{\frac{V_m}{\sigma}}}{\left(\sum_{k=1}^{K}e^{\frac{V_k}{\sigma}}\right)^M}\right)(M-1)! \tag{11-28}$$

其中，σ是尺度(scale)参数，$f_m=\left(\frac{1-\alpha_m}{x_m^*+\gamma_m}\right)$，此处$V_m$和$V_k$形如式(11-19)。

四、数据获取

数据来自某电商平台上 X 日用品销售平台。该专营店在售的纸巾品牌有：维达、清风、洁柔、心相印、妮飘、佳益、雪亮、植护、金鹿、得宝、聪妈、漫花、美家欣、欣蜜儿、斑布、香约、好吉利、采琪采、绿劲、竹叶情、福百年、洁云、蓝漂、美姿、勿相忘、五月花、纯竹工坊、真诚缘、凤竹、维朗、鸥露、心逸、泉林本色、丽邦、伊薇、唯韵等 30 多个品牌。选择该平台的原因有三点：一是网络消费者可选择的商品数量多；二是商品信息多且信息量大，商品信息呈现方式多样性；三是在丰富的商品信息背景下，网络消费者的认知、时间、精力、信息处理能力都是有限的，消费者的决策信心不足，决策满意度低。[229-231] 虽然消费者偏好丰富的商品选择，但是琳琅满目的商品也会增加消费者的选择成本，消费者在小选择集中决策方面更有信心。[232] 在实证研究中，提供给消费者选择的商品数量都是 24。该平台有售 30 多个纸巾品牌，并且每个品牌都有不同的纸巾类型，简单的排列组合后则有百余种纸巾商品。我们使用的样本数据是网络消费者高频选择的数据，包括洁柔、清风、心相印和维达 4 个纸巾品牌，同时包含卷纸、抽纸、湿巾、手帕纸 4 种纸巾类型，对不同品牌、不同类别的纸巾进行组合可得到 16 种商品。现抽取 2018 年 3 月 1 日到 5 月 31 日期间购买过这 16 种纸巾商品的 6126 名网络消费者的实际购买数据。

五、数据处理

为进一步降低数据的稀疏性，对抽取到的样本数据中购买量较少的商品进行删除处理，最终确定 4 个品牌 10 种商品，剩余 5904 名网络消费者的购买数据。4 个品牌 10 种商品的详细信息见表 11-2。

表 11-2 十种商品的详细信息表

商品序号	品牌	类型	单价/元	层数	卷数/包数	重量/张数
1	洁柔	卷纸	28.9	3	12	125
2	洁柔	抽纸	31.9	3	8	120
3	洁柔	手帕纸	12.9	4	18	6
4	清风	卷纸	31.8	3	12	240
5	清风	抽纸	17.5	3	3	150
6	心相印	卷纸	11.9	3	10	70
7	心相印	抽纸	17.9	2	6	180
8	心相印	湿巾	3.8	1	1	10
9	心相印	手帕纸	6.2	3	10	10
10	维达	卷纸	27.9	3	12	117

为提高纸巾销量，该店铺采用了多种促销方式，分别为特价促销、限量促销、单品立减、节日促销、会员专享价、第二件半价、原价、店铺周年庆。其中，特价促销指的是商家明确告诉消费者该商品以特定优惠的价格在销售。限量促销指的是商家利用消费者心理，以某一特惠价格销售限量的商品，吸引消费者购买。单品立减指的是商品单独进行的促销活动，消费者只要购买在促商品即可在原价的基础上减少一定的价格。节日促销是指在特定节日(如“三八”妇女节、“五一”劳动节等)给出一定的价格优惠，吸引消费者购买。会员专享价指的是该店铺会员才能享受的优惠价格，而非会员消费者只能以原价购买。第二件半价，消费者以原价购买第一件商品，而购买第二件商品时可以享受半价优惠。店铺周年庆是指店铺成立整数周年纪念日时，为回馈老顾客并吸引新顾客，店铺推出的一种促销方式。样本数据中 10 种商品不同促销方式的价格具体见表 11-3。

表 11-3 10 种商品的不同促销方式的详细价格表 单位：元

商品序号	原价	特价促销	限量促销	单品立减	节日促销	会员专享价	第二件半价	店铺周年庆
1	28.9	—	—	16.90	19.9	23.9	—	23.03
2	31.9	20.90	—	15.80	19.9	19.9	31.90/15.95	18.90
3	12.9	6.45	—	7.90	8.9	7.7	12.90/6.45	9.73
4	31.8	15.90	13.5	22.46	19.5	19.0	31.80/15.90	24.80

续表

商品序号	原价	特价促销	限量促销	单品立减	节日促销	会员专享价	第二件半价	店铺周年庆
5	17.5	—	6.5	8.65	12.9	9.9	17.50/8.75	12.25
6	11.9	7.56	—	7.90	9.9	8.9	11.90/5.95	8.33
7	22.9	—	—	15.90	17.9	16.9	22.90/11.45	16.30
8	3.8	—	—	2.30	2.9	2.7	3.80/1.90	2.66
9	6.2	—	—	3.88	4.8	5.5	6.20/3.10	4.34
10	27.9	—	—	15.60	19.9	18.9	—	19.53

样本数据中的 10 种纸巾商品的销量、购买人数、占总人数比例、人均购买量等详细信息见表 11-4。

表 11-4　10 种纸巾购买情况详细表

商品序号	销量/包数	购买人数/人	占总人数比例/%	人均购买量/包数
1	1469	868	14.70	1.69
2	1830	1002	16.97	1.83
3	864	527	8.93	1.64
4	2149	842	14.26	2.55
5	1672	602	10.20	2.78
6	5879	2519	42.67	2.33
7	6047	2179	36.91	2.78
8	2294	1051	17.80	2.18
9	2174	1026	17.38	2.12
10	1140	680	11.52	1.68

从表 11-4 中可以看出，销量位居前五的纸巾为心相印抽纸、心相印卷纸、心相印湿巾、心相印手帕纸、清风卷纸；购买人数位居前五的纸巾为心相印卷纸、心相印抽纸、心相印湿巾、心相印手帕纸、洁柔抽纸；而人均购买量位居前五的纸巾为清风抽纸、心相印抽纸、清风卷纸、心相印卷纸、心相印湿巾。

为了解网络消费者的多品牌选择行为，对样本数据中 5904 名网络消费者购买的纸巾品牌数量进行统计，得到网络消费者购买纸巾品牌数量的统计信息见表 11-5。

表 11-5 消费者购买的纸巾品牌详细数目表

品牌数量	人数/人	百分比/%
1	3685	62.42
2	1519	25.73
3	549	9.30
4	151	2.56
总计	5904	100

从表 11-5 可以看出，有接近 40%的消费者购买的纸巾品牌不少于 2 个，说明网络消费者在纸巾品牌的选择中，存在从多个品牌中选择多个品牌产品的决策行为。为进一步分析网络消费者的多产品购买行为，对样本数据中 5904 名网络消费者对 4 个品牌的 10 种纸巾商品的类别统计信息见表 11-6。

表 11-6 消费者购买的商品类别详细表

商品类别	人数/人	百分比/%	商品类别	人数/人	百分比/%
1	3174	53.76	6	91	1.54%
2	1400	23.71	7	34	0.58
3	663	11.23	8	23	0.39
4	336	5.69	9	14	0.24
5	159	2.69	10	10	0.17
总计				5904	100

从表 11-6 可以看出，将近 50%的网络消费者购买的纸巾种类不少于 2 种，说明网络消费者对纸巾中存在多产品需求。

在消费者多品牌选择行为中，消费者的收入、年龄、家庭人口数等都会对消费者多品牌选择产生影响，但是这部分信息属于消费者隐私。为保护消费者隐私，着重分析不同促销方式对网络消费者多品牌选择行为的影响。因此，研究中计算消费者从纸巾中获得的基准效用函数考虑的变量有：交易时段、会员等级、是否周末、是否节日、不同的促销方式、是否咨询客服和消费等级。其中依据消费者的下单时间分布在 6：00~24：00，以 3 个小时为一个时间段，将网络消费者的购买时间分成 6 个交易时段。该店铺的会员共有五个等级，分别为初级会员、铜卡会员、银卡会员、金卡会员、钻石卡会员。促销方式包括特价促销、限量促销、单品立减、会员专享价、节日促销、第二件半价、原价、店铺周年庆。消费等级是根据样本数据中的 5904 名网络消费者在 3 个月内购买纸巾的总金额的上四分位数、中位数以及下四分位数分成四个等级；基准效用函数中所有的变量均为分类变量，其详细信息见表 11-7。

表 11-7　变量的详细信息表

变量	百分比/%	变量	百分比/%
交易时段		会员等级	
早晨(06：00~09：00)	2.02	初级	0.93
上午(09：00~12：00)	19.31	铜卡	1.66
正午(12：00~15：00)	18.26	银卡	39.40
下午(15：00~18：00)	21.56	金卡	28.96
傍晚(18：00~21：00)	31.11	钻石卡	29.05
深夜(21：00~24：00)	7.74	是否周末	
是否节日		是	32.69
是	24.68	否	67.31
否	75.32	促销方式	
是否咨询客服		原价	17.26
是	85.72	特价促销	0.41
否	14.28	限量促销	0.55
消费等级		单品立减	4.09
1	25.00	节日促销	33.94
2	25.46	会员专享价	34.52
3	24.56	第二件半价	2.26
4	24.98	店铺周年庆	6.97

六、模型应用

由于 γ_k 和 α_k 都是消费者饱和效应的相关参数，且共同决定描述无差异曲线角点处斜率，Bhat(2005)和 Bhat(2008)在研究中指出同时对它们进行估计是十分困难的，并建议将一个参数设置为固定值，对另一个参数进行估计即可。[70,103]因此，得到两种形式的网络消费者多品牌选择模型，一是将模型中所有商品的 γ_k 值设置为 1，得到 α 型模型，此时消费者 i 的效用函数式可以写成：

$$U(X_i) = \sum_{k=1}^{K} \frac{1}{\alpha_k} \exp(\beta'_k z_k + \varepsilon_k)((x_{ik} + 1)^{\alpha_k} - 1) \tag{11-29}$$

则消费者 i 在 K 个品牌中购买 M 个品牌商品的概率可以写成：

$$P(x_1^*, x_2^*, \cdots, x_m^*, 0, \cdots, 0) = \frac{1}{p_1} \frac{1}{\sigma^{M-1}} (\prod_{m=1}^{M} f_m) \left(\sum_{m=1}^{M} \frac{p_m}{f_m} \right) \left(\frac{\prod_{m=1}^{M} e^{\frac{V_m}{\sigma}}}{\left(\sum_{k=1}^{K} e^{\frac{V_k}{\sigma}} \right)^M} \right) (M-1)! \tag{11-30}$$

其中，$f_m = \left(\frac{1-\alpha_m}{x_m^*} \right)$，$V_m$ 和 V_k 形如式(11-25)所示。

二是将模型中所有商品的 α_k 值设置为 0，得到 γ 型模型，此时消费者 i 的效用函数式为：

$$\begin{aligned} \lim_{\alpha_k \to 0} U(X_i) &= \lim_{\alpha_k \to 0} \sum_{k=1}^{K} \frac{\gamma_k}{\alpha_k} \exp(\beta'_k z_k + \varepsilon_k) \left(\left(\frac{x_{ik}}{\gamma_k} + 1 \right)^{\alpha_k} - 1 \right) \\ &= \lim_{\alpha_k \to 0} \sum_{k=1}^{K} \frac{\gamma_k \exp(\beta'_k z_k + \varepsilon_k)\ (e^{\alpha_k \ln\left(\frac{x_{ik}}{\gamma_k}+1\right)} - 1)}{\alpha_k} \\ &= \lim_{\alpha_k \to 0} \sum_{k=1}^{K} \gamma_k \exp(\beta'_k z_k + \varepsilon_k) e^{\alpha_k \ln\left(\frac{x_{ik}}{\gamma_k}+1\right)} \ln\left(\frac{x_{ik}}{\gamma_k} + 1 \right) \\ &= \sum_{k=1}^{K} \gamma_k \exp(\beta'_k z_k + \varepsilon_k) \ln\left(\frac{x_{ik}}{\gamma_k} + 1 \right) \end{aligned} \tag{11-31}$$

即 γ 型网络消费者多品牌决策模型的消费者 i 效用函数可以写成：

$$U(X_i) = \sum_{k=1}^{K} \gamma_k \exp(\beta'_k z_k + \varepsilon_k) \ln\left(\frac{x_{ik}}{\gamma_k} + 1 \right) \tag{11-32}$$

则消费者 i 在 K 个品牌中购买 M 个品牌商品的概率可以写成：

$$P(x_1^*, x_2^*, \cdots, x_m^*, 0, \cdots, 0) = \frac{1}{p_1} \frac{1}{\sigma^{M-1}} (\prod_{m=1}^{M} f_m) \left(\sum_{m=1}^{M} \frac{p_m}{f_m} \right) \left(\frac{\prod_{m=1}^{M} e^{\frac{V_i}{\sigma}}}{\left(\sum_{k=1}^{K} e^{\frac{V_k}{\sigma}} \right)^M} \right) (M-1)! \tag{11-33}$$

其中，$f_m=\left(\frac{1}{x_m^*+\gamma_m}\right)$，$V_m$ 和 V_k 形如式(11-26)所示。

按照 2∶1 的比例将样本数据随机划分为训练集、测试集两个部分，利用包含 3936 名消费者数据的训练集对 γ 型模型[①]进行估计，并利用模型估计结果对测试集中 1968 名消费者的多品牌纸巾选择进行预测。

（一）模型估计

在 γ 型模型估计中包括基准效用的变量系数 β_k 和饱和参数 γ_k。基准效用指的是某品牌类型纸巾在零消费点的边际效用。每种品牌类型纸巾的基准效用包括一组属性，用以估计它们对消费者选择纸巾偏好的影响。研究将购买人数最多的心相印卷纸（即商品编号为 6 的纸巾）设为消费者的基础选择品进行模型估计。

（1）纸巾品牌分析。

在 γ 型模型估计中，洁柔纸巾、心相印纸巾、清风和维达纸巾的基准效用中，变量系数 β_k 的估计结果分别见表 11-8～表 11-10。

表 11-8　洁柔纸巾的估计结果信息表

	洁柔卷纸			洁柔抽纸			洁柔手帕纸		
	系数	T 值	p 值	系数	T 值	p 值	系数	T 值	p 值
消费等级	-0.013	-1.055	0.291	0.021	2.384	0.017	-0.036	-5.522	0.000
是否周末	0.060	5.219	0.000	0.143	9.687	0.000	0.366	15.950	0.000
是否节假日	0.092	4.924	0.000	0.137	12.630	0.000	0.309	20.440	0.000
会员等级	0.010	1.705	0.088	0.002	0.423	0.673	-0.007	-0.953	0.341
交易时段	0.003	0.777	0.437	0.001	0.227	0.820	-0.006	-1.129	0.259
是否咨询客服	-0.012	-0.874	0.382	0.001	0.018	0.986	0.045	2.629	0.009
特价促销				0.787	12.130	0.000	-0.352	-6.184	0.000
单品立减	0.791	12.570	0.000	0.461	8.830	0.000	-0.187	-2.765	0.006
节日促销	0.880	14.690	0.000	0.625	12.640	0.000	-0.106	-2.060	0.039
会员专享价	1.063	17.550	0.000	0.639	12.990	0.000	-0.234	-4.705	0.000

① 使用编写的代码对这两种模型进行估计时，只需设定不同的 α 值和 γ 值即可，在研究过程中对两种类型的模型都进行了模型估计和模型预测，发现两种类模型的估计结果得到的结论相似，但 α 型模型的预测准确率略低于 γ 型模型，故只对 γ 型模型的相关应用进行了阐述。

续表

	洁柔卷纸			洁柔抽纸			洁柔手帕纸		
	系数	T 值	p 值	系数	T 值	p 值	系数	T 值	p 值
第二件半价				1. 156	13. 800	0. 000	0. 241	3. 371	0. 001
原价	0. 590	9. 908	0. 000	0. 749	15. 500	0. 000	-0. 066	-1. 321	0. 187
店铺周年庆	1. 073	16. 870	0. 000	0. 617	11. 690	0. 000	-0. 019	-0. 360	0. 719

从表 11-8 可以看出，消费等级对网络消费者在洁柔卷纸选择上的影响不显著($p=0.291$)，对洁柔抽纸选择的影响在 0. 05 显著性水平上显著($p=0.017$)，对洁柔手帕纸选择的影响在 0. 001 显著性水平上显著；是否周末、是否节假日对消费者在洁柔纸巾选择上的影响均在 0. 001 显著性水平上显著；会员等级对消费者在洁柔纸巾选择上的影响均不显著($p=0.088$，$p=0.673$，$p=0.259$)；交易时段对消费者在洁柔纸巾选择上的影响均不显著 $p=0.437$，$p=0.820$，$p=0.259$)；是否咨询客服对消费者在洁柔卷纸和洁柔抽纸选择上的影响不显著($p=0.382$，$p=0.986$)，而对洁柔手帕纸选择的影响在 0. 01 显著性水平上显著($p=0.009$)；特价促销、第二件半价对消费者在洁柔抽纸、洁柔手帕纸选择上的影响在 0. 001 显著性水平上显著；单品立减对消费者在洁柔卷纸和洁柔抽纸选择上的影响在 0. 001 显著性水平上显著，对洁柔手帕纸选择上的影响在 0. 01 显著性水平上显著($p=0.006$)；节日促销对消费者在洁柔卷纸和洁柔抽纸选择上的影响在 0. 001 显著性水平上显著，对洁柔手帕纸选择的影响在 0. 05 显著性水平上显著($p=0.039$)；原价、店铺周年庆对消费者在洁柔卷纸和洁柔抽纸选择上的影响在 0. 001 显著性水平上显著，但在洁柔手帕纸选择上的影响不显著($p=0.187$，$p=0.719$)。

表 11-9　心相印纸巾的估计结果信息表

	心相印抽纸			心相印手帕纸			心相印湿巾		
	系数	T 值	p 值	系数	T 值	p 值	系数	T 值	p 值
消费等级	0. 011	1. 779	0. 075	-0. 045	-8. 954	0. 000	-0. 031	-6. 617	0. 000
是否周末	0. 092	7. 354	0. 000	0. 317	19. 830	0. 000	0. 351	19. 080	0. 000
是否节假日	0. 096	10. 550	0. 000	0. 318	26. 210	0. 000	0. 345	28. 220	0. 000
会员等级	0. 007	1. 446	0. 148	0. 013	2. 437	0. 015	0. 011	2. 125	0. 034

续表

	心相印抽纸			心相印手帕纸			心相印湿巾		
	系数	T 值	p 值	系数	T 值	p 值	系数	T 值	p 值
交易时段	0.001	0.305	0.761	0.003	0.879	0.380	0.007	1.907	0.056
是否咨询客服	0.026	2.265	0.023	0.024	1.719	0.086	0.016	1.182	0.237
单品立减	0.460	10.300	0.000	-1.558	-33.490	0.000	-1.062	-22.790	0.000
节日促销	0.510	12.980	0.000	-1.305	-33.150	0.000	-0.890	-21.930	0.000
会员专享价	0.463	11.750	0.000	-1.336	-33.030	0.000	-0.731	-18.140	0.000
第二件半价	0.766	16.430	0.000	-1.038	-25.540	0.000	-0.593	-13.910	0.000
原价	0.427	11.190	0.000	-1.289	-32.990	0.000	-0.827	-21.130	0.000
店铺周年庆	0.452	10.890	0.000	-1.374	-29.710	0.000	-0.966	-22.420	0.000

从表 11-9 可以看出，消费等级对消费者在心相印抽纸选择上的影响不显著($p=0.075$)，对心相印手帕纸和心相印湿巾选择上的影响在 0.001 显著性水平上显著；是否周末、是否节假日对消费者在心相印纸巾选择上的影响均在 0.001 显著性水平上显著；会员等级对消费者在心相印抽纸选择上的影响不显著($p=0.148$)，在心相印手帕纸和心相印湿巾选择上的影响在 0.05 显著性水平上显著($p=0.015$，$p=0.034$)；交易时段对消费者在心相印纸巾选择上的影响不显著($p=0.761$，$p=0.380$，$p=0.056$)；是否咨询客服对消费者在心相印抽纸选择上的影响在 0.05 显著性水平上显著($p=0.023$)，在心相印手帕纸和心相印湿巾选择上的影响不显著($p=0.086$，$p=0.237$)；单品立减、节日促销、会员专享价、第二件半价、原价和店铺周年庆对消费者在心相印纸巾选择上的影响均在 0.001 显著性水平上显著。

表 11-10　清风和维达纸巾的参数估计结果信息表

	清风卷纸			清风抽纸			维达卷纸		
	系数	T 值	p 值	系数	T 值	p 值	系数	T 值	p 值
消费等级	0.016	1.531	0.126	-0.001	-0.008	0.993	0.002	0.135	0.893
是否周末	0.153	8.815	0.000	0.186	10.300	0.000	0.123	6.117	0.000
是否节假日	0.120	9.743	0.000	0.193	13.030	0.000	0.089	5.562	0.000
会员等级	0.010	1.631	0.103	0.008	1.140	0.254	0.016	2.423	0.015
交易时段	0.004	1.048	0.294	0.007	1.458	0.145	0.005	1.176	0.240
是否咨询客服	0.030	2.134	0.033	0.021	1.308	0.191	0.020	1.191	0.234

续表

	清风卷纸			清风抽纸			维达卷纸		
	系数	T值	p值	系数	T值	p值	系数	T值	p值
特价促销	0.322	5.115	0.000						
限量促销	0.169	3.054	0.002	-0.505	-5.558	0.000			
单品立减	0.169	13.780	0.000	-0.114	-1.961	0.050	0.590	7.499	0.000
节日促销	0.781	9.738	0.000	0.122	2.263	0.024	0.682	10.120	0.000
会员专享价	0.530	9.687	0.000	-0.130	-2.452	0.014	0.639	9.403	0.000
第二件半价	1.013	0.135	0.893	0.566	7.324	0.000			
原价	0.594	11.070	0.000	0.043	0.831	0.406	0.455	6.896	0.000
店铺周年庆	0.776	9.773	0.000	0.131	2.355	0.019	0.736	10.780	0.000

从表 11-10 可以看出，消费等级对消费者在清风卷纸选择上的影响不显著($p=0.126$)，在清风抽纸选择上的影响不显著($p=0.993$)，在维达卷纸选择上的影响不显著($p=0.893$)；是否周末、是否节假日对消费者在清风和维达纸巾选择上的影响均在 0.001 显著性水平上显著；会员等级对消费者在清风卷纸选择上的影响不显著($p=0.103$)，在清风抽纸选择上的影响不显著($p=0.254$)，在维达卷纸选择上的影响在 0.05 显著性水平上显著($p=0.015$)；交易时段对消费者在清风卷纸选择上的影响不显著($p=0.294$)，在清风抽纸选择上的影响不显著($p=0.145$)，在维达卷纸选择上的影响不显著($p=0.240$)；是否咨询客服对消费者在清风卷纸选择上的影响在 0.05 显著性水平上显著($p=0.033$)，在清风抽纸选择上的影响不显著($p=0.191$)，在维达卷纸选择上的影响不显著($p=0.234$)；单品立减对消费者在清风卷纸和维达卷纸选择上的影响均在 0.001 显著性水平上显著，而在清风抽纸选择上的影响在 0.05 显著性水平上显著($p=0.050$)；节日促销对消费者在清风卷纸和维达卷纸选择上的影响均在 0.001 显著性水平上显著，而在清风抽纸选择上的影响在 0.05 显著性水平上显著($p=0.024$)；会员专享价对消费者在清风卷纸和维达卷纸选择上的影响均在 0.001 显著性水平上显著，而在清风抽纸选择上的影响在 0.05 显著性水平上显著($p=0.014$)；店铺周年庆对消费者在清风卷纸和维达卷纸选择上的影响均在 0.001 显著性水平上显著，而在清风抽纸选择上的影响在 0.05 显著性水平

上显著(p=0.019)；第二件半价对消费者在清风卷纸选择上的影响不显著(p=0.893)，在清风抽纸选择上的影响在 0.001 显著性水平上显著；原价对消费者在清风卷纸和维达卷纸选择上的影响在 0.001 显著性水平上显著，在清风抽纸选择上的影响不显著(p=0.406)。

(2)纸巾种类分析。

消费者在购买纸巾时不仅要选择纸巾的品牌，也要选择纸巾的种类。因此，从纸巾种类的角度看，卷纸、抽纸、手帕纸及湿巾的模型估计结果具体分别见表 11-11~表 11-13。

表 11-11 卷纸的估计结果信息表

	洁柔			清风			维达		
	系数	*T* 值	*p* 值	系数	*T* 值	*p* 值	系数	*T* 值	*p* 值
消费等级	-0.013	-1.055	0.291	0.016	1.531	0.126	0.002	0.135	0.893
是否周末	0.060	5.219	0.000	0.153	8.815	0.000	0.123	6.117	0.000
是否节假日	0.092	4.924	0.000	0.120	9.743	0.000	0.089	5.562	0.000
会员等级	0.010	1.705	0.088	0.010	1.631	0.103	0.016	2.423	0.015
交易时段	0.003	0.777	0.437	0.004	1.048	0.294	0.005	1.176	0.240
是否咨询客服	-0.012	-0.874	0.382	0.030	2.134	0.033	0.020	1.191	0.234
特价促销				0.322	5.115	0.000			
限量促销				0.169	3.054	0.002			
单品立减	0.791	12.570	0.000	0.169	13.780	0.000	0.590	7.499	0.000
节日促销	0.880	14.690	0.000	0.781	9.738	0.000	0.682	10.120	0.000
会员专享价	1.063	17.550	0.000	0.530	9.687	0.000	0.639	9.403	0.000
第二件半价				1.013	0.135	0.893			
原价	0.590	9.908	0.000	0.594	11.070	0.000	0.455	6.896	0.000
店铺周年庆	1.073	16.870	0.000	0.776	9.773	0.000	0.736	10.780	0.000

从表 11-11 可以看出，消费等级对消费者在卷纸选择上的影响不显著(p=0.291，p=0.126，p=0.893)；交易时段对消费者在卷纸选择上的影响不显著(p=0.437，p=0.294，p=0.240)；是否周末、是否节假日对消费者在卷纸选择上的影响在 0.001 显著性水平上显著；会员等级对消费者在洁柔和清风两个品牌的卷纸选择上的影响不显著(p=0.088，p=0.103)，在维达卷纸选择上的影响在 0.05 显著性水平上显著(p=0.015)；是否咨询

客服对消费者在洁柔和维达卷纸选择上的影响不显著($p=0.382$，$p=0.234$)，对消费者在清风卷纸选择上的影响在0.05显著性水平上显著($p=0.033$)；特价促销、单品立减、节日促销、会员专享价、原价、店铺周年庆对消费者在卷纸选择上的影响均在0.001显著性水平上显著；限量促销的影响则是在0.01显著性水平上显著($p=0.002$)；而第二件半价的影响不显著($p=0.893$)。

表11-12 抽纸的估计结果信息表

	心相印			清风			洁柔		
	系数	*T*值	*p*值	系数	*T*值	*p*值	系数	*T*值	*p*值
消费等级	0.011	1.779	0.075	-0.001	-0.008	0.993	0.021	2.384	0.017
是否周末	0.092	7.354	0.000	0.186	10.300	0.000	0.143	9.687	0.000
是否节假日	0.096	10.550	0.000	0.193	13.030	0.000	0.137	12.630	0.000
会员等级	0.007	1.446	0.148	0.008	1.140	0.254	0.002	0.423	0.673
交易时段	0.001	0.305	0.761	0.007	1.458	0.145	0.001	0.227	0.820
是否咨询客服	0.026	2.265	0.023	0.021	1.308	0.191	0.001	0.018	0.986
特价促销							0.787	12.130	0.000
限量促销				-0.505	-5.558	0.000			
单品立减	0.460	10.300	0.000	-0.114	-1.961	0.050	0.461	8.830	0.000
节日促销	0.510	12.980	0.000	0.122	2.263	0.024	0.625	12.640	0.000
会员专享价	0.463	11.750	0.000	-0.130	-2.452	0.014	0.639	12.990	0.000
第二件半价	0.766	16.430	0.000	0.566	7.324	0.000	1.156	13.800	0.000
原价	0.427	11.190	0.000	0.043	0.831	0.406	0.749	15.500	0.000
店铺周年庆	0.452	10.890	0.000	0.131	2.355	0.019	0.617	11.690	0.000

从表11-12可以看出，消费等级对消费者在心相印和清风两个品牌的抽纸选择上的影响不显著($p=0.075$，$p=0.993$)，在洁柔抽纸选择上的影响在0.05显著性水平上显著($p=0.017$)；是否周末、是否节假日对消费者在卷纸选择上的影响在0.001显著性水平上显著；会员等级对消费者在卷纸选择上的影响不显著($p=0.148$，$p=0.254$，$p=0.673$)；交易时段对消费者在卷纸选择上的影响不显著($p=0.761$，$p=0.145$，$p=0.820$)；是否咨询客服对消费者在心相印抽纸选择上的影响在0.05显著性水平上显著($p=0.023$)，而在清风和洁柔抽纸选择上的影响不显著($p=0.191$，$p=$

0.986）；特价促销、限量促销、第二件半价对消费者在抽纸选择上的影响在0.001显著性水平上显著；单品立减、节日促销、会员专享价、店铺周年庆对消费者在心相印和洁柔抽纸选择上的影响在0.001显著性水平上显著，而在清风纸巾选择上的影响是在0.05的显著性水平上显著（$p=0.050$，$p=0.024$，$p=0.14$，$p=0.019$）；原价对消费者在心相印和洁柔抽纸选择上的影响在0.001显著性水平上显著，在清风纸巾选择上的影响不显著（$p=0.406$）。

表 11-13　手帕纸和湿巾的估计结果信息表

	洁柔手帕纸			心相印手帕纸			心相印湿巾		
	系数	*T* 值	*p* 值	系数	*T* 值	*p* 值	系数	*T* 值	*p* 值
消费等级	-0.036	-5.522	0.000	-0.045	-8.954	0.000	-0.031	-6.617	0.000
是否周末	0.366	15.950	0.000	0.317	19.830	0.000	0.351	19.080	0.000
是否节假日	0.309	20.440	0.000	0.318	26.210	0.000	0.345	28.220	0.000
会员等级	-0.007	-0.953	0.341	0.013	2.437	0.015	0.011	2.125	0.034
交易时段	-0.006	-1.129	0.259	0.003	0.879	0.380	0.007	1.907	0.056
是否咨询客服	0.045	2.629	0.009	0.024	1.719	0.086	0.016	1.182	0.237
特价促销	-0.352	-6.184	0.000						
单品立减	-0.187	-2.765	0.006	-1.558	-33.490	0.000	-1.062	-22.790	0.000
节日促销	-0.106	-2.060	0.039	-1.305	-33.150	0.000	-0.890	-21.930	0.000
会员专享价	-0.234	-4.705	0.000	-1.336	-33.030	0.000	-0.731	-18.140	0.000
第二件半价	0.241	3.371	0.001	-1.038	-25.540	0.000	-0.593	-13.910	0.000
原价	-0.066	-1.321	0.187	-1.289	-32.990	0.000	-0.827	-21.130	0.000
店铺周年庆	-0.019	-0.360	0.719	-1.374	-29.710	0.000	-0.966	-22.420	0.000

从表11-13可以看出，消费等级、是否周末、是否节假日对消费者在手帕纸和湿巾选择上的影响在0.001显著性水平上显著；会员等级对消费者在洁柔手帕纸选择上的影响不显著（$p=0.341$），在心相印手帕纸和湿巾选择上的影响在0.05显著性水平上显著（$p=0.015$，$p=0.034$）；交易时段对消费者在手帕纸和湿巾选择上的影响不显著（$p=0.259$，$p=0.380$，$p=0.056$）；是否咨询客服对消费者在心相印手帕纸和湿巾选择上的影响不显著（$p=0.086$，$p=0.237$），在洁柔手帕纸选择上的影响在0.01的显著性水平上显著（$p=0.009$）；特价促销、会员专享价、第二件半价对消费者在手帕纸和湿巾选择上的影响在0.001显著性水平上显著；单品立减对消费者

在心相印手帕纸和湿巾选择上的影响在 0.001 显著性水平上显著，在洁柔手帕纸选择上的影响在 0.01 显著性水平上显著($p=0.006$)；原价和店铺周年庆对消费者在心相印手帕纸和湿巾选择上的影响在 0.001 显著性水平上显著，在洁柔手帕纸选择上的影响不显著($p=0.187$，$p=0.719$)。

从整体上看，是否周末、是否节假日以及不同促销方式是消费者对纸巾多品牌选择的主要影响因素，消费等级、会员等级以及是否咨询客服也会对消费者的纸巾选择有一定的影响，而交易时段不影响消费者纸巾选择。从纸巾品牌上看，所有促销方式对消费者在心相印和维达的纸巾选择上均有显著影响；原价和店铺周年庆对消费者在洁柔纸巾的选择上只是部分影响，剩余的促销方式是显著影响；第二件半价和原价对消费者在清风纸巾的选择上也是部分影响，剩余的促销方式为显著影响。从纸巾类别上看，原价对消费者在抽纸的选择上部分影响，其余促销方式显著影响；第二件半价对消费者在卷纸选择上的影响不显著，其余促销方式影响显著；原价和店铺周年庆对消费者在手帕纸选择上部分影响，而其他促销方式显著影响；所有促销方式对消费者在湿巾选择上的影响显著。

(3)纸巾的饱和参数分析。

饱和参数 γ_k 决定着消费者购买品牌种类纸巾的饱食效应，数值越大就意味着消费者购买该品牌种类纸巾所获得的满足感越强，就越愿意购买。在模型估计中，对 10 种商品的饱和参数 γ_k 的估计结果详见表 11-14。

表 11-14　γ 型模型的饱和参数估计结果详细表

商品	饱和参数 γ_k	T 值	p 值
洁柔卷纸	5.490	22.030	0.000
洁柔抽纸	9.753	19.650	0.000
洁柔手帕纸	7.081	14.800	0.000
清风卷纸	12.430	31.110	0.000
清风抽纸	10.050	18.880	0.000
心相印卷纸	18.120	31.570	0.000
心相印抽纸	20.800	21.710	0.000
心相印手帕纸	11.380	21.680	0.000
心相印湿巾	11.520	21.490	0.000
维达卷纸	6.196	17.840	0.000

从表 11-14 可以看出，心相印抽纸的饱和参数最大，洁柔卷纸的饱和参数最小。也就是说，心相印的抽纸在层数、张数、包数及价格上均达到消费者需求，就是通常说的性价比高，因此很多消费者愿意购买此商品。剩余 8 个产品的饱和参数从大至小依次为心相印卷纸、清风卷纸、心相印湿巾、心相印手帕纸、清风抽纸、洁柔抽纸、洁柔手帕纸、维达卷纸。从品牌来说，可以看出消费者更倾向于购买心相印的纸巾，这是由于心相印的定价较低，作为日耗品，消费者更倾向于购买价格相对较低的品牌。从纸巾类别来说，卷纸和抽纸颇受消费者喜欢，这可能是由于这两种类型的纸巾使用的场合多、范围广等特点所致。

（二）模型预测

使用模型估计得到的系数，利用 R3. 5. 2 对测试集中 1968 名消费者多品牌纸巾选择进行预测，并将预测结果与消费者实际选择的结果进行比较分析。通过准确率和 RMSE 值两个指标对模型进行评价。由于在模型预测时加入随机数，即随机数代表不可观测的部分，使得预测结果中消费者选择的商品数量基本含有小数点，因此，准确率指的是预测结果中选择的纸巾品牌种类与实际数据中吻合的消费者人数占总消费者人数的比率。研究中模型预测的准确率为 69. 46%，RMSE 值为 6. 78。从整体上看，网络消费者 10 种纸巾商品选择比例的预测结果与实际消费值的对比信息详细见表 11-15。

表 11-15　消费者纸巾选择的模型预测结果与实际消费值对比表

商品编号	1	2	3	4	5
实际消费	14. 18%	16. 01%	9. 04%	13. 97%	9. 56%
预测结果	12. 25%	13. 31%	7. 83%	11. 28%	8. 64%
差值	1. 93%	2. 70%	1. 21%	2. 69%	0. 92%
商品编号	6	7	8	9	10
实际消费	41. 72%	35. 72%	17. 89%	17. 23%	10. 77%
预测结果	35. 67%	30. 95%	15. 29%	14. 33%	9. 35%
差值	6. 05%	4. 77%	2. 60%	2. 90%	1. 42%

从表 11-15 可以看出，商品 6 即心相印卷纸的销量最高，而最小的是商品 3 即洁柔手帕纸。虽然预测结果大部分低于实际消费比率，但是预测

结果与实际消费的趋势一致，可以证明 γ 型网络消费者多品牌决策模型对消费者多品牌选择的预测效果不错。γ 型网络消费者多品牌决策模型属于离散—连续选择模型，既能预测消费者选择哪几种产品，还能预测消费者每种产品的消费量。从模型预测结果可以看出，γ 型网络消费者多品牌决策模型在离散值上的预测效果不错，但是连续值上的预测含有小数，这部分预测效果有待改进。

对纸巾品牌分析，品牌的销售量从高到低排序为：心相印、洁柔、清风、维达。模型预测结果显示，网络消费者纸巾的多品牌决策行为与纸巾品牌是否促销密切相关，详细如图 11-1 所示。

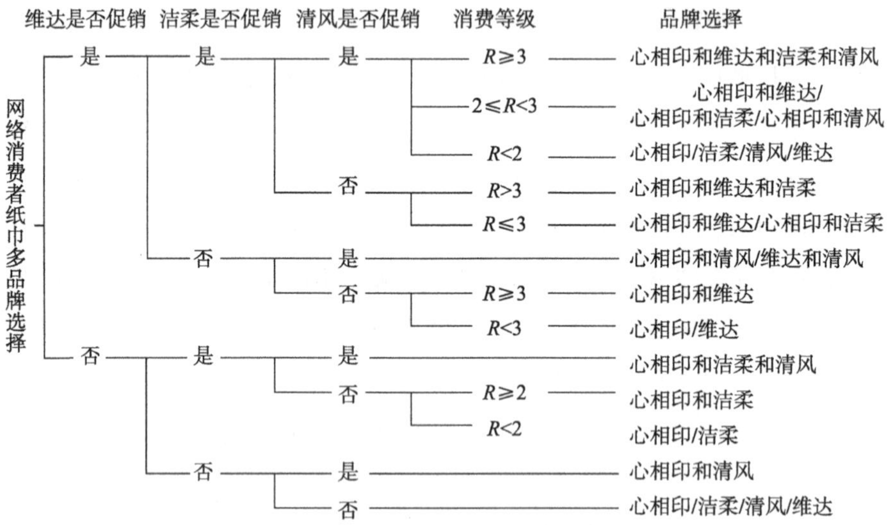

图 11-1　网络消费者纸巾多品牌选择行为图

从图 11-1 可以看出，当洁柔、清风和维达三个品牌的纸巾都在促销时，消费等级大于等于 3 的网络消费者会选择四个品牌的纸巾。当维达和洁柔的纸巾在促销且清风纸巾无任何促销时，消费等级大于 3 的网络消费者会选择心相印、维达和洁柔三个品牌的纸巾；而消费等级小于等于 3 的网络消费者，一部分选择心相印和维达两个品牌的纸巾，一部分选择心相印和洁柔两个品牌的纸巾。当维达和清风在促销且洁柔无促销时，一部分消费者选择心相印和清风两个品牌的纸巾，一部分消费者选择维达和清风两个品牌的纸巾。当洁柔和清风都不促销且维达促销时，消费等级大于等于 3 的网络消费者选择心相印和维达两个品牌的纸巾；而消费等级小于 3 的消费者一部分选择心相印的纸巾，一部分选择维达的纸巾。当洁柔和清风在促销且维达不促销时，网络消费者则会选择心相印、洁柔和清风三个品牌的纸巾。当维达和清风都不促销且洁柔促销时，消费等级大于等于 2 的网络消费者则会选择心相印和洁柔两个品牌的纸巾，而消费者等级小于 2 的消费者一部分选择洁柔的纸巾，一部分选择心相印的纸巾。当维达和洁柔都不促销且清风纸巾促销时，网络消费者选择心相印和清风两个品牌的纸巾。

从纸巾种类分析，网络消费者对卷纸的需求最大，其次是抽纸，湿巾随后，而手帕纸最小。模型预测结果显示，网络消费者的纸巾种类决策行为与纸巾种类是否促销密切相关，详细如图 11-2 所示。

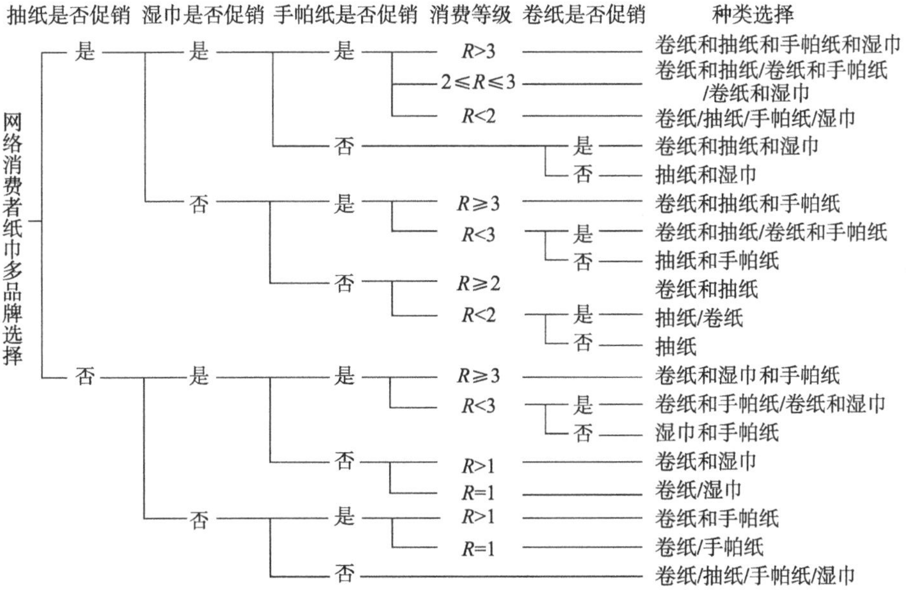

图 11-2　网络消费者纸巾种类选择行为图

消费者为满足多元化需求，不仅表现出多个品牌的购买行为，在纸巾种类上也表现出多种类需求。从图 11-2 可以看出，当抽纸、湿巾和手帕纸都在促销时，消费等级大于 3 的网络消费者选择卷纸、抽纸、手帕纸和湿巾四种类型的纸巾；消费等级大于等于 2 的网络消费者一部分选择卷纸和抽纸两类，一部分选择卷纸和手帕纸两类，一部分选择卷纸和湿巾两类。当手帕纸没有促销，抽纸、湿巾和卷纸都在促销时，网络消费者则选择抽纸、湿巾和卷纸三种类型的纸巾。当抽纸和湿巾在促销，且手帕纸和卷纸无促销时，网络消费者选择抽纸和湿巾两种类型的纸巾。当抽纸和手帕纸在促销，并且湿巾无促销时，消费等级大于等于 3 的网络消费者选择卷纸、抽纸和手帕纸三种类型的纸巾；消费等级小于 3 的消费者，在卷纸不促销时，选择抽纸和手帕纸；在卷纸促销时，一部分消费者选择抽纸和手帕纸，一部分选择卷纸和抽纸。当湿巾和手帕纸都没有促销时，并且抽纸在促销时，消费等级大于 2 的网络消费者选择卷纸和抽纸。当抽纸无促销，且湿巾和手帕纸促销时，消费等级大于等于 3 的网络消费者则会选择卷纸、湿巾和手帕纸三种类型的纸巾；而消费等级小于 3 的网络消费者，若卷纸在促销，一部分选择卷纸和手帕纸，一部分选择卷纸和湿巾；若卷纸无促销，则会选择湿巾和手帕纸。当只有湿巾促销时，消费等级大于 1 的网络消费者会选择卷纸和湿巾两种类型的纸巾。当只有手帕纸促销时，消费等级大于 1 的网络消费者会选择卷纸和手帕纸。

（三）结果分析

(1)购买时间与促销方式是网络消费者的纸巾多品牌决策行为的主要影响因素。其中购买时间可分为是否周末、是否节假日两种，促销方式有特价促销、限量促销、单品立减、节日促销、会员专享价、第二件半价和店铺周年庆七种。研究表明购买时间是否为周末和是否为节假日对网络消费者的纸巾多品牌决策行为有显著影响，通常来说，消费者在周末或节假日消费的可能性比工作日大。此外，从纸巾品牌上看，所有促销方式对消费者在心相印和维达的纸巾选择上均有显著影响；店铺周年庆对消费者洁柔纸巾的选择只是部分影响，剩余的促销方式都是显著影响；第二件半价对消费者清风纸巾的选择是部分影响，剩余的促销方式均为显著影响。从纸巾类别上看，所有促销方式对消费者抽纸和湿巾选择的影响显著；第二件半价对消费者卷纸选择的影响不显著，其余促销方式影响显著；店铺周年庆对消费者在手帕纸选择上部分影响，而其他促销方式显著影响。将促销方式与纸巾销量结合分析得到，使用节日促销和会员专享价这两种促销方式进行促销时，纸巾的销量高，且购买的网络消费者人数多，促销效果好，但是第二件半价的促销方式对网络消费者的吸引力并不够大。

(2)网络消费者的消费等级、会员等级、是否咨询客服对网络消费者的纸巾多品牌决策行为有一定影响，而交易时段没有影响。消费等级是根据消费者在该店铺购买的总金额划分的，会员等级则是消费者在该店铺购买的次数与总金额的综合表现，因此消费等级和会员等级可以看成是网络消费者收入的一种间接表现方式。纸巾作为日常必需品，与我们生活中的油米酱醋盐一样，虽然消费等级和会员等级都影响网络消费者纸巾多品牌决策行为，但是这种决策行为与其消费等级、会员等级呈现不完全正比关系。是否咨询客服对网络消费者纸巾的多品牌决策有一定的影响，在不确定的网络购物环境中，网络消费者对自己不确定的信息更愿意向店铺的客服人员进行咨询，通过咨询客服人员对该店铺品牌商品的信赖度更高，因此，咨询过客服的网络消费者信赖且倾向在该店铺购买商品。

(3)饱和参数估计结果显示，心相印抽纸的饱和参数最大，这就意味着心相印抽纸在层数、张数、包数及价格上达到大部分网络消费者的需求。从纸巾品牌来说，网络消费者更倾向于购买心相印的纸巾，这是由于心相印的定价较低，对日耗品而言，网络消费者更倾向于购买价格相对较低的品牌。模型预测结果显示，网络消费者的纸巾多品牌决策大部分是心相印与其他品牌的搭配。

(4)基于相关效用理论，网络消费者多品牌决策模型是以离散—连续选择模型为基础构建的，研究利用 γ 型网络消费者多品牌决策模型对纸巾多品牌决策进行预测，该模型既能预测离散值，也能预测连续值，即模型不仅能预测消费者选择哪几个品牌产品，而且能预测消费者对各品牌产品的购买量，模型对测试集中网络消费者的多品牌纸巾选择的准确率为 69.46%。

七、本章小结

基于离散—连续选择模型，以效用理论为基础，本章首先建立了网络消费者多品牌决策模型(Online Consumer Multi-Brand Decision model，OC-MBD)。其次，通过分析网络消费者在 X 日用专营店的购买多品牌的纸巾消费数据，对 OCMBD 模型进行参数估计，并利用模型参数估计的结果对消费者多个品牌纸巾选择行为作预测。研究发现：网络消费者对纸巾的多品牌决策行为的主要影响因素是购买时间以及促销方式。购买时间有是否周末、是否节假日；促销方式有特价促销、单品立减、限量促销、节日促销、第二件半价、会员专享价和店铺周年庆，其中会员专享价和节日促销这两种促销方式的效果较好，而第二件半价的促销方式对消费者的吸引力不够大。除此之外，消费等级、消费者的会员等级和购买前是否咨询客服对网络消费者的纸巾多品牌选择行为有一定的影响。最后，利用网络消费者多品牌决策模型，预测网络消费者的纸巾多品牌选择，预测的准确率为 69.46%。

第十二章　网络消费者多品牌选择模型构建

——基于互补产品组合效用视角

对于多品牌选择行为问题，从网络消费者的选择意识来说，可以分为两种情况：一是消费者被动选择多个品牌；二是消费者主动选择多个品牌。前者主要见于企业开展的一些组合营销活动，例如捆绑销售，“买一送一”，其中“送”的可能是另一个品牌的产品，同时对产品选择与品牌选择也没有严格区分，[4]相关的研究成果也常见于企业的产品组合定价和品牌促销研究中。对于消费者主动选择多品牌的情况，根据研究者对多品牌的理解不同，研究的侧重点稍有不同。目前关于多品牌选择的概念，学术界存在三种比较典型的观点。一种观点认为在一段时间内，消费者肯定不会只选择一种品牌的产品与服务，例如今天购买了海尔的洗衣机，一个月后购买了格力空调，海尔和格力属于两个不同的品牌，而洗衣机与空调属于功能不能替代的产品，因此消费者在这段时间内选择了多种品牌的产品与服务，而对于这类多品牌选择的问题就是把单一品牌选择问题进行简单叠加；[8]第二种观点认为，消费者有强烈的好奇心，喜欢追逐或者尝试另外的品牌产品与服务，因此可能这个时间购买了潘婷的洗发水，另外一个时间则购买了飘柔的洗发水，即消费者选择了多种品牌，这类问题的研究常在品牌忠诚度的研究或者动态品牌选择模型研究中谈及；第三种观点认为，多品牌是消费者在某个时间点上或者一段时间内购买多种品牌的产品与服务，这些产品有可能是同一类别的产品，也有可能是不同类别的产品与服务，对这样的多品牌选择问题不能简单采用传统的离散选择模型的解决方法来处理。[7]本章聚焦于第三种情况，针对互补产品的在线多品牌选择问题进行研究分析。

一、文献回顾

在经济学中，互补品是指两种必须组合在一起才可以满足消费者需求的商品。也可以理解为互补品是类似于生物学中共生的两种商品，例如汽车和汽油。当其中一种商品降价时，消费者对另一种商品的需求就会增加。关于互补品的研究，主要集中在互补品的定价以及产品发展战略两个领域。互补品定价的常见策略是将主打商品的价格定得较低，而对非主打的商品定价较高，这样有力地提升互补品这一商品组合的竞争力，弥补主打商品低价造成的损失，使商品组合实现更大的经济利益。曹洪和夏丽萍(2004)根据商品之间的关系，把捆绑定价细分成互补品、同质产品和不相关产品三种类型的捆绑定价，进一步分析了实施捆绑定价的条件以及定价策略如何影响企业的利润及消费者的福利。[233]郁婷(2008)对互补式信息产品的定价研究结果表明，企业之间信息共享有助于实现利润最大化，且互补式信息产品捆绑定价比非捆绑定价更有效率。[234]蒋传海和杨渭文(2011)对互补品市场的捆绑销售策略对产品定价、企业利润、社会福利的影响进行了研究，发现在互补品市场里采用捆绑销售的企业利润增加，采用独立销售的企业利润降低。[235]胡知能等(2012)认为在考虑价格策略与批量购买的消费行为下，免费商品的赠送对互补产品的扩散有促进作用。[236]

对于互补产品的发展战略研究，比较经典的是Porter(1985)的《竞争优势》，提出了互补品、捆绑式经营和交叉补贴的战略实施。高政利(2011)研究了功能互补、零售终端与联盟(连锁)集团范式，结果表明从关联性功能的互补产品特征的角度考虑，零售商通过商品零售终端进行战略联盟可以引导中小生产商通过战略联盟(连锁)集团组织范式参与市场竞争。[237]综上所述，目前对互补品的研究主要是从企业的利益角度出发，研究如何采用合理的定价策略或互补品发展战略使企业在市场竞争中获得更多的利润，从消费者的角度来研究互补产品选择问题的研究成果比较匮乏。本章的多品牌选择模型研究聚焦两点：一是针对网络消费者的多品牌选择行为，而不是传统的消费者；二是强调互补品的多品牌选择，这里的多品牌选择是一个时间点上或者固定一段时间内网络消费者选择多个品牌的产品与服务。

二、网络消费者的多品牌选择模型

（一）模型假设

消费者在进行单一品牌选择时，根据效用最大化原则，从多个品牌中选择对其效用最大的品牌。我们假设消费者在购买互补产品进行多品牌选择时，选择组合效用最大的几个品牌，其中品牌组合对消费者的效用可以由一系列可观测的属性变量构成的线性函数表示。此外，还需要对所研究的在线多品牌选择问题作以下模型假设。

(1)网络消费者在线下被调查时表现出的多品牌选择的意愿与其在真实的网络购物环境中进行多品牌选择的意愿一致。

(2)网络消费者在一次购物中或一段时间内选择互补商品时所作出的多品牌选择决策被视为同时作出的选择决策。

(3)被调查者对各品牌的产品进行评价与打分时是基于对该品牌的综合感知，例如比较质量时是在同等价位基础上进行的。

(4)品牌组合中品牌之间的相互影响作用体现在随机误差项 ε_j 中，且 ε_j 服从标准 Gumbel 分布。

（二）变量描述与研究假设

我们选用计算机和打印机两种互补产品作为研究对象，主要原因在于消费者在购买这两类产品时往往涉入程度较高，可尽量避免由于消费者冲动购买而引起的误差。由于消费者的品牌选择行为是各种影响因素相互影响和作用的结果，部分学者们会将影响因素分成外部与内部两类。随着营销手段和购物环境的变化，学者们认为跟营销有关的一系列因素也是影响消费者品牌选择的一类重要因素。[12]因此，研究的解释变量主要考虑来自品牌属性和营销属性两方面的因素，解释变量及其符号说明如下。

品牌属性方面包括各品牌产品的品牌质量 X_1、品牌性能 X_2、品牌声誉

X_3、品牌熟悉度 X_4 及品牌信任 X_5。

营销属性选择产品的销售价格 X_6、销量 X_7、售后服务 X_8 及在线评价 X_9。

被解释变量为消费者选择的品牌组合决策，对每一种组合决策进行编号，若消费者的选择情况共有 N 种，即 $y=1, 2, 3, \cdots, N$。因此提出研究假设 H1：

H1：网络消费者对品牌组合中各品牌的品牌属性（品牌质量 X_1、品牌性能 X_2、品牌声誉 X_3、品牌熟悉度 X_4 及品牌信任 X_5）和营销属性（销售价格 X_6、销量 X_7、售后服务 X_8 及在线评价 X_9）的综合评价对其在购买互补类产品时的多品牌选择行为具有显著影响。

（三）模型构建

根据品牌效用的函数表达式，品牌 a 对消费者的效用可表示为：

$$u_a = v_a + \varepsilon_a \tag{12-1}$$

其中，v_a 表示消费者感知的效用，其表达式为：

$$v_a = \beta_{a0} + \sum_{k=1} \beta_{ak} x_{ak} \tag{12-2}$$

ε_a 表示效用 u_a 的误差项，也叫随机效用项。

假设当消费者需要购买 A，B 两类互补品，在进行品牌决策时也是根据总效用最大化进行选择。采用组合决策的策略，将消费者的品牌选择结果看成是一个集合，即研究消费者从多个品牌集合中选择其中一个品牌组合的问题。如果对于消费者来说，A 类产品中有 m 个备选品牌，B 类产品中有 n 个备选品牌，则消费者的多品牌选择情况共有 $N=m\times n$ 种，如图 12-1 所示。消费者将品牌组合集 N 中效用最大的品牌组合作为最终的购买决策。Tvershy（1972）提及当消费者面临几个相关项的选择时，经常经历不确定性，如不一致性。[161] 他们通常不能确定应该选择哪一个。在近似的条件下，他们往往作出不一样的选择。Tvershy（1992）总结道：为了囊括观察到的不一致性以及不确定性，选择行为必须看作是一个概率过程。消费者在面临两个及以上的销售商动态定价产品的情况下，一个特定的消费者最终选择某销售商的产品与服务仅仅只能以某一概率的形式出现。[161] 因此，我们结合多项 Logit 模型，构建互补品的多品牌选择模型。

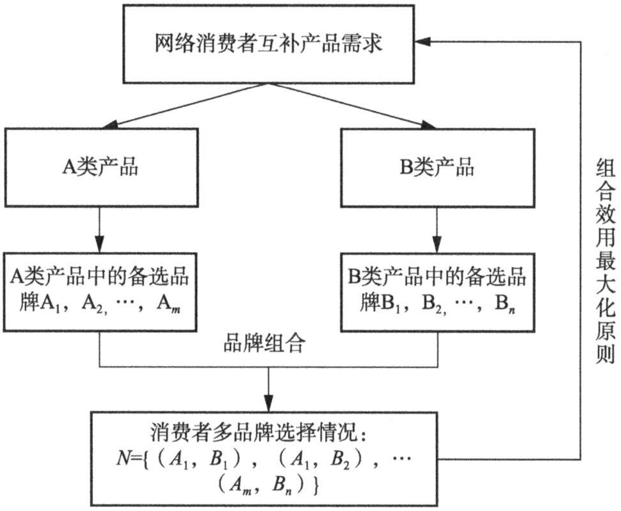

图 12-1 网络消费者互补产品多品牌选择流程图

若品牌组合 i 对消费者的效用为 U_i，则根据式(12-1)可得 U_i 的表达式为：

$$U_i = u_i + \varepsilon_i \tag{12-3}$$

假设品牌组合 i 的固有常数项为 β_{i0}，品牌组合中第 k 个可观测到的共有属性的效用权重为 β_{ik}，随机误差项为 ε_i，则结合式(12-2)得到品牌组合 i 对消费者的效用为：

$$U_i = \beta_{i0} + \sum_{k=1} \beta_{ik} x_{ik} + \varepsilon_i \tag{12-4}$$

式中，x_{ik} 为品牌组合中两类产品品牌的共有属性对消费者的价值变量，其表达式为：

$$x_{ik} = x_{ak} + x_{bk} \tag{12-5}$$

根据总效用最大原则，消费者从互补品牌组合选择集 N 中选择品牌组合 j 的条件是 $U_j > U_i$，且 $j \neq i$ 时，消费者选择互补品牌组合 j 的概率 $P(j)$ 的表达式为：

$$P(j) = (U_j > U_i,\ j,\ i \in \mathbf{N},\ 且\ j \neq i) \tag{12-6}$$

将式(12-3)和式(12-4)代入，即得：

$$P(j) = V_j + \varepsilon_j > V_i + \varepsilon_i \quad (j,\ i \in \mathbf{N},\ 且\ j \neq i)$$

$$=\varepsilon_i<V_j-V_i+\varepsilon_j \quad (j,\ i\in\mathbf{N},\ 且\ j\neq i)$$

假设 ε_j 服从标准 Gumbel 分布，那互补品牌组合 j 的概率 $P(j)$ 可以表示为：

$$P(j)=\frac{\exp(V_j)}{\sum_{j=1}^{J}\exp(V_j)}=\frac{e^{\beta_{j0}+\sum_{k=1}\beta_{jk}x_{jk}}}{1+\sum_{j=1}^{J}e^{\beta_{j0}+\sum_{k=1}\beta_{jk}x_{jk}}} \tag{12-7}$$

式(12-7)符合多项 Logit 模型的性质，再选定互补品牌组合$(A_m,\ B_n)$作为参照组，记为 J，则可以求得相对选择组合 J 而选择其他组合 j 的机会比的形式为：

$$\text{logit}(P_{j/J})=\ln\left[\frac{P(y=j\mid x)}{P(y=J\mid x)}\right]=\beta_{j0}+\sum_{k=1}\beta_{jk}x_{jk} \tag{12-8}$$

（四）参数估计

互补多品牌选择模型是以多项 Logit 模型为基础，故采用极大似然估计方法对模型进行参数估计，利用 SPSS20.0 对样本数据进行统计分析，估计各变量系数、系数的标准误及显著水平等。然后对 Logit 回归系数进行显著性检验。

三、模型应用

（一）数据来源

研究的数据来自《消费者在线购买互补产品的多品牌选择意向调查》问卷，调查对象主要由企事业单位职工及高校学生等可能经常使用计算机及打印机的群体组成。调查共发放 260 份问卷，回收 207 份，回收率为 79.6%，去除答案模糊不清、存在歧义及无网络购物经验的无效问卷后，最后收集有效问卷 186 份。问卷中选择三款常见的计算机品牌（联想、戴尔、华硕）和两款热销的打印机品牌（惠普、Epson）来调查消费者的购买倾向，针对各个需要测量的变量设计相应的题项，例如在测量消费者对各品牌产品的熟悉度评价时，设计题项：“我拥有与以下品牌产品相关的大量信息”，被调查者使用 10 级李克特量表进行打分（1 表示

“完全不同意”，10 表示“完全同意”）。测量消费者的品牌选择决策时，让消费者在两类产品中分别选择自己倾向购买的品牌，从而构成一个品牌组合。

根据收集的数据发现，被调查者的性别分布为男性占 52.4%，女性占 47.6%。年龄集中在 22～32 岁，占 72.8%，说明被调查者以年轻群体为主，符合我国网民群体的基本特征。从被调查者的购买倾向来看，各种互补产品品牌组合的选择情况见表 12-1。

表 12-1　PC 与打印机品牌组合购买倾向分布表

编号	品牌组合	调查倾向购买/人数	所占比例/%	编号	品牌组合	调查倾向购买/人数	所占比例/%
1	联想 pc/惠普 pr	50	26.9	4	联想 pc/Epson pr	25	13.4
2	戴尔 pc/惠普 pr	35	18.8	5	戴尔 pc/Epson pr	21	11.3
3	华硕 pc/惠普 pr	36	19.4	6	华硕 pc/Epson pr	19	10.2

从表 12-1 可以看出，选择购买联想 pc 和惠普打印机的人数最多，占 26.9%，而选择购买华硕 pc 和 Epson 打印机的人数最少，占 10.2%。

（二）结果分析

使用 SPSS20.0 对问卷的信度及效度进行检验，分别得到问卷的总体 Cronbach's Alpha 值为 0.792，KMO-Bartlett 检验结果为 0.766，说明数据具有较好的可靠性。由于研究将消费者多品牌选择视为品牌组合的选择，故将各变量纳入所建立的模型之前需要根据 $x_{ik}=x_{ak}+x_{bk}$ 对数据进行预处理，然后将属性的综合评价数据代入模型中，得到似然比检验结果见表 12-2。

表 12-2　互补产品多品牌选择模型似然比检验

效果	模型拟合标准		似然比检验	
	简化后的模型的-2倍对数似然值	卡方统计量	df	显著性
截距	363.009	181.167	5	0.000
X_1	227.749	45.907	5	0.000
X_2	224.021	42.179	5	0.000
X_3	200.171	15.329	5	0.001

续表

效果	模型拟合标准		似然比检验	
	简化后的模型的-2倍对数似然值	卡方统计量	df	显著性
X_4	231.985	50.197	5	0.000
X_5	191.416	9.574	5	0.088
X_6	207.039	25.197	5	0.000
X_7	209.816	27.974	5	0.000
X_8	230.318	48.476	5	0.000
X_9	237.871	50.029	5	0.000

从表 12-2 中可以看出，变量 X_5（品牌信任）的显著性水平大于 0.05（0.088），未能通过显著性检验。将变量 X_5 从模型中剔除后再将其他变量纳入模型中进行回归，此时所有的变量都通过了显著性检验，见表 12-3。品牌质量 X_1 和品牌熟悉度 X_4 表现得较为显著，而售后服务 X_8 及在线评价 X_9 比较显著，模型的 R^2 系数的值为 0.812，参数估计结果和分类效果检验结果分别见表 12-4和表 12-5。

表 12-3　互补产品多品牌选择模型似然比检验结果

效果	模型拟合标准		似然比检验	
	简化后的模型的-2倍对数似然值	卡方统计量	df	显著性
截距	375.881	188.048	5	0.000
X_1	232.974	45.141	5	0.000
X_2	228.225	40.392	5	0.000
X_3	217.332	29.500	5	0.001
X_4	241.107	53.274	5	0.000
X_6	207.288	19.455	5	0.002
X_7	216.410	28.577	5	0.000
X_8	233.119	45.286	5	0.000
X_9	245.228	57.395	5	0.000

表 12-4　互补产品多品牌选择模型参数估计结果

Y 效果[a]	B 之估计值	Wald	Y 效果[a]	B 之估计值	Wald
1 截距	-142.999	30.371	2 截距	-80.634	16.300
X_1	0.707	1.022	X_1	0.076	6.018
X_2	0.392	0.283	X_2	-0.600	5.699
X_3	0.785	4.128	X_3	-0.379	1.340
X_4	3.227	17.396	X_4	2.179	8.839
X_6	0.890	3.459	X_6	1.420	7.049
X_7	-1.058	3.539	X_7	-1.308	4.227
X_8	2.227	6.720	X_8	0.299	0.151
X_9	2.364	3.991	X_9	4.222	13.445

Y 效果[a]	B 之估计值	Wald	Y 效果[a]	B 之估计值	Wald	Y 效果[a]	B 之估计值	Wald
3 截距	-24.806	2.478	4 截距	-64.617	10.849	5 截距	24.592	2.340
X_1	-1.940	11.638	$X_1$0	0.016	4.352	X_1	-2.277	12.085
X_2	0.725	1.058	X_2	-1.443	3.701	X_2	0.585	0.442
X_3	-616.000	4.970	X_3	-0.352	0.269	X_3	-1.958	7.054
X_4	1.268	3.566	X_4	3.120	15.995	X_4	0.381	0.297
X_6	0.861	2.758	X_6	0.706	1.795	X_6	0.484	1.522
X_7	-2.033	10.534	X_7	-0.891	1.798	X_7	-2.499	12.311
X_8	0.688	0.855	X_8	-0.090	0.612	X_8	-0.323	0.136
X_9	3.179	8.119	X_9	3.520	9.655	X_9	4.087	11.852

根据模型参数估计的结果可知，构建的互补产品多品牌选择模型中主要包括质量、性能、品牌声誉、熟知度、价格、销量、售后服务及在线评价 8 个自变量。相对于选择第 6 个品牌组合(华硕笔记本和 Epson 打印机)，消费者选择其他 5 种组合的概率表达式分别为：

$$\text{logit}(P_{1/6}) = -142.960+0.707X_1+0.392X_2+0.785X_3+3.227X_4+0.890X_6 -1.058X_7+2.227X_8+2.364X_9$$

$$\text{logit}(P_{2/6}) = -80.634+0.076X_1-0.600X_2-0.379X_3+2.179X_4+1.420X_6 -1.308X_7+0.299X_8+4.222X_9$$

$$\text{logit}(P_{3/6}) = -24.806-1.940X_1+0.725X_2-0.616X_3+1.268X_4+0.861X_6 -2.033X_7+0.688X_8+3.179X_9$$

$$\text{logit}(P_{4/6}) = -64.617+0.016X_1-1.443X_2-0.352X_3+3.120X_4+0.706X_6$$

$$-0.891X_7-0.090X_8+3.520X_9$$

$$\text{logit}(P_{5/6})=24.592-2.277X_1+0.585X_2-1.958X_3+0.381X_4+0.484X_6 -2.499X_7-0.323X_8+4.087X_9$$

表 12-5 模型分类效果检验结果

观察值	预测值						
	1	2	3	4	5	6	百分比校正
1	45	4	0	1	0	0	90.0%
2	4	26	1	3	1	0	74.3%
3	3	1	27	3	1	1	75.0%
4	0	3	3	19	0	0	76.0%
5	0	1	2	0	17	1	81.0%
6	0	0	1	0	0	18	94.7%
概要百分比	28.0%	18.8%	18.3%	14.0%	10.2%	10.8%	81.7%

如表 12-5 所示，对于收集的 186 条样本数据，模型预测的总正确率达到 81.7%，说明构建的多品牌选择模型整体预测效果较好。利用该模型一方面可以挖掘不同的消费群体在进行网络购物时所表现的多品牌选择行为特征，另一方面，商家能够根据消费者对互补产品中各属性的期望值预测其品牌选择的行为倾向，制定更加有效的品牌营销策略，从而达到精准营销的效果。

四、结论与研究展望

本章主要针对消费者在线购买互补产品时选择多个品牌的情况进行建模和分析，在研究中通常采用结合多项 Logit 模型和组合决策的思想将消费者选择多类产品不同品牌的行为看成是一个组合选择的决策。首先，组合决策模型需要进一步考虑网络消费者的个人特征，发现消费者在购买互补产品时的多品牌选择行为是否在一定程度上受到消费者自身因素的影响，以剖析针对用户的特性挖掘用户与其多品牌选择行为之间的内在联系。其次，模型在利用组合决策思想时将各类产品品牌之间的影响归到随机误差项之中，需要进一步考虑品牌之间的联系给消费者多品牌选择行为所带来的影响。

五、本章小结

本章聚焦网络消费者在线多品牌选择行为，以互补品为研究对象，针对网络消费者购买互补产品时往往会选择多个品牌的情况，采用组合决策的思想构建在线多品牌选择模型，并以消费者在线购买笔记本和打印机为例进行应用研究。研究结果表明：消费者在线购买多个品牌产品时会受到品牌属性因素及营销因素的影响，其中品牌属性因素中质量和品牌熟悉度的影响比较显著，而营销因素中主要受到售后服务和在线评价的影响。所构建的在线网络消费者多品牌选择模型具有较好的准确性及适用性，模型预测的准确度达到81.7%。

参考文献

[1]中国互联网络信息中心．第45次中国互联网络发展状况统计报告[R]．2020.

[2]中华人民共和国商务部电子商务和信息化司．中国电子商务报告(2019)[R]．2020.

[3]GarciaI，SebastiaL，Onaindia E. On the design of individual and group recommender systems for tourism[J]．Expert Systems with Applications，2011，38(6)：7683-7692.

[4]刘枚莲，黎志成．面向电子商务消费者态度行为模型研究[J]．管理评论，2006(7)：72-76.

[5]刘枚莲，刘同存，吴伟平．基于网络消费者偏好预测的推荐算法研究[J]．图书情报工作，2012(4)：120-125.

[6]William O B，Michael J E. Reference group influence on product and brand purchase decisions[J]．Journal of Consumer Research，1982，9(9)：183-194.

[7]Gary J R，Wanger A K. Modeling multiple category brand preference with household basket data[J]．Journal of Retailing，1997，73(4)：439-461.

[8]George B. A model for multiple brand choice[J]．European Journal of Operational Research，2004，154：144-149.

[9]Wang X，Lin L. Prospects of brand choice behavior research from cognitive perspective [J]．International Conference on Applied Physics and Industrial Engineering，2012，24：1068-1072.

[10]Luce D. Individual choice behavior[M]．New York：John Wiley and

Sons, 1959.

[11]Selahattin G, Nurcan M, Ebru C. The brand choice model of wine consumers: A multinomial logit model[J]. Quality & Quantity, 2007, 41(3): 447-460.

[12]刘贤锋，刘枚莲，肖吉军，李慧．网络消费者品牌选择的模糊LOGIT模型研究[J]. 模糊系统与数学，2014，28(4)：171-179.

[13] Ajay K M. Mathematical models of brand choice behavior [J]. European Journal of Operational Research, 1995, 82(1): 1-17.

[14]Guadagni P M, Little J D C. A logit model of brand choice calibrated on scanner data[J]. Marketing Science, 1983, 2 (3): 203-238.

[15]杜蓉，胡奇英．消费者购买行为随机模型新进展[J]. 西安电子科技大学学报，2004(01)：110-114.

[16]杨升荣，陈洁．在线渠道下消费者品牌选择的行为机理[M]. 上海：三联书店，2010.

[17] Tucker W T. The development of brand loyalty [J]. Journal of Marketing research, 1964, 1(3): 32-35.

[18]Zeithaml V A. Service quality, profitability, and the economic worth of customers: What we know and what we need to learn [J]. Journal of the Academy of Marketing Science, 2000, 28(1): 67-85.

[19]Choong L H. The theory of reasoned action applied to brand loyalty[J]. Journal of Product & Brand Management, 1998, 7(1): 51-61.

[20] Mittal V, Ross W T, Baldasare P M. The asymmetric impact of negative and positive attribute-level performance on overall satisfaction and repurchase intentions[J]. Journal of Marketing, 1998, 62(1): 33-47.

[21]马明峰，陈春花．品牌信任、品牌可信度与品牌忠诚关系的实证研究[J]. 经济管理，2006(11)：55-58.

[22]赵靖媛，马鹏，卢政营．温泉旅游目的地形象、感知价值与游客忠诚度关系——以辽宁省汤岗子为例[J]. 企业经济，2013(3)：129-132.

[23]张建恩，苗维亚，杨晓放，等．品牌形象——品牌满意对品牌信任的影响机制分析：以诺基亚为例[J]. 管理学家，2010(11)：28-39.

[24]卢泰宏．中国消费者行为报告[M]．北京：中国社会科学出版社，2005.

[25]Jagdish N S，Banwari M. 消费者行为学：管理视角[M]．罗立彬，译．北京：机械工业出版社，2004.

[26]陈可，王媛，江明华．从品牌选择看品牌个性与生活方式的关系[J]．山西财经大学学报，2008(12)：48-52.

[27]陈文沛．生活方式、消费者创新性与新产品购买行为的关系[J]．经济管理，2011，33(02)：94-101.

[28]Degeratu A M，Rangaswamy A，Wu J. Consumer choice behavior in online and traditional supermarkets：The effects of brand name，price，and other search attributes [J]．International Journal of Research in Marketing，2000，17(1)：55-78.

[29]符国群，佟学英．品牌、价格和原产地如何影响消费者的购买选择[J]．管理科学学报，2003(6)：79-84.

[30]范志国，张平．社会化媒体环境下提升品牌认知的策略分析[J]．商业经济研究，2015(08)：65-66.

[31]薛永基，胡煜晗，白雪珊．自然游憩品牌游客认知、感知价值与品牌忠诚[J]．商业研究，2017(07)：1-8.

[32]Tülin E，Swait J，Louviere J. The impact of brand credibility on consumer price sensitivity [J]．International Journal of Research in Marketing，2002，19(1)：1-19.

[33]万广圣，晁钢令．消费者品牌信任研究述评与展望[J]．现代管理科学，2014(08)：42-44.

[34]赵占波，何志毅．中国消费者中外品牌偏好及关键影响因素实证研究[J]．财经论丛，2009(04)：90-95.

[35]陆娟．消费者品牌选择的影响因素——来自国外一系列实证研究的发现[J]．国际商务(对外经济贸易大学学报)，2002(06)：5-10.

[36]李卿云．媒体语境对消费者品牌选择影响的实证研究——基于恐惧管理理论的分析[D]．山东：山东大学，2011.

[37]巫月娥．网络正面口碑与品牌信任和重复购买意愿的关系研究

[J]. 南京邮电大学学报(社会科学版), 2015, 17(02): 90-98.

[38]陈洁, 谢文昕, 李博. 网络属性对消费者在线重购品牌选择行为影响研究[J]. 上海管理科学, 2011, 33(04): 81-89.

[39]Cao Y, Li Y. An intelligent fuzzy-based recommendation system for consumer electronic products[J]. Expert Systems with Applications, 2007, 33(1): 230-240.

[40]高全力, 高岭, 杨建锋, 等. 上下文感知推荐系统中基于用户认知行为的偏好获取方法[J]. 计算机学报, 2015, 38(09): 1767-1776.

[41]李金海, 何有世, 马云蕾. 基于领域本体的在线评论信息层次化挖掘[J]. 系统工程, 2016(10): 43-51.

[42]Zhou F, Zheng Z, Whitehead J, et al. Preference heterogeneity in mode choice for car-sharing and shared automated vehicles[J]. Transportation Research Part A: Policy and Practice, 2020, 132(C): 633-650.

[43]Braun A, Schmeiser H, Schreiber F. On consumer preferences and the willingness to pay for term life insurance[J]. European Journal of Operational Research, 2016, 253(3): 761-776.

[44]Bourkoukou O, Bachari E E. Toward a hybrid recommender system for e-learning personalization based on data mining techniques[J]. International Journal on information visualization, 2018, 2(4): 271-278.

[45]Chen Y, Zheng Z, Chen S, et al. Mining customer preference in physical stores from interaction behavior[J]. IEEE Access, 2017, 5: 17436-17449.

[46]刘枚莲, 刘同存, 肖吉军. 基于双向关联规则的网络消费者偏好挖掘研究[J]. 微电子学与计算机, 2013, 30(03): 20-26.

[47]江晓东. 什么样的产品评论最有用? ——在线评论数量特征和文本特征对其有用性的影响研究[J]. 外国经济与管理, 2015(04): 42-56.

[48]李春杰. 国内外图情领域信息抽取研究文献计量分析[J]. 情报科学, 2019, 37(4): 157-164.

[49]岳子静, 章成志, 周清清. 利用在线评论挖掘用户饮食偏好——以北京地区为例[J]. 图书馆论坛, 2017, 37(03): 108-115.

[50]胡新明, 夏火松. 在线评论中用户商品属性偏好识别方法研究

[J]. 情报杂志，2012，31(09)：197-201.

[51]周清清，章成志. 在线用户评论细粒度属性抽取[J]. 情报学报，2017，36(05)：484-493.

[52]孟园，王洪伟，王伟. 网络口碑对产品销量的影响：基于细粒度的情感分析方法[J]. 管理评论，2017，29(01)：144-154.

[53]李金海. 基于在线评论信息挖掘的动态用户偏好模型构建[J]. 情报杂志，2016，35(09)：192-198.

[54] Zhou F，Jiao J R，Yang X J，et al. Augmenting feature model through customer preference mining by hybrid sentiment analysis[J]. Expert Systems with Applications，2017，89(15)：306-317.

[55]王仁武，张文慧. 基于深度学习的隐性评价对象识别方法[J]. 计算机工程，2019，45(08)：315-320.

[56]陈燕方，娄策群. 在线商品虚假评论形成路径研究[J]. 现代情报，2015，35(01)：49-53.

[57]侯银秀，李伟卿，王伟军，等. 基于用户偏好与商品属性情感匹配的图书个性化推荐研究[J]. 数据分析与知识发现，2017，1(08)：9-17.

[58]刘德喜，聂建云，万常选，等. 基于分类的微博新情感词抽取方法和特征分析[J]. 计算机学报，2018，41(07)：1574-1597.

[59]唐晓波，罗颖利. 融入情感差异和用户兴趣的微博转发预测[J]. 图书情报工作，2017(09)：102-110.

[60]唐晓波，兰玉婷. 基于特征本体的微博产品评论情感分析[J]. 图书情报工作，2016(16)：121-127.

[61]王文，王树锋，李洪华. 基于文本语义和表情倾向的微博情感分析方法[J]. 南京理工大学学报，2014，38(06)：733-738+749.

[62]杨海霞，吴维芳，孙含林. 基于STM分析旅行者对不同档次酒店的偏好差异[J]. 现代图书情报技术，2016(09)：51-57.

[63]单晓红，张晓月，刘晓燕. 基于在线评论的用户画像研究——以携程酒店为例[J]. 情报理论与实践，2018，41(04)：99-104+149.

[64] Ghose A，Ipeirotis P G，Li B. Designing Ranking Systems for Hotels on Travel Search Engines by Mining User-Generated and Crowdsourced

Content[J]. Marketing Science, 2012, 31(3): 493-520.

[65]彭敏，席俊杰，代心媛，等. 基于情感分析和LDA主题模型的协同过滤推荐算法[J]. 中文信息学报，2017，31(02)：194-203.

[66]中华人民共和国工业和信息化部. 2019年通信业统计公报[R]，2020. http://www.miit.gov.cn/n1146312/n1146904/n1648372/c7696411/content.html.

[67]Ding M, Jr W T R, Rao V R. Price as an indicator of quality: Implications for utility and demand functions[J]. Journal of Retailing, 2010, 86(1): 69-84.

[68]Vlaev I, Chater N, Lewis R, et al. Reason-based judgments: Using reasons to decouple perceived price-quality correlation[J]. Journal of Economic Psychology, 2009, 30(5): 721-731.

[69]Morgan N, Pritchard A, Pride R. 旅游目的地品牌管理[M]. 天津：南开大学出版社，2005. 63-80.

[70]沈璐，庄贵军，姝曼. 服务主导逻辑下交互性与产品知识对品牌偏好的影响[J]. 软科学，2016，30(4)：101-104.

[71]邓爱民，陶宝，马莹莹. 网络购物顾客忠诚度影响因素的实证研究[J]. 中国管理科学，2014，22(6)：94-102.

[72]王军. 品牌可靠性对品牌忠诚度的影响：一个有调节的中介研究[J]. 消费经济，2016，32(02)：70-74.

[73]Banerjee A. A Simple model of herd behavior[J]. The Quarterly Journal of Economics, 1992, 107(3): 797-817.

[74]Bikhchandani S, Hirshleifer D, Welch I. A theory of fads, fashion, custom, and cultural change as informational cascades[J]. Journal of Political Economy, 1992, 100(5): 992-1026.

[75]Simonson I, Bettman J R, Kramer T, et al. Comparison selection: An approach to the study of consumer judgment and choice[J]. Journal of Consumer Psychology, 2013, 23(1): 137-149.

[76]Parker J R, Schrift R Y. Rejectable choice sets: How seemingly irrelevant no-choice options affect consumer decision processes[J]. Social Science

Electronic Publishing, 2011, 48(5): 840-854.

[77]Fischer E. Towards more marketing research on gender inequality[J]. Journal of Marketing Management, 2015, 31(16): 1718-1722.

[78]李孝伟，陈福才，李邵梅．基于分类规则的 C4.5 决策树改进算法[J]. 计算机工程与设计，2013，34(12)：4321-4325+4330.

[79] Ren X, Song M, Haihong E, et al. Context - aware probabilistic matrix factorization modeling for point-of-interest recommendation[J]. Neurocomputing, 2017, 241(C): 38-55.

[80] Lian D, Zhao C, Xie X, et al. GeoMF: joint geographical modeling and matrix factorization for point-of-interest recommendation[C]. ACM SIGKDD International Conference on Knowledge Discovery and Data Mining. ACM, 2014: 831-840.

[81]孙丽玲，王续，许伯强．基于 SVD 滤波技术与快速四阶累积量 ESPRIT 算法的异步电动机转子断条故障检测新方法[J]. 电工技术学报，2015，30(10)：147-156.

[82]方耀宁，郭云飞，兰巨龙．基于 Logistic 函数的贝叶斯概率矩阵分解算法[J]. 电子与信息学报，2014，36(03)：715-720.

[83]景楠，王建霞，许皓，等．基于用户社会关系的社交网络好友推荐算法研究[J]. 中国管理科学，2017，25(03)：164-171.

[84]Degeratu A M, Rangaswamy A, Wu J. Consumer choice behavior in online and traditional supermarkets: The effects of brand name, price, and other search attributes [J]. International Journal of Research in Marketing, 2001, 17(1): 55-78.

[85]Ballester E D. Development and validation of a brand trust scale[J]. International Journal of Marketing Research, 2003, 45(1): 1-58.

[86]Michel L, Chankon K, Lianxi Z. Brand familiarity and confidence as determinants of purchase intention: An empirucal test in a multiple brand context [J]. Journal of Business Research, 1996, 37(2): 115-120.

[87] Fishbein M, Ajzen I. Belief, attitude, intention and behavior[J]. Strategies of Change: Persuasive Communication, 1975, 451-509.

[88] Brucks M. The effect of product class knowledge on information search behavior[J]. Journal of Consumer Research, 1985, 12(1): 1-16.

[89] Griffith D A, Gray C C. The fallacy of the level playing field: The effect of brand familiarity and web site vividness on online consumer response [J]. Journal of Marketing Channels, 2002, 9(3-4): 87-102.

[90]袁登华．品牌信任研究脉络与展望[J]．心理科学，2007，30(2)：434-437.

[91] Benedicktus R L, Brady M K, Darke P R, et al. Conveying trustworthiness to online consumers: reaction to consensus, physical store presence, brand familiarity, and generalized suspicion[J]. Journal of Retailing, 2010, 86(4): 322-335.

[92] Laroche M, Brisoux J E. Incorporating competition into consumer behavior models: Thecase of the attitude-intention relationship[J]. Journal of Economic Psychology, 1989, 10(3): 343-362.

[93] Sengupta J, Fitzsimons G J. Effect of analyzing reasons on the stability of brand attitudes: A reconciliation of opposing predictions[J]. Journal of Consumer Research, 2004, 31(3): 705-711.

[94] Zaichkowsky J L. Measuring the involvement construct[J]. Journal of Consumer Rsearch, 1985, 16(2): 341-352.

[95] Swanson. Model of brand awareness and brand attitude advertising strategies[J]. Psychology and Marketing, 1974, 4(9): 21-27.

[96]林振旭，苏勇．网站特性对网络购买意图影响实证研究[J]．商业时代，2007(28)：18-26.

[97] Park D H, Lee J, Han I. The effect of on-line consumer reviews on consumer purchasing intention: The moderating role of involvement[J]. International Journal of Electronic Commerce, 2007, 11(4): 125-148.

[98] Gefen D, Karahanna E, Straub D W. Inexperience and experience with online stores: The importance of TAM and trust[J]. IEEE Transactions on Engineering Management, 2003, 50(3): 307-321.

[99] Raghubir P, Corfman K. When do price promotions affect pretrial brand

evaluations[J]. Journal of Marketing Research, 1999, 36(2): 211-222.

[100]Alba J W, Mela C F, Shimp T A, et al. The effect of discount frequency and depth on consumer price judgments[J]. Journal of Consumer Research, 1999, 26(2): 99-114.

[101]Alba J W, Broniarczyk S M, Shimp T A, et al. The influence of prior beliefs, frequency cues, and magnitude cues on consumers' perceptions of comparative price data[J]. Journal of Consumer Research, 1994, 21(2).

[102]Lalwani A K, Monroe K B. A reexamination of frequency-depth effects in consumer price judgments[J]. Journal of Consumer Research, 2005, 32(3): 480-485.

[103]Krishna A, Johar G V. Consumer perceptions of deals: Biasing effects of varying deal prices[J]. Journal of Experimental Psychology: Applied, 1996, 2(3): 187-206.

[104]Dodds W B, Monroe K B, Grewal D. Effects of price, brand, and store information on buyers' product evaluations [J]. Journal of Marketing Research,1991, 28(3): 307-319.

[105]Estelami H. The effect of price presentation tactics on consumer evaluation effort of multi-dimensional prices[J]. Journal of Marketing Theory and Practice, 2003, 11(2): 1-16.

[106]Kim H M, Kramer T. "Pay 80%" versus "get 20% off": The effect of novel discount presentation on consumers' deal perceptions[J]. Marketing Letters, 2006, 17(4): 311-321.

[107]Morwitz V G, Greenleaf E A, Johnson E J. Divide and prosper: consumers' reactions to partitioned prices[J]. Journal of Marketing Research, 1998, 35(4): 453-463.

[108]陈国平. 消费者感知价格与质量的关系及其应用[J]. 价格理论与实践, 2009(09): 67-68.

[109]Bitta A J D, Monroe K B. A multivariate analysis of the perception of value from retail price advertisements[J]. Advances in Consumer Research, 1981(8): 161-165.

［110］Mela C F，Jedidi K，Bowman D. The long－term impact of promotions on consumer stockpiling behavior［J］. Journal of Marketing Research，1998，35（2）：250-262.

［111］Hoz R，Gorodetsky M. Cognitive processes in reading and comparing pure and metric decimal rational numbers［J］. Journal of Structural Learning，1989，10（1）：53-71.

［112］Lin C H，Wang J W. Distortion of price discount perceptions through the left-digit effect［J］. Marketing Letters，2017，28（1）：1-14.

［113］Chen S F S，Monroe K B，Lou Y C. The effects of framing price promotion messages on consumers' perceptions and purchase intentions［J］. Journal of Retailing，1998，74（3）：353-372.

［114］Peterson R A. The price-perceived quality relationship：Experimental evidence［J］. Journal of Marketing Research，1970，7（4）：525-528.

［115］Li C P. Effects of brand image，perceived price，perceived quality，and perceived value on the purchase intention towards sports and tourism products of the 2016 Taichung international trevel fair［J］. The Journal of International Management Studies，2017，12（2）：97-107.

［116］钱敏，魏世繁，芮振．零售商自由品牌购买意愿影响因素研究［J］. 企业经济，2016（04）：58-65.

［117］许民利，聂晓哲，简惠云．不同风险偏好下双渠道供应链定价决策［J］. 控制与决策，2016，31（01）：91-98.

［118］李根道，熊中楷，李薇．基于收益管理的动态定价研究综述［J］. 管理评论，2010，22（04）：97-108.

［119］Elena K，Diana Wu. Contracting in supply chains：A laboratory investigation［J］. Management Science，2009，55（12）：1952-1968.

［120］Liu Z，Xu Q，Yang K. Optimal independent pricing strategies of dual-channel supply chain based on risk aversion attitudes［J］. Asia-Pacific Journal of Operational Research，2018，35（2）：1840004.

［121］张新鑫，侯文华，申成霖．顾客策略行为下基于 CVaR 和回购契约的供应链决策模型［J］. 中国管理科学，2015，23（02）：80-91.

[122]林志炳，蔡晨，许保光．损失厌恶下的供应链收益共享契约研究[J]．管理科学学报，2010，13(8)：33-41.

[123]沈厚才，徐进，庞湛．损失规避偏好下的定制件采购决策分析[J]．管理科学学报，2005，7(6)：37-45.

[124]代建生．风险规避供应链的最优两部定价契约[J]．系统工程学报，2016，31(01)：66-77.

[125]Wang C X，Webster S. The loss-averse news-vender problem[J]. Omega，2009，37(1)：93-105

[126]Liu M Q，Cao E B，Salifou C K. Pricing strategies of a dual-channel supply chain with risk aversion[J]. Transportation Research Part E：Logistics and Transportation Review，2016，90：108-120.

[127]Hashimoto K，Matsubayashi N. A note on dynamic monopoly pricing under consumption externalities[J]. Economics Letters，2014，124(1)：1-8.

[128]Talluri K，Garrett J V R. Revenue management under a general discrete choice model of consumer behavior [J]. Management Science，2004，50(1)：15-33.

[129]毕功兵，王怡璇，丁晶晶．存在替代品情况下考虑消费者策略行为的动态定价[J]．系统工程学报，2013，28(01)：47-54.

[130]杨慧，周晶．易逝品降价时点设定问题的 Cournot 博弈模型[J]．中国管理科学，2006，14(4)：45-50.

[131]杨慧，周晶．易逝性产品降价时点的 Stackelberg 博弈[J]．管理工程学报，2007，21(3)：155-158.

[132]Tversky A，Kahneman. Belief in the law of small numbers[J]. Psychological Bulletin，1971，76(2)：105-110.

[133]朱军奇．移动打车软件平台定价研究[D]．重庆：重庆大学，2018.

[134]Sato K，Sawaki K. A continuous-time dynamic pricing model knowing the competitor's pricing strategy[J]. European Journal of Operational Research，2013，229(1)：223-229.

[135]Straussa A K，Kleinb R，Steinhardtc C. A review of choice-based

revenue management：Theory and methods[J]. European Journal of Operational Research，2018，271(2)：375-387.

[136]Mak V，Rapoport A，Gisches E J. Competitive dynamic pricing with alternating offers：Theory and experiment[J]. Games & Economic Behavior，2012，75(1)：250-264.

[137]Olsen T L，Parker R P. Inventory management under market size dynamics [J]. Management Science，2008，54 (10)：1805-1821.

[138]Krishen A S，Bui M，Peter P C. Retail kiosks：how regret and variety influence consumption[J]. International Journal of Retail & Distribution Management，2010，38(3)：173-189.

[139]Zeithammer R，Thomadsen R. Vertical differentiation with variety-seeking consumers[J]. Management Science，2013，59(2)：390-401.

[140]Tversky A，Kahneman D. Judgment under uncertainty：Heuristics and biases[J]. Science，1974，185(4157)：1124-1131.

[141]Zhang X，Han X，Liu X，et al. The pricing of product and value-added service under information asymmetry：a product life cycle perspective[J]. International Journal of Production Research，2015，53(1)：25-40.

[142]degaard F，Wilson J G. Dynamic pricing of primary products and ancillary services[J]. European Journal of Operational Research，2016，251(2)：586-599.

[143]杨慧，周晶，宋华明．考虑消费者短视和策略行为的动态定价研究[J]．管理工程学报，2010，24(4)：133-137.

[144]Liu Q，Ryzin G J V. Strategic capacity rationing to induce early purchases[J]. Management Science，2008，54(6)：1115-1131.

[145]Bitran G，Caldentey R. An overview of pricing models for revenue management[J]. Manufacturing & Service Operations Management，2003，5(3)：203-229.

[146]Shlomo K，Gary L. Lilien optimal price subsidy policy for accelerating the diffusion of innovation [J]. Marketing Science，1983，2(4)：407-420.

[147]Shlomo K. A new product adoption model with price，advertising，

and uncertainty[J]. Management Science, 1985, 31(12): 1569-1585.

[148] Lazear Ep. Retail pricing and clearance sales [J]. American Economic Review, 1986, 76(1): 14-32.

[149] Jacint B, José C P. Measuring the effect of local competition on prices in a context of spatial differentiation[J]. Letters in Spatial and Resource Sciences, 2011, 4(2): 1-12

[150] Xue M, Tang W, Zhang J. Optimal dynamic pricing for deteriorating items with reference-price effects[J]. International Journal of Systems Science, 2016, 47(9): 2022-2031.

[151] Su X. Inter-temporal pricing with strategic customer behavior [J]. Management Science, 2007, 53(5): 726-741.

[152] Perakis G, Sood A. Competitive Multi-period Pricing for Perishable Products: A Robust Optimization Approach [J]. Mathematical Programming, 2006, 107(1-2): 295-335.

[153] Lin K Y, Sibdari S Y. Dynamic price competition with discrete customer choices[J]. European Journal of Operational Research, 2009, 197(3): 969-980.

[154] Papanastasiou Y, Savva N. Dynamic pricing in the presence of social learning and strategic Consumers [J]. Management Science, 2016, 62(4): 1102-1136.

[155]胡玉生，李金林，冉伦，等．竞争环境下风险规避的航班动态定价[J]. 运筹与管理，2017，26(12)：157-164.

[156]段文奇，柯玲芬．基于用户规模的双边平台适应性动态定价策略研究[J]. 中国管理科学，2016，24(08)：79-87.

[157]李豪，熊中楷，彭志强．竞争环境下基于顾客策略行为的易逝品动态定价研究[J]. 中国管理科学，2011，19(2)：88-98.

[158] Elmaghraby W, Keskinocak P. Dynamic pricing in the presence of inventory considerations: Research overview, current practices, and future directions[J]. IEEE Engineering Management Review, 2003, 31(4): 47.

[159]陈雯，徐贤浩，彭红霞．产品质量设计与快速反应——基于短

视消费者与策略消费者的比较[J]. 管理科学学报，2015，18(8)：31-38.

[160]Arndorfer，James B. Creamer，et al. Best buy taps rapp to weed out angels，devils[J]. Advertising Age，2005，76(20)：8.

[161]Tversky B A. Elimination by aspects：A theory of choice[J]. Psycological Review，1972，79(4)：281-299.

[162]Kahneman A T. Advances in prospect theory：Cumulative representation of uncertainty[J]. Journal of Risk and Uncertainty，1992，5(4)：297-323.

[163] Lilien G L，Kotler P，Moorthy K S. Marketing models [M]. Prentice-Hall International，1992.

[164]Kahn B E. Consumer variety-seeking among goods and services：An integrative review[J]. Journal of Retailing and Consumer Services，1995，2(3)：139-148.

[165]D Granot，F Granot，B Mantin. Dynamic pricing model under Zigzag competition[J]. Sauder school of business，2005，11：1-31.

[166]Bulow J I. Durable-goods monopolists[J]. Journal of Political Economy，1982，90(2)：314- 332.

[167]Mersereau A J，Zhang D. Markdown pricing with unknown fraction of strategic customers [J]. Manufacturing & Service Operations Management，2012，14(3)：355-370.

[168] Elmaghraby W，Gülcü A，Keskinocak P. Designing optimal preannounced markdowns in the presence of rational customers with multiunit demands[J]. Manufacturing & Service Operations Management，2008，10(1)：126-148.

[169]David B，Wayne L W. Optimal price skimming by a monopotist Failing Rational consumers[J]. Management science，1990，36(5)：555-567.

[170]Anderson C K，Wilson J G. Wait or buy? The strategic consumer：Pricing and profit implications [J]. Journal of the Operational Research Society，2003，54(3)：299-306.

[171]Levin Y，Mcgill J，Nediak M. Dynamic pricing in the presence of strategic consumers and oligopolistic competition [J]. Management Science，2009，55(1)：32-46.

[172] Levin Y, McGill J, Nediak M. Optimal dynamic pricing of perishable items by a monopolist facing strategic consumers [J]. Production & Operations Management, 2009, 19(1): 40-60.

[173] Aviv Y, Pazgal A. Optimal pricing of seasonal products in the presence of forward-looking consumers[J]. Manufacturing & Service Operations Management, 2008, 10(3): 339-359.

[174]李贺，张玉林，钟伟俊．考虑战略消费者行为风险的动态定价策略[J]．管理科学学报，2012，15(10)：11-27.

[175]Gallien J. Dynamic mechanism design for online commerce[J]. Operations Research, 2006, 54(2): 291-310.

[176] Biglaiser G, Vettas N. Dynamic price competition with capacity constraints and strategic buyers[J]. Working Papers, 2004, 55(3): 451-462.

[177]Cachon G P, Swinney R. Purchasing, pricing, and quick response in the presence of strategic consumers[J]. Management Science, 2009, 55(3): 497-511.

[178]Lai G, Debo L G, Sycara K. Buy now and match later: impact of posterior price matching on profit with strategic consumers[J]. Manufacturing & Service Operations Management, 2009, 25(1): 1-23.

[179]Jerath K, Netessine S, Veeraraghavan S K. Revenue management with strategic customers: last - minute selling and opaque selling [J]. Management Science, 2010, 56(3): 430-448.

[180]Friesz T L, Mookherjee R, Rigdon M A. An evolutionary game-theoretic model of network revenue management in oligopolistic competition [J]. Journal of Revenue and Pricing Management, 2005, 4(2): 156-173.

[181]Gallego G, Hu M. Dynamic pricing of perishable assets under competition[J]. Management Science, 2014, 60(5): 1241-1259.

[182]Elodie A, Georgia P. Dynamic pricing and inventory control: uncertainty and competition[J]. Operations Research, 2010, 58(2): 289-302.

[183]Hu M. Competitive revenue management of perishable assets with multiple predetermined options[J]. Working paper, Columbia University. 2007.

[184] Ovchinnikov A, Milner J M. Revenue management with end-of-period discounts in the presence of customer learning[J]. Production and Operations Management, 2012, 21(1): 69-84.

[185] Barron G, Erev I. Small feedback-based decisions and their limited correspondence to description-based decisions[J]. Journal of Behavioral Decision Making, 2003, 16(3): 215-233.

[186] Thaler R H, Johnson E J. Gambling with the house money and trying to break even: The effects of prior outcomes on risky choice[J]. Management Science, 1990, 36(6): 643-660.

[187] 李海英，林柳．交易经验在平台式网购顾客满意度评价中的调节作用[J]. 软科学，2011，25(12)：1-6.

[188] Gonzalez C, Lerch J F, Lebiere C. Instance-based learning in dynamic decision making[J]. Cognitive Science, 2003, 27(4): 591-635.

[189] Hertwig R, Pleskac T J. Decisions from experience: Why small samples? [J]. Cognition, 2010, 115(2): 225-237.

[190] Erev I, Roth A E. Maximization, learning, and economic behavior [J]. Proceedings of the National Academy of Sciences, 2014, 111(3): 10818-10825.

[191] Lejarraga T. When experience is better than description: Time delays and complexity[J]. Journal of Behavioral Decision Making, 2010, 23(1): 100-116.

[192] Hertwig R, Barron G, Weber E U, et al. Decisions from experience and the effect of rare events in risky choice[J]. Psychological Science, 2004, 15(8): 534-539.

[193] Hau R, Pleskac T J, Hertwig R. Decisions from experience and statistical probabilities: Why they trigger different choices than a priori probabilities [J]. Journal of Behavioral Decision Making, 2010, 23: 46-68.

[194] Erev I, Ert E, Roth A E, et al. A choice prediction competition: Choices from experience and from description[J]. Journal of Behavioral Decision Making, 2010, 23(1): 15-47.

[195]刘建民，李海垒，张文新．行为决策中的描述-经验差距：信息加工角度的解释[J]．心理科学进展，2016，24(10)：1623-1635.

[196]Camilleri A R，Newell B R. The long and short of it：Closing the description-experience "gap" by taking the long-run view[J]. Cognition，2013，126(1)：54-71.

[197]Palma A D，Abdellaoui M，Attanasi G，et al. Beware of black swans：Taking stock of the description-experience gap in decision under uncertainty[J]. Marketing Letters，2014，25(3)：269-280.

[198]Fox C R，Tversky A. A belief-based account of decision under uncertainty[J]. Management Science，1998，44(7)：879-895.

[199]Weber E U，Shafir S，Blais A. Predicting risk sensitivity in humans and lower animals：Risk as variance or coefficient of variation[J]. Psychological Review，2004，111(2)：430-445.

[200]Hertwig R，Barron G，Weber E U，et al. The role of information sampling in risky choice[J]. Information sampling and adaptive cognition，2005，72-91.

[201]Jiang G T. Method for hybrid stochastic multiple attribute decision making considering decision maker's psychological behavior[J]. Chinese Journal of Management Science，2014，22(06)：78-84.

[202]Wang Q，Xu W. A user equilibrium model based on cumulative prospect theory for degradable transport network[C]. Fourth International Joint Conference on Computational Sciences and Optimization. IEEE，2011，1078-1082.

[203]Liu Y，Fan Z P，Zhang Y. Risk decision analysis in emergency response：A method based on cumulative prospect theory[J]. Computers & Operations Research，2014，42(2)：75-82.

[204]Samuelson W，Zeckhauser R. Status quo bias in decision making[J]. Journal of Risk and Uncertainty，1988，1(1)：7-59.

[205]Hannan M T，Freeman J. Structural inertia and organizational change[J]. American Sociological Review，1984，49(2)：149-164.

[206]Makino S. Legitimacy and multi-level institutional environments：

Implications for foreign subsidiary ownership structure [J]. Journal of International Business Studies, 2007, 38(4): 621-638.

[207]Pangarkar N, Yuan L. Inertia versus mimicry in location choices by Chinese multinationals[J]. International Marketing Review, 2010, 27(3): 295-315.

[208]Rodriguez J C, Sbuelz A. Understanding and exploiting momentum in stock returns[J]. Elsevier, 2006, 485-504.

[209]Bilias Y, Haliassos M. Portfolio inertia and stock market fluctuations [J]. Journal of Money Credit & Banking, 2010, 42(4): 715-742.

[210]Kim H H, Maurer R, Mitchell O S. Time is money: Rational life cycle inertia and the delegation of investment management[J]. Journal of Financial Economics, 2016, 121(2): 427-447.

[211]Gulati R. Does familiarity breed trust? The implications of repeated ties for contractual choice in alliances[J]. Academy of Management Journal, 1995, 38(1): 85-112.

[212]Khalifa M, Liu V. Online consumer retention: contingent effects of online shopping habit and online shopping experience[J]. European Journal of Information Systems, 2007, 16(6): 780- 792.

[213]Kuo Y, Hu T, Yang S. Effects of inertia and satisfaction in female online shoppers on repeat-purchase intention[J]. Managing Service Quality, 2013, 23(3): 168-187.

[214]Chiu C M, Hsu M H, Lai H, et al. Re-examining the influence of trust on online repeat purchase intention: The moderating role of habit and its antecedents[J]. Decision Support Systems, 2012, 53(4): 835-845.

[215]Gonzalez. C. The boundaries of instance-based learning theory for explaining decisions from experience[J]. Progress in Brain Research, 2013 , 202 (2): 73-98.

[216]Kahneman D, Tversky A. Prospect theory: An analysis of decision under risk[J]. Econometrica, 1979, 47(2): 263-291.

[217]Wales T J, Woodland A D. Estimation of consumer demand systems

with binding non-negativity constraints[J]. Journal of Econometrics, 1983, 21(3): 263-285.

[218] Hendel I. Estimating multiple - discrete choice models: An application to computerization returns[J]. Review of Economic Studies, 1999, 66(2): 423-446.

[219] Kim J, Allenby G M, Rossi P E. Modeling consumer demand for variety[J]. Marketing Science, 2002, 21(3): 229-250.

[220] Bhat C R. A multiple discrete-continuous extreme value model: Formulation and application to discretionary time-use decisions[J]. Transportation Research Part B Methodological, 2005, 39(8): 679-707.

[221] Srinivasan S, Bhat C R. A multiple discrete-continuous model for independent and joint discretionary activity participation decisions[J]. Transportation, 2006, 33(5): 497-515.

[222] Bhat C R, Sen S. Household vehicle type holdings and usage: An application of the multiple discrete-continuous extreme value (MDCEV) model [J]. Transportation Research Part B, 2006, 40(1): 35-53.

[223] Jian S, Rashidi T H, Dixit V. An analysis of carsharing vehicle choice and utilization patterns using multiple discrete-continuous extreme value (MDCEV) models[J]. Transportation Research Part A Policy & Practice, 2017, 103: 362-376.

[224] Van Nostrand C. A dicrete-continuous modeling framework for long-distance, leisure travel demand analysis [D]. University of South Florida, 2011.

[225] Lu H, Hess S, Daly A, et. al. Measuring the impact of alcohol multi-buy promotions on consumers' purchase behaviour[J]. Journal of Choice Modelling, 2016, 24(6): 75-95.

[226] 王芯，吕晓玲．多元离散—连续比例选择模型的构建[J]．统计与决策，2015(01)：84-87.

[227] Bhat C R, Pinjari A. Multiple discrete-continuous choice models: A reflective analysis and a prospective view[J]. Handbook of Choice Modelling,

2014，427-454.

[228]Bhat C R. The multiple discrete-continuous extreme value (MDCEV) model：Role of utility function parameters，identification considerations，and model extensions[J]. Transportation Research Part B：Methodological，2008，42(3)：274-303.

[229]Chernev A，Böckenholt，Goodman J. Choice overload：Is there anything to it? [J]. Journal of Consumer Research，2010，37(3)：426-428.

[230]Mogilner C，Rudnick T，Iyengar S S. The mere categorization effect：How the presence of categories increases choosers'perceptions of assortment variety and outcome satisfaction[J]. Journal of Consumer Research，2008，35(2)：202-215.

[231]Diehl K，Poynor C. Great expectations? Assortment size，expectations，and satisfaction[J]. Journal of Marketing Research，2010，47(2)：312-322.

[232] Park J Y，Jang S C S. Confused by too many choices? Choice overload in tourism[J]. Tourism Management，2013，35：1-12.

[233]曹洪，夏丽萍．捆绑定价策略探析[J]．价格与市场，2004(6)：46-48.

[234]郁婷．互补式信息产品捆绑定价的经济学分析[D]．南京：南京财经大学，2008.

[235]蒋传海，杨渭文．互补产品、捆绑销售和市场竞争[C]．2011年产业组织前沿问题国际研讨会会议文集，2011：130-139.

[236]胡知能，谢瑞坤，徐玖平．免费商品对互补产品扩散的影响[J]．中国管理科学，2012(6)：167-175.

[237]高政利．功能互补、零售终端与联盟(连锁)集团(FRR)范式——以中小生产性组织为例[J]．南开管理评论，2011，14(01)：119-129.

附录 1　分词、去停词代码

```
import pandas as pd
df=pd.read_csv("hotel.csv",encoding='gb18030')
df.head()
import jieba
def chinese_word_cut(mytext):
return " ".join(jieba.cut(mytext))
df["comment_cutted"]=df.c.apply(chinese_word_cut)
df.comment_cutted.head()
def get_custom_stopwords(stop_words_file):
    with open(stop_words_file) as f:
        stopwords = f.read()
        stopwords_list = stopwords.split('\n')
    custom_stopwords_list = [i for i in stopwords_list]
return custom_stopwords_list

stop_words_file="tingyongci.txt"
stopwords=get_custom_stopwords(stop_words_file)
stopwords[1:10]
df['tingqiang']=df.comment_cutted.apply(lambda s:s.split(' '))
df.head()
df['ting']=df.tingqiang.apply(lambda x:[i for i in x if i not in
stopwords])
df.to_csv('hotelfenci.csv')
```

附录 2　LDA 主题模型代码

```
library(NLP)
library(tm)
library(slam)
library(wordcloud)
library(topicmodels)
setwd("F: /lda/data")
Data1 <- readLines(". /hotelfenci. txt")
Data1 <- gsub("([a~z])","", Data1)
corpus1 = Corpus(VectorSource(Data1))
sample. dtm1 <- DocumentTermMatrix(corpus1, control = list(word-
Lengths = c(2, Inf)))
Gibbs = LDA(sample. dtm1, k = 10, method = "Gibbs",
            control = list(seed = 2015, burnin = 1000, thin =
100, iter = 1000))
Topic1 <- topics(Gibbs, 1)
table(Topic1)
Terms1 <- terms(Gibbs, 20)
Terms1
```

附录3　公式推导（一）

当消费者是短视型的时候，只要销售商的定价低于消费者的保留价格，消费者作出购买决策。

(1)若在交易期限 T 达到均衡，销售商的利润用 π 表示，$\pi_T^{i,v}$ 表示交易期限为 T 时消费者访问某销售商 i，$\pi_T^{i,n}$ 则表示消费者在交易期限 T 的情况下，没有访问销售商 i。则在交易期 T，消费者访问销售商 i 的利润函数为：$\pi_T^{i,v}=P_T^i\cdot\dfrac{(R_T^*-P_T^i)}{R_T^*}$，其中$\dfrac{R_T^*-P_T^i}{R_T^*}$为在交易期限 T，消费者作出购买决策的概率，P_T^i 表示在交易期限 T 销售商 i 的定价；R_T^* 表示在交易期限 T，经过前面的 $T-1$ 时间修正后的消费者保留价格。π_T^i 表示在交易期限 T，销售商 i 的均衡利润由两个部分组成，一是访问销售商 i 产生的利润，二是没有访问销售商 i 产生的利润，如式(1)所示：

$$\pi_T^i=r\cdot\pi_T^{i,v}+(1-r)\cdot\pi_T^{i,n} \tag{1}$$

式(1)中，r 表示在 T 时期，消费者访问销售商 i 的概率。在初始时期，假设消费者对销售商没有任何偏爱，可设访问 i 和 j 的概率均为$\dfrac{1}{2}$，设在时间 T，访问销售商 i 和 j 的概率分别为 r 和 $1-r$，按照马尔科夫链的特性，可以得到在任意时间 t，访问 i 和 j 的概率为：

$$\begin{pmatrix} r \\ 1-r \end{pmatrix}^T=\begin{pmatrix} \frac{1}{2} \\ \frac{1}{2} \end{pmatrix}^T\begin{pmatrix} p & p \\ 1-p & 1-p \end{pmatrix}\cdots\begin{pmatrix} p & p \\ 1-p & 1-p \end{pmatrix}=\begin{pmatrix} \frac{1}{2} \\ \frac{1}{2} \end{pmatrix}^T$$

则 $r=\dfrac{1}{2}$，$1-r=\dfrac{1}{2}$，由于交易期限为 T，因此 $\pi_T^{i,n}=0$，则式(1)可以

写成：

$$\pi_T^i=\frac{1}{2}\cdot\pi_T^{i,v}=\frac{P_T^i}{2}\cdot\frac{(R_T^*-P_T^i)}{R_T^*}\tag{2}$$

为了使 $\pi_T^i=\max$，可得在交易期限 T，销售商 i 的均衡定价 $P_T^{i*}=\frac{1}{2}R_T^*$，令 $P_1^0=\frac{1}{2}$，则有 $P_T^{i*}=P_1^0\cdot R_T^*$，对式(2)求偏导，令$\frac{\partial\pi_T^i}{\partial P_T}=0$，则：

$$\pi_T^{i*}=\frac{1}{2}\cdot\pi_T^{i,v}+\frac{1}{2}\pi_T^{i,n}=\frac{1}{2}\cdot\frac{1}{4}R_T^*+0=\frac{1}{8}R_T^*\tag{3}$$

T 时期销售商 i 的均衡利润为 $\pi_T^{i,v}=\frac{R_T^*}{4}$，$\pi_T^{i*}=\frac{R_T^*}{8}$，令 $C_T^{i,v}=\frac{1}{4}$，$C_T^{i,n}=0$，则：

$$\pi_T^{i,v}=C_T^{i,v}\cdot R_T^*\tag{4}$$

$$\pi_T^{i*}=\frac{C_T^{i,v}\cdot R_T^*}{2}\tag{5}$$

T 时期的消费者福利 ω_T=（消费者保留价格-访问的销售商 i 的定价）×T 时期作出购买决策概率，即：$\omega_T=(R_T^*-P_T^i)\cdot\frac{(R_T^*-P_T^i)}{R_T^*}$，将 $P_T^*=\frac{1}{2}R_T^*$ 代入得：

$$\omega_T=\frac{R_T^*}{4}\tag{6}$$

（2）若在 $T-1$ 时期达到均衡，$T-1$ 时期销售商 i 的利润表达式为：

$$\pi_{T-1}^i=\frac{1}{2}\cdot\pi_{T-1}^{i,v}+\frac{1}{2}\cdot\pi_{T-1}^{i,n}$$

其中，访问销售商 i 的利润表达式为：

$$\pi_{T-1}^{i,v}=P_{T-1}^i\cdot\frac{(R_{T-1}^*-R_T^e)}{R_{T-1}^*}+P\cdot\pi_T^{i,v}\cdot\frac{R_T^e}{R_{T-1}^*}+(1-P)\cdot\pi_T^{i,n}\cdot\frac{R_T^e}{R_{T-1}^*}$$

没有访问销售商 i 的利润的表达式为：

$$\pi_{T-1}^{i,n}=(1-P)\cdot\pi_T^{i,v}\cdot\frac{R_T^e}{R_{T-1}^*}+P\cdot\pi_T^{i,n}\cdot\frac{R_T^e}{R_{T-1}^*}$$

$\pi_{T-1}^{i,v}$和 $\pi_{T-1}^{i,n}$的表达式中的 R_T^e 指在 $T-1$ 销售商 i 设定价格 P_{T-1}后，消费

者保留价格分布的期望上限，是消费者购买行为的函数，即 R_T^e 是 P_{T-1} 的函数。R_{T-1}^* 表示的是在 $T-1$ 时修正后的消费者保留价格。通过 P_{T-1} 的设置，使得 $R_T^e<R_{T-1}^*$（如果 $R_T^e>R_{T-1}^*$，消费者在 $T-1$ 时期的福利 $R_{T-1}^*-P_{T-1}<R_T^e-P_{T-1}$，则消费者不会在 $T-1$ 时期作出购买决策）。R_T^e 使得消费者福利在 $T-1$ 时期与 T 时期购买没有发生变化。对于 T 时期的销售商而言，不管是销售商 i 还是销售商 j，其均衡价格都是消费者保留价格的函数，从前面的推导可知：$P_T^* = R_T^e \cdot P_1^0$，从而得到：$(R_T^e-P_{T-1})=\delta(R_T^e-P_T)$，当 $\delta=0$ 时，即认为消费者为短视型，只要保留价格大于销售商提供的价格，就会作出购买决定。由此可得 $R_T^e=P_{T-1}=R_T^*$。又因为 $\pi_T^{i,v}=\dfrac{R_T^*}{4}$，$\pi_T^{i,n}=0$，则 $T-1$ 时期的销售商 i 的利润函数为：$\pi_{T-1}^{i,v}=\dfrac{P-4}{4R_{T-1}^*}\cdot(R_T^*)^2+R_T^*$，使 $\pi_{T-1}^{i,v}=\max$，则有 $R_T^*=\dfrac{2}{4-P}\cdot R_{T-1}^*$，

即在 $T-1$ 时期达到均衡，销售商的均衡定价为：

$$P_{T-1}^*=R_T^*=\frac{2}{4-P}\cdot R_{T-1}^* \tag{7}$$

$\pi_{T-1}^{i,v}=\dfrac{R_{T-1}^*}{4-P}$，$\pi_{T-1}^{i,n}=\dfrac{1-P}{(4-P)^2}\cdot R_{T-1}^*$，令 $C_{T-1}^{i,v}=\dfrac{1}{4-P}$，$C_{T-1}^{i,n}=\dfrac{1-P}{(4-P)^2}$，则 $T-1$ 时期均衡时销售商的利润为：

$$\pi_{T-1}^{i}=\frac{1}{2}\cdot C_{T-1}^{i,v}\cdot R_{T-1}^*+\frac{1}{2}\cdot C_{T-1}^{i,n}\cdot R_{T-1}^* \tag{8}$$

$T-1$ 时期均衡时消费者福利为：$\omega_{T-1}=(R_{T-1}^*-R_T^e)\cdot\dfrac{(R_{T-1}^*-R_T^e)}{R_{T-1}^*}$，将 $R_T^*=\dfrac{2}{4-P}\cdot R_{T-1}^*$ 代入得：

$$\omega_{T-1}=(1-2C_{T-1}^{i,v})^2\cdot R_{T-1}^* \tag{9}$$

(3)若在 $T-2$ 时期达到均衡，销售商 i 的利润为：

$$\pi_{T-2}^{i,v}=P_{T-2}^{i}\cdot\frac{(R_{T-2}^*-R_{T-1}^e)}{R_{T-2}^*}+P\cdot\pi_{T-1}^{i,v}\cdot\frac{R_{T-1}^e}{R_{T-2}^*}+(1-P)\cdot\pi_{T-1}^{i,n}\cdot\frac{R_{T-1}^e}{R_{T-2}^*}$$

$$\pi_{T-2}^{i,n}=(1-P)\cdot\pi_{T-1}^{i,v}\cdot\frac{R_{T-1}^{e}}{R_{T-2}^{*}}+P\cdot\pi_{T-1}^{i,n}\cdot\frac{R_{T-1}^{e}}{R_{T-2}^{*}}$$

又因为$(R_{T-1}^{e}-P_{T-2})=\delta(R_{T-1}^{e}-P_{T-1})$，当$\delta=0$时，$R_{T-1}^{e}=P_{T-2}=R_{T-1}^{*}$，并将$\pi_{T-1}^{i,v}$与$\pi_{T-1}^{i,n}$代入得：

$$\pi_{T-2}^{i,v}=R_{T-1}^{i}\cdot\frac{(R_{T-2}^{*}-R_{T-1}^{i})}{R_{T-2}^{*}}+P\cdot C_{T-1}^{i,v}\cdot\frac{(R_{T-1}^{i})^{2}}{R_{T-2}^{*}}+(1-P)\cdot C_{T-1}^{i,n}\cdot\frac{(R_{T-1}^{i})^{2}}{R_{T-2}^{*}},$$

使$\pi_{T-2}^{i,v}=\max$，则有$R_{T-1}^{*}=\dfrac{1}{2[1-P\cdot C_{T-1}^{i,v}-(1-P)\cdot C_{T-1}^{i,n}]}\cdot R_{T-2}^{*}$，即在$T-2$时期达到均衡，销售商的均衡定价为：

$$P_{T-2}^{*}=R_{T-1}^{*}=\frac{1}{2[1-P\cdot C_{T-1}^{i,v}-(1-P)\cdot C_{T-1}^{i,n}]}\cdot R_{T-2}^{*}\tag{10}$$

把式(9)代入利润函数并化简得：$\pi_{T-2}^{i,v}=\dfrac{1}{4[1-P\cdot C_{T-1}^{i,v}-(1-P)\cdot C_{T-1}^{i,n}]}\cdot R_{T-2}^{*}$，$\pi_{T-2}^{i,n}=\dfrac{(1-P)\cdot C_{T-1}^{i,v}+P\cdot C_{T-1}^{i,n}}{4[1-P\cdot C_{T-1}^{i,v}-(1-P)\cdot C_{T-1}^{i,n}]^{2}}\cdot R_{T-2}^{*}$，令$C_{T-2}^{i,v}=\dfrac{1}{4[1-P\cdot C_{T-1}^{i,v}-(1-P)\cdot C_{T-1}^{i,n}]}$，$C_{T-2}^{i,n}=\dfrac{(1-P)\cdot C_{T-1}^{i,v}+P\cdot C_{T-1}^{i,n}}{4[1-P\cdot C_{T-1}^{i,v}-(1-P)\cdot C_{T-1}^{i,n}]^{2}}$，则在$T-2$时期达到均衡，销售商的利润表达式为：

$$\pi_{T-1}^{i}=\frac{1}{2}\cdot C_{T-2}^{i,v}\cdot R_{T-2}^{*}+\frac{1}{2}\cdot C_{T-2}^{i,n}\cdot R_{T-2}^{*}\tag{11}$$

若在$T-2$时期均衡时，消费者福利：$\omega_{T-2}=(R_{T-2}^{*}-R_{T-1}^{e})\cdot\dfrac{(R_{T-2}^{*}-R_{T-1}^{e})}{R_{T-2}^{*}}$，将$R_{T-1}^{*}=\dfrac{1}{2[1-P\cdot C_{T-1}^{i,v}-(1-P)\cdot C_{T-1}^{i,n}]}\cdot R_{T-2}^{*}$代入得：

$$\omega_{T-2}=(1-2C_{T-2}^{i,v})^{2}\cdot R_{T-2}^{*}\tag{12}$$

(4)相邻时期的消费者保留价格估算。

令$B_{T}=\dfrac{R_{T}^{*}}{R_{T-1}^{*}}=\dfrac{2}{4-P}$，$B_{T-1}=\dfrac{R_{T-1}^{*}}{R_{T-2}^{*}}=\dfrac{1}{2[1-P\cdot C_{T-1}^{i,v}-(1-P)\cdot C_{T-1}^{i,n}]}$，由此得：$B_{T-2}=\dfrac{R_{T-2}^{*}}{R_{T-3}^{*}}=\dfrac{1}{2[1-P\cdot C_{T-2}^{i,v}-(1-P)\cdot C_{T-2}^{i,n}]}$，将$C_{T-2}^{i,v}$和$C_{T-2}^{i,n}$代入并化简得：

$B_{T-2}=\dfrac{1}{2+(B_{T-1})^2\cdot[B_T\cdot(2P-1)-2P]}$，由此，可以得出：

任意时期 t 的 $B_t=\dfrac{1}{2+(B_{t+1})^2\cdot[B_{t+2}\cdot(2P-1)-2P]}(t=1,\ 2,\ 3,\ \cdots,\ T)$，$B_{T+1}=\dfrac{1}{2}$，$B_{T+2}=0$。

同理可得$C_t^{i,v}=\dfrac{1}{4[1-P\cdot C_{t+1}^{i,v}-(1-P)\cdot C_{t+1}^{i,n}]}$，

$$C_t^{i,n}=\frac{(1-P)\cdot C_{t+1}^{i,v}+P\cdot C_{t+1}^{i,n}}{4[1-P\cdot C_{t+1}^{i,v}-(1-P)\cdot C_{t+1}^{i,n}]^2}(t=1,\ 2,\ 3,\ \cdots,\ T),$$

$C_T^{i,v}=\dfrac{1}{4}$，$C_T^{i,n}=0$。

对于任意时期有 $B_t=\dfrac{R_t^*}{R_{t-1}^*}$，则保留价格 $R_t^*=B_t\cdot R_{t-1}^*(t=2,\ 3,\ \cdots,\ T)$，即在任意时期 t 消费者的保留价格的表达式为：

$$R_t^*=B_t\cdot B_{t-1}\cdot\cdots\cdot B_2\cdot R_1^* \tag{13}$$

其中，$R_1^*=\bar{R}$，$\bar{R}$表示消费者的初始保留价格分布。

在任意时期 t 销售商定价为 $P_t^*=R_{t+1}^*=B_{t+1}\cdot R_t^*$，将 $R_t^*=B_t\cdot B_{t-1}\cdot\cdots\cdot B_2\cdot R_1^*$ 代入得：

$$P_t^*=B_{t+1}\cdot B_t\cdot\cdots B_2\cdot R_1^* \tag{14}$$

在任意时期 t 销售商的利润函数 $\pi_t^{i,v}=C_t^{i,v}\cdot R_t^*$，$\pi_t^{i,n}=C_t^{i,n}\cdot R_t^*$，任意时期 t 销售商 i 的均衡利润为：

$$\pi_t^i=\frac{(C_t^{i,v}+C_t^{i,n})}{2}\cdot R_t^* \tag{15}$$

在任意时期 t 消费者的均衡福利：$\omega_t=(R_t^*-R_{t+1}^e)\cdot\dfrac{(R_t^*-R_{t+1}^e)}{R_t^*}=(1-B_{t+1})^2\cdot R_t^*$，把式(13)代入可得：

$$\omega_t=(1-B_{t+1})^2\cdot B_t\cdot B_{t-1}\cdot\cdots\cdot B_2\cdot R_1^* \tag{16}$$

附录4　公式推导（二）

（1）在 T 时期达到均衡，访问销售商 i 的均衡利润函数为：$\pi_T^{i,v}=P_T^i\cdot\frac{(R_T^*-P_T^i)}{R_T^*}$，其中，$\frac{R_T^*-P_T^i}{R_T^*}$为在 T 时期作出决策的概率，则销售商的均衡利润为 $\pi_T^i=r\cdot\pi_T^{i,v}+(1-r)\cdot\pi_T^{i,n}$，又因为 $r=\frac{1}{2}$，$\pi_T^{i,n}=0$，则有：

$$\pi_T^i=\frac{1}{2}\cdot\pi_T^{i,v}=\frac{P_T^i}{2}\cdot\frac{(R_T^*-P_T^i)}{R_T^*} \tag{1}$$

为了使 $\pi_T^i=\max$，则有 $P_T^i=\frac{1}{2}R_T^*$，令 $C_T^{i,v}=\frac{1}{4}$，则有 $\pi_T^{i,v}=C_T^{i,v}\cdot R_T^*$，代入式(1)有：

$$\pi_T^i=\frac{C_T^{i,v}\cdot R_T^*}{2} \tag{2}$$

若在 T 时期均衡，消费者的均衡福利=(消费者保留价格−销售商定价)×T 时期作出购买决策概率，即：$\omega_T=(R_T^*-P_T^i)\cdot\frac{(R_T^*-P_T^i)}{R_T^*}$，将 $P_T^*=\frac{1}{2}R_T^*$ 代入得：

$$\omega_T=\frac{R_T^*}{4} \tag{3}$$

（2）在 $T-1$ 时期达到均衡，销售商 i 的均衡利润为 $\pi_{T-1}^i=\frac{1}{2}\cdot\pi_{T-1}^{i,v}+\frac{1}{2}\cdot\pi_{T-1}^{i,n}$，其中访问销售商 i 的利润为 $\pi_{T-1}^{i,v}=P_{T-1}^i\cdot\frac{(R_{T-1}^*-R_T^e)}{R_{T-1}^*}+p\cdot\pi_T^{i,v}\cdot\frac{R_T^e}{R_{T-1}^*}+(1-$

$p)\cdot\pi_T^{i,n}\cdot\frac{R_T^e}{R_{T-1}^*}$，没有访问销售商 i 的利润为：$\pi_{T-1}^{i,n}=(1-p)\cdot\pi_T^{i,v}\cdot\frac{R_T^e}{R_{T-1}^*}+p\cdot\pi_T^{i,n}\cdot\frac{R_T^e}{R_{T-1}^*}$。从前面的推导可知：$(R_T^e-P_{T-1})=\delta(R_T^e-P_T)$，当消费者为策略型时，将 P_T 代入可得，$R_T^e=R_T^*=\frac{P_{T-1}}{\frac{1}{2}}$，又因为 $\pi_T^{i,v}=\frac{R_T^*}{4}$，$\pi_T^{i,n}=0$，代入利润函数，为了使 $\pi_{T-1}^{i,v}=\max$，则有 $R_T^*=\frac{1}{2-p}\cdot R_{T-1}^*$，由以上推导得，在 $T-1$ 时期达到均衡时，销售商 i 的均衡定价为：

$$P_{T-1}^*=\frac{1}{2}\cdot R_T^*=\frac{1}{2(2-p)}\cdot R_{T-1}^* \tag{4}$$

将式(3)代入销售商 i 的利润函数得：$\pi_{T-1}^{i,v}=\frac{R_{T-1}^*}{4(2-p)}$，$\pi_{T-1}^{i,n}=\frac{1-p}{4(2-p)^2}\cdot R_{T-1}^*$，令 $C_{T-1}^{i,v}=\frac{1}{4(2-p)}$，$C_{T-1}^{i,n}=\frac{1-p}{4(2-p)^2}$，则在 $T-1$ 时期达到均衡，销售商 i 的均衡利润为：

$$\pi_{T-1}^{i}=C_{T-1}^{i,v}\cdot R_{T-1}^*+C_{T-1}^{i,n}\cdot R_{T-1}^* \tag{5}$$

在 $T-1$ 时期达到均衡时，消费者的均衡福利为 $\omega_{T-1}=(R_{T-1}^*-R_T^e)\cdot\frac{(R_{T-1}^*-R_T^e)}{R_{T-1}^*}$，将 $R_T^*=\frac{1}{2-p}\cdot R_{T-1}^*$代入得：

$$\omega_{T-1}=(1-4C_{T-1}^{i,v})^2\cdot R_{T-1}^* \tag{6}$$

(3)若在 $T-2$ 时期达到均衡，销售商 i 的均衡利润为：

$$\pi_{T-2}^{i,v}=P_{T-2}^{i}\cdot\frac{(R_{T-2}^*-R_{T-1}^e)}{R_{T-2}^*}+p\cdot\pi_{T-1}^{i,v}\cdot\frac{R_{T-1}^e}{R_{T-2}^*}+(1-p)\cdot\pi_{T-1}^{i,n}\cdot\frac{R_{T-1}^e}{R_{T-2}^*}$$

$$\pi_{T-2}^{i,n}=(1-p)\cdot\pi_{T-1}^{i,v}\cdot\frac{R_{T-1}^e}{R_{T-2}^*}+p\cdot\pi_{T-1}^{i,n}\cdot\frac{R_{T-1}^e}{R_{T-2}^*}$$

又因为$(R_{T-1}^e-P_{T-2})=\delta(R_{T-1}^e-P_{T-1})$，将 P_{T-1}^* 代入，计算可得 $P_{T-2}^i=\frac{R_{T-1}^*}{2(2-p)}$，同时将 $\pi_{T-1}^{i,v}$与 $\pi_{T-1}^{i,n}$代入利润函数，使 $\pi_{T-2}^{i,v}=\max$，则有：

$$R_{T-1}^{*}=\frac{1}{2[1-2p\cdot(2-p)\cdot C_{T-1}^{i,v}-2(1-p)\cdot(2-p)\cdot C_{T-1}^{i,n}]}\cdot R_{T-2}^{*}$$

因此，在 $T-2$ 时期均衡，销售商 i 的均衡定价为：

$$P_{T-2}^{*}=\frac{1}{2(2-p)}\cdot\frac{1}{2[1-2p\cdot(2-p)\cdot C_{T-1}^{i,v}-2(1-p)\cdot(2-p)\cdot C_{T-1}^{i,n}]}\cdot R_{T-2}^{*} \tag{7}$$

将式(7)代入利润函数并化简得：

$$\pi_{T-2}^{i,v}=\frac{1}{8(2-p)\cdot[1-2p\cdot(2-p)\cdot C_{T-1}^{i,v}-2(1-p)\cdot(2-p)\cdot C_{T-1}^{i,n}]}\cdot R_{T-2}^{*}$$

$$\pi_{T-2}^{i,n}=\frac{(1-p)\cdot C_{T-1}^{i,v}+p\cdot C_{T-1}^{i,n}}{4[1-2p\cdot(2-p)\cdot C_{T-1}^{i,v}-2(1-p)\cdot(2-p)\cdot C_{T-1}^{i,n}]^{2}}\cdot R_{T-2}^{*}$$

令 $C_{T-2}^{i,v}=\dfrac{1}{8(2-p)\cdot[1-2p\cdot(2-p)\cdot C_{T-1}^{i,v}-2(1-p)\cdot(2-p)\cdot C_{T-1}^{i,n}]}$

$$C_{T-2}^{i,n}=\frac{(1-p)\cdot C_{T-1}^{i,v}+p\cdot C_{T-1}^{i,n}}{4[1-2p\cdot(2-p)\cdot C_{T-1}^{i,v}-(1-p)\cdot(2-p)\cdot C_{T-1}^{i,n}]^{2}}$$

则若在 $T-2$ 时期达到均衡，销售商 i 的均衡利润为：

$$\pi_{T-2}^{i}=C_{T-2}^{i,v}\cdot R_{T-2}^{*}+C_{T-2}^{i,n}\cdot R_{T-2}^{*} \tag{8}$$

若在 $T-2$ 时期达到均衡，消费者的福利：$\omega_{T-2}=(R_{T-2}^{*}-R_{T-1}^{e})\cdot\dfrac{(R_{T-2}^{*}-R_{T-1}^{e})}{R_{T-2}^{*}}$，将 $R_{T-1}^{*}=\dfrac{1}{2[1-2p\cdot(2-p)\cdot C_{T-1}^{i,v}-2(1-p)\cdot(2-p)\cdot C_{T-1}^{i,n}]}\cdot R_{T-2}^{*}$代入得：

$$\omega_{T-2}=[1-4(2-p)C_{T-2}^{i,v}]^{2}\cdot R_{T-2}^{*} \tag{9}$$

(4)相邻时期的价格或者保留价格的估算。

令 $B_{T}=\dfrac{R_{T}^{*}}{R_{T-1}^{*}}=\dfrac{1}{2-p}$，$B_{T-1}=\dfrac{R_{T-1}^{*}}{R_{T-2}^{*}}=\dfrac{1}{2[1-2p\cdot(2-p)\cdot C_{T-1}^{i,v}-2(1-p)\cdot(2-p)\cdot C_{T-1}^{i,n}]}$，

由此有：$B_{T-2}=\dfrac{R_{T-2}^{*}}{R_{T-3}^{*}}=\dfrac{1}{2[1-2p\cdot(2-p)\cdot C_{T-2}^{i,v}-2(1-p)\cdot(2-p)\cdot C_{T-2}^{i,n}]}$，将 $C_{T-2}^{i,v}$ 和 $C_{T-2}^{i,n}$ 代入并化简得：$B_{T-2}=\dfrac{1}{2-(B_{T-1})^{2}}$，由此，任意时期 t 都有：

$$B_{t}=\frac{1}{2-(B_{t+1})^{2}}(t=1,\ 2,\ \cdots,\ T-2),\ B_{T}=\frac{1}{2-P},\ B_{T-1}=\frac{2-P}{3-2P},$$

同理 $C_t^{i,v}=\frac{1}{8(2-p)\cdot[1-2p\cdot(2-p)\cdot C_{t+1}^{i,v}-2(1-p)\cdot(2-p)\cdot C_{t+1}^{i,n}]}(t=1, 2, \cdots, T-1)$，

$C_t^{i,n}=\frac{(1-p)\cdot C_{t+1}^{i,v}+p\cdot C_{t+1}^{i,n}}{4[1-2p\cdot(2-p)\cdot C_{t+1}^{i,v}-2(1-p)\cdot(2-p)\cdot C_{t+1}^{i,n}]^2}(t=1, 2, 3, \cdots, T-1)$，$C_T^{i,v}=\frac{1}{4}$，$C_T^{i,n}=0$，$C_{T-1}^{i,v}=\frac{1}{4(2-p)}$，$C_{T-1}^{i,n}=\frac{1-p}{4(2-p)^2}$。

因为 $B_t=\frac{R_t^*}{R_{t-1}^*}$，所以对于任意时期 t 消费者的保留价格 $R_t^*=B_t\cdot R_{t-1}^*(t=2, 3, \cdots, T)$，

由此得：

$$R_t^*=B_t\cdot B_{t-1}\cdot\cdots\cdot B_2\cdot R_1^* \tag{10}$$

其中 $R_1^*=\overline{R}$，$\overline{R}$表示为消费者的初始保留价格。

因为当$\delta=1$时，销售商 i 在 T 时期的均衡定价为：$P_T^*=\frac{1}{2}R_T^*$。在 $T-1$ 时期的均衡定价为：$P_{T-1}^*=\frac{1}{2(2-p)}\cdot R_{T-1}^*$，由于 $B_T=\frac{1}{2-p}$，则有 $P_{T-1}^*=\frac{1}{2}B_T\cdot R_{T-1}^*$。在 $T-2$ 时期的均衡定价为：$P_{T-2}^*=\frac{1}{2(2-p)}\cdot\frac{1}{2[1-2p\cdot(2-p)\cdot C_{T-1}^{i,v}-2(1-p)\cdot(2-p)\cdot C_{T-1}^{i,n}]}\cdot R_{T-2}^*$，因 $B_{T-1}^*=\frac{1}{2[1-2p\cdot(2-p)\cdot C_{T-1}^{i,v}-2(1-p)\cdot(2-p)\cdot C_{T-1}^{i,n}]}$，则有 $P_{T-2}^*=\frac{1}{2}B_T\cdot B_{T-1}\cdot R_{T-2}^*$。

可以得 $P_t^*=\frac{1}{2}B_T\cdot B_{T-1}\cdot\cdots\cdot B_{t+2}\cdot B_{t+1}\cdot R_t^*$，又 $P_{t-1}^*=\frac{1}{2}B_T\cdot B_{T-1}\cdot\cdots\cdot B_{t+1}\cdot B_t\cdot R_{t-1}^*$，因 $B_t=\frac{R_t^*}{R_{t-1}^*}$，代入得 $P_{t-1}^*=\frac{1}{2}B_T\cdot B_{T-1}\cdot\cdots\cdot B_{t+1}\cdot R_t^*$，即 $P_{t-1}^*=P_t^*$，即有 $P_1^*=P_2^*=\cdots=P_t^*$，因此 $P_t^*=P_T^*=\frac{1}{2}R_T^*$，又因为 $R_T^*=B_T\cdot B_{T-1}\cdot\cdots\cdot B_2\cdot R_1^*$，则在任意时期 t 销售商的均衡定价为：

$$P_t^*=\frac{1}{2}B_T\cdot B_{T-1}\cdot\cdots\cdot B_2\cdot R_1^* \tag{11}$$

在任意时期 t，访问销售商 i 的利润为 $\pi_t^{i,v}=C_t^{i,v}\cdot R_t^*$，没有访问销售商

i 的利润为 $\pi_t^{i,n}=C_t^{i,n}\cdot R_t^*$，因此，销售商 i 的均衡利润为：

$$\pi_t^i=\frac{(C_t^{i,v}+C_t^{i,n})}{2}\cdot R_t^* \tag{12}$$

在任意时期 t，消费者福利：$\omega_t=(R_t^*-R_{t+1}^e)\cdot\frac{(R_t^*-R_{t+1}^e)}{R_t^*}=(1-B_{t+1})^2\cdot R_t^*$，将式(10)代入得：

$$\omega_t=(1-B_{t+1})^2\cdot B_t\cdot B_{t-1}\cdot\cdots\cdot B_2\cdot R_1^* \tag{13}$$

附录5 公式推导（三）

假设交易期限为 T，在 T 时期达到均衡时，在 T 时期定价的销售商的利润函数，如式1所示：

$$\pi_T = P_T \frac{(R_T^* - P_T)}{R_T^*} \frac{R_T^*}{\overline{R}} (1-r)^T \tag{1}$$

式(1)中，π_T 为 T 时期定价的销售商在 T 时期的利润；P_T 为销售商在 T 时期的定价；消费者的保留价格为 R，假设服从均匀分布，$R \sim U(0, \overline{R})$；$R_T^*$ 是消费者在 T 时期的保留价格，这是消费者在观察前面 $T-1$ 期销售商的定价后，经过调整后的保留价格。$\frac{R_T^* - P_T}{R_T^*}$ 为消费者在 T 时期购买的概率，$\frac{R_T^*}{\overline{R}}$ 表示消费者在 T 时期前还没有购买的概率；r 为消费者在任意时期退出市场的概率。在第1时期，消费者参与交易的可能性为 $1-r$；第2时期为 $(1-r)^2$，依此类推，在 T 时期，消费者参与交易的可能性为 $(1-r)^T(0<r<1)$。

销售商要想利润最大化，对式(1)求导，可得 T 时期销售商的均衡定价 $P^* T = \frac{1}{2} R^T$，令 $P_1^0 = —$，则 $P_T^* = R_T^* P_1^0$。P_1^0 也可以看成为 T 时期的销售商定价与消费者保留价格的比值。将销售商的均衡定价表达式代入式(1)，得到 T 时期销售商的均衡利润为 $\pi_T^* = \frac{(R_T^*)^2}{4\overline{R}}(1-R)^T$。

参照 T 时期销售商均衡定价的推导，在 $T-1$ 时期，销售商的利润函数如公式(2)所示：

$$\pi_{T-1} = P_{T-1} \times \frac{(R_{T-1}^* - R_T^e)}{R_{T-1}^*} \times \frac{R_{T-1}^*}{\overline{R}} \times (1-r)^{T-1} \tag{2}$$

式(2)中，R_T^e 在销售商设置 $T-1$ 期的销售价格 P_{T-1}后，消费者保留价格后验分布的期望上限，保留价格是销售商定价行为的函数，即 R_T^e 是 P_{T-1} 的函数，并且满足 $R_T^e<R_{T-1}^*$(如果 $R_T^e>R_{T-1}^*$，消费者在 $T-1$ 时期的福利 $R_{T-1}^*-P_{T-1}<R_T^e-P_{T-1}$，则消费者不会在 $T-1$ 时期作出购买决策)。销售商 T 时期的均衡定价 P_T^* 是消费者保留价格 R_T^e 的函数，根据 T 时期的推导公式可知：$P_T=R_T^e\cdot P_1^0$。该保留价格 R_T^e 使得消费者在 $T-1$ 期与 T 时期的购买无差异，则推出公式(3)如下：

$$(R_T^t-P_{T-1})=\delta(R_T^t-P_T)\Rightarrow R_R^e=\frac{P}{1-\delta(1-P_1^0)} \tag{3}$$

式(3)中，$\delta\in[0,1]$刻画消费者的行为特征，当 $\delta\to0^+$时，消费者是短视型，当 $\delta\to1$ 时，消费者是策略型的。将式(3)代入 $T-1$ 时期的利润函数表达式(2)，得到 $T-1$ 时期销售商的均衡价格和均衡利润分别如式(4)、式(5)所示：

$$P_{T-1}^*\frac{[1-\delta(1-P_1^0)]\cdot R_{T-1}^*}{2}=P_2^0\cdot R_{T-1}^*\left(令\frac{2-\delta}{4}=P_2^0\right) \tag{4}$$

$$\pi_{T-1}^*=\left(\frac{R_{T-1}^*}{\overline{R}}\right)^2\times\frac{1}{2}P_2^0\times(1-r)^{T-1}\quad P_2^0=\frac{2-\delta}{4} \tag{5}$$

依此类推 $T-2$ 时期，销售商利润函数的表达式如公式(6)所示：

$$\pi_{T-2}=\left(\frac{P_{T-2}\cdot(R_{T-2}^*-R_{T-1}^e)}{R_{T-2}^*}\cdot\frac{R_{T-2}^*}{\overline{R}}+\delta_S^2\cdot\frac{(R_T^e)^2}{\overline{R}}\frac{1}{2}\cdot P_1^0\right)(1-r)^{T-2} \tag{6}$$

$$0\leqslant P_{T-2}\leqslant R_{T-2}^*[1-\delta(1-P_2^0)]$$

$$R_{T-1}^e=\frac{P_{T-2}}{1-\delta(1-P_2^0)}$$

$$R_T^e=\frac{P_{T-1}\cdot P_2^0}{1-\delta(1-P_1^0)}$$

式(6)中用参数 $\delta_S\in[0,1]$描述销售商的行为特征，当 $\delta_S\to0^+$时，销售商是短视型行为的销售商；当 $\delta_S\to1$ 时，销售商是策略行为的销售商。对式(6)求导，得到销售商的均衡价格与均衡利润如公式(7)、公式(8)所示：

$$P_{T-2}^* = R_{T-2}^* \cdot P_3^0 \tag{7}$$

$$P_3^0 = \frac{1}{2a_3}, \quad a_3 = \frac{1}{1-\delta(1-P_2^0)} - \frac{\delta_S^2 (P_2^0)^2 P_1^0}{2[1-\delta(1-P_2^0)]^2[1-\delta(1-P_1^0)]^2}$$

$$\pi_{T-2}^* = \left(\frac{R_{T-2}^*}{\overline{R}}\right)^2 \frac{P_3^0}{2}(1-r)^{T-2} \tag{8}$$

$$R_{T-1}^* < R_{T-2}^*$$

$$P_{T-2}^* = R_{T-2}^* \cdot P_3^0 < R_{T-2}^*$$

$$P_{T-1}^* = R_{T-1}^* \cdot P_2^0 = \frac{R_{T-2}^* \cdot P_3^0 \cdot P_2^0}{1-\delta(1-P_2^0)} < R_{T-2}^* \cdot P_3^0 < R_{T-2}^*$$

与 $T-2$ 时期类似，对于任意一时期 $t-1$，在 $t-1$ 时期达到均衡的销售商利润可以分成两部分：一是在 $t-1$ 时期的预期利润；二是在交替动态定价的条件下，在 $t-1$ 时期没有作出购买决策，而在下一个时间段即 t 时期作出购买决策时的销售商利润，扩展前面的术语，则 $t-1$ 时期的销售商利润函数如公式(9)所示：

$$\pi_{t-1} = P_{t-1} \cdot \frac{(R_{t-1}^* - R_t^t)}{R_{t-1}^*} \cdot \frac{R_{t-1}^*}{\overline{R}} + \cdot \delta_S^2 \cdot \frac{(R_{t+1}^e)}{\overline{R}} \cdot \frac{1}{2} \cdot P_{T-t}^0 (1-r)^t \tag{9}$$

其中 $R_{t-1}^e = \dfrac{R_t^e \cdot P_{T-t+1}^0}{1-\delta(1-P_{T-t}^0)}$，$R_t^e = \dfrac{P_{t-1}}{1-\delta(1-P_{T-t+1}^0)}$，

要想使 $t-1$ 时期的均衡利润达到最大化，对(9)式求导：

$$\pi_{t-1}^* = \left(\frac{R_{t-1}^*}{\overline{R}}\right)^2 \frac{P_{T-t+2}^0}{2}(1-r)^{t-1} \tag{10}$$

$$P_{t-1}^* = R_{t-1}^* P_{T-t+2} \tag{11}$$

对于任意时期 t，在达到均衡时，销售商的均衡定价表达式如公式(12)所示：

$$P_t^* = R_t^* P_{T-t+1} \tag{12}$$

式中，$P_1^0 = \dfrac{1}{2}$，$P_2^0 = \dfrac{2-\delta}{4}$，$P_3^0 = \dfrac{1}{2a_3}$，$P_t^0 = \dfrac{1}{2a_t}$，

$$a_T = \frac{1}{1-\delta(1-P_{T-1}^0)} - \frac{\delta_S^2 (P_{T-1}^0)^2 \cdot P_{T-2}^0}{2[1-\delta(1-P_{T-1}^0)^2] \cdot [1-\delta(1-P_{T-2}^0)^2]}。$$

附录6　公式推导（四）

对式(11-27)中的积分部分进行求解，其中 $\lambda(z)=e^{-z}e^{e^{-z}}(-\infty<z<+\infty)$，$\Lambda(z)=e^{e^{-z}}(-\infty<z<+\infty)$带入式(11-27)可得：

$$
\begin{aligned}
&P(x_{i1}^{*},\ x_{i2}^{*},\ x_{i3}^{*},\ \cdots x_{M}^{*},\ 0,\ 0,\ \cdots,\ 0)\\
&=|J|\int_{\varepsilon_1=-\infty}^{\varepsilon_1=+\infty}\left\{\left(\prod_{m=2}^{M}\frac{1}{\sigma}e^{-\left(\frac{V_1-V_m+\varepsilon_1}{\sigma}\right)}e^{-e^{-\left(\frac{V_1-V_m+\varepsilon_1}{\sigma}\right)}}\right)\right\}\\
&\times\left\{\prod_{s=M+1}^{K}e^{-e^{-\left(\frac{V_1-V_s+\varepsilon_1}{\sigma}\right)}}\right\}\frac{1}{\sigma}\left(e^{-\left(\frac{\varepsilon_1}{\sigma}\right)}e^{-e^{-\left(\frac{\varepsilon_1}{\sigma}\right)}}\right)d\varepsilon_1\\
&=|J|\frac{1}{\sigma^{M-1}}\prod_{m=2}^{M}e^{-\left(\frac{V_1-V_m}{\sigma}\right)}\int_{\varepsilon_1=-\infty}^{\varepsilon_1=+\infty}\left(\prod_{m=2}^{M}e^{-\frac{\varepsilon_1}{\sigma}}e^{-e^{-\left(\frac{V_1-V_m+\varepsilon_1}{\sigma}\right)}}\right)\\
&\left(\prod_{s=M+1}^{K}e^{-e^{-\left(\frac{V_1-V_s+\varepsilon_1}{\sigma}\right)}}\right)\frac{1}{\sigma}\left(e^{-\left(\frac{\varepsilon_1}{\sigma}\right)}e^{-e^{-\left(\frac{\varepsilon_1}{\sigma}\right)}}\right)d\varepsilon_1\\
&=|J|\frac{1}{\sigma^{M-1}}\prod_{m=2}^{M}e^{-\left(\frac{V_1-V_m}{\sigma}\right)}\int_{\varepsilon_1=-\infty}^{\varepsilon_1=+\infty}\left(\prod_{m=2}^{M}e^{-\frac{\varepsilon_1}{\sigma}}\right)\\
&\left[e^{-\left(\sum_{k=2}^{K}e^{-\left(\frac{V_1-V_s+\varepsilon_1}{\sigma}\right)}\right)}\right]\frac{1}{\sigma}e^{-\frac{\varepsilon_1}{\sigma}}\left(e^{-e^{-\left(\frac{\varepsilon_1}{\sigma}\right)}}\right)d\varepsilon_1\\
&=|J|\frac{1}{\sigma^{M-1}}\prod_{m=2}^{M}e^{-\left(\frac{V_1-V_m}{\sigma}\right)}\int_{\varepsilon_1=-\infty}^{\varepsilon_1=+\infty}\left(e^{-\frac{\varepsilon_1}{\sigma}}\right)^{M-1}\\
&\left[e^{-\left(\sum_{k=1}^{K}e^{-\left(\frac{V_1-V_s+\varepsilon_1}{\sigma}\right)}\right)}\right]\frac{1}{\sigma}e^{-\frac{\varepsilon_1}{\sigma}}d\varepsilon_1 \qquad (1)
\end{aligned}
$$

令 $t=e^{-\frac{\varepsilon_1}{\sigma}}$，则 $dt=-\frac{1}{\sigma}e^{-\frac{\varepsilon_1}{\sigma}}d\varepsilon_1$，因此式(1)中积分部分可以写成：

$$-\int_{t=+\infty}^{0} t^{M-1}\left[e^{-\left(t\cdot\sum_{k=1}^{K}e^{-\left(\frac{V_1-V_s}{\sigma}\right)}\right)}\right]\mathrm{d}t \tag{2}$$

令 $c=\sum_{k=1}^{K}e^{-\left(\frac{V_1-V_s}{\sigma}\right)}$ ，则式(2)可以写成：

$$-\int_{t=+\infty}^{0} t^{M-1}\cdot e^{-ct}\,\mathrm{d}t=\frac{1}{c}\int_{t=+\infty}^{0} t^{M-1}\,\mathrm{d}(e^{-ct})=\frac{1}{c}t^{M-1}e^{-ct}\Big|_{+\infty}^{0}-\frac{1}{c}\int_{t=+\infty}^{0} e^{-ct}\,\mathrm{d}(t^{M-1})$$

$$=-\frac{(M-1)}{c}\int_{t=+\infty}^{0} e^{-ct}\cdot t^{M-2}\mathrm{d}t$$

$$=\frac{(M-1)}{c^2}t^{M-2}e^{-ct}\Big|_{+\infty}^{0}-\frac{(M-1)}{c^2}\int_{t=+\infty}^{0} e^{-ct}\mathrm{d}(t^{M-2})$$

$$=-\frac{(M-1)(M-2)\cdots 2}{c^{M-1}}\int_{t=+\infty}^{0} e^{-ct}\,\mathrm{d}t=\frac{(M-1)(M-2)\cdots 2}{c^{M}}e^{-ct}\Big|_{+\infty}^{0}$$

$$=\frac{(M-1)!}{c^M} \tag{3}$$

则有式(1)可以写成：

$$P(x_{i1}^*,\ x_{i2}^*,\ x_{i3}^*,\ \cdots x_{iM}^*,\ 0,\ 0,\ \cdots,\ 0)=|J|\frac{1}{\sigma^{M-1}}\left\{\frac{\prod_{m=2}^{M}e^{-\left(\frac{V_1-V_m}{\sigma}\right)}}{\left[\sum_{k=1}^{K}e^{-\left(\frac{V_1-V_s}{\sigma}\right)}\right]^M}\right\}(M-1)! \tag{4}$$

其中，雅可比矩阵 $|J|$ 中的元素 J_{gh} 由式(3-23)给出，把 $V_1=(\alpha_1-1)\ln(x_1^*)-\ln p_1$，$V_k=\beta'_k z_k+(\alpha_k-1)\ln\left(\frac{x_k^*}{\gamma_k}+1\right)-\ln p_k$ 带入式(3－23)有：

$$J_{gh}=\frac{\partial[V_1-V_{g+1}+\varepsilon_1]}{\partial x_{h+1}^*}=\frac{\partial[V_1-V_{g+1}]}{\partial x_{h+1}^*}(g,\ h=1,\ 2,\ \cdots,\ M-1)$$

$$=\frac{\partial\left[(\alpha_1-1)\ln(x_1^*)-\ln p_1-\beta' z_{g+1}+(1-\alpha_{g+1})\ln\left(\frac{x_{g+1}^*}{\gamma_{g+1}}+1\right)+\ln p_{g+1}\right]}{\partial x_{h+1}^*}$$

$$=\frac{\partial\left[(\alpha_1-1)\ln(X-\sum_{k=2}^{K}x_k^*)-\ln p_1-\beta' z_{g+1}+(1-\alpha_{g+1})\ln\left(\frac{x_{g+1}^*}{\gamma_{g+1}}+1\right)+\ln p_{g+1}\right]}{\partial x_{h+1}^*}$$

$$=\frac{1-\alpha_1}{x_1^*}+z_{gh}\frac{1-\alpha_{g+1}}{x_{g+1}^*+\gamma_{g+1}}(if\ g=h,\ z_{gh}=1;\ if\ g\neq h,\ z_{gh}=0) \tag{5}$$

当 $M=3$ 时，雅可比矩阵 J 的行列式可以写成：

$$|J|=\begin{vmatrix}\frac{1-\alpha_1}{x_1^*}+\frac{1-\alpha_2}{x_2^*+\gamma_2} & \frac{1-\alpha_1}{x_1^*}\\ \frac{1-\alpha_1}{x_1^*} & \frac{1-\alpha_1}{x_1^*}+\frac{1-\alpha_3}{x_3^*+\gamma_3}\end{vmatrix}$$

$$=\left(\frac{1-\alpha_1}{x_1^*}+\frac{1-\alpha_2}{x_2^*+\gamma_2}\right)\left(\frac{1-\alpha_1}{x_1^*}+\frac{1-\alpha_3}{x_3^*+\gamma_3}\right)-\left(\frac{1-\alpha_1}{x_1^*}\right)\left(\frac{1-\alpha_1}{x_1^*}\right)$$

$$=\left(\frac{1-\alpha_1}{x_1^*}\right)\left(\frac{1-\alpha_2}{x_2^*+\gamma_2}\right)+\left(\frac{1-\alpha_1}{x_1^*}\right)\left(\frac{1-\alpha_3}{x_3^*+\gamma_3}\right)+\left(\frac{1-\alpha_2}{x_2^*+\gamma_2}\right)\left(\frac{1-\alpha_3}{x_3^*+\gamma_3}\right)$$

$$=\left[\left(\frac{1-\alpha_1}{x_1^*}\right)\left(\frac{1-\alpha_2}{x_2^*+\gamma_2}\right)\left(\frac{1-\alpha_3}{x_3^*+\gamma_3}\right)\right]\left[\left(\frac{x_3^*+\gamma_3}{1-\alpha_3}\right)+\left(\frac{x_2^*+\gamma_2}{1-\alpha_2}\right)+\left(\frac{x_1^*}{1-\alpha_1}\right)\right]$$

$$=\left[\prod_{m=1}^{3}\left(\frac{1-\alpha_m}{x_m^*+\gamma_m}\right)\right]\left[\sum_{m=1}^{3}\left(\frac{x_m^*+\gamma_m}{1-\alpha_m}\right)\right] \tag{6}$$

当 $M=4$ 时，雅可比矩阵 J 的行列式可以写成：

$$|J|=\begin{vmatrix}\frac{1-\alpha_1}{x_1^*}+\frac{1-\alpha_2}{x_2^*+\gamma_2} & \frac{1-\alpha_1}{x_1^*} & \frac{1-\alpha_1}{x_1^*}\\ \frac{1-\alpha_1}{x_1^*} & \frac{1-\alpha_1}{x_1^*}+\frac{1-\alpha_3}{x_2^*+\gamma_3} & \frac{1-\alpha_1}{x_1^*}\\ \frac{1-\alpha_1}{x_1^*} & \frac{1-\alpha_1}{x_1^*} & \frac{1-\alpha_1}{x_1^*}+\frac{1-\alpha_4}{x_2^*+\gamma_4}\end{vmatrix} \tag{7}$$

$$=\left[\prod_{m=1}^{4}\left(\frac{1-\alpha_m}{x_m^*+\gamma_m}\right)\right]\left[\sum_{m=1}^{4}\left(\frac{x_m^*+\gamma_m}{1-\alpha_m}\right)\right]$$

从式(6)和式(7)可以知道，雅可比矩阵的行列式 $|J|$ 可以写成：

$$|J|=\left[\prod_{m=1}^{M}\left(\frac{1-\alpha_m}{x_m^*+\gamma_m}\right)\right]\left[\sum_{m=1}^{M}\left(\frac{x_m^*+\gamma_m}{1-\alpha_m}\right)\right] \tag{8}$$

令 $f_m=\left(\frac{1-\alpha_m}{x_m^*+\gamma_m}\right)$，则式(8)可以写成：

$$|J|=\frac{1}{p_1}\left(\prod_{m=1}^{M}f_m\right)\left[\prod_{m=1}^{M}\frac{p_m}{f_m}\right] \tag{9}$$

将上述雅可比矩阵行列式的表达式(1)带入式(5)，也就是说，由最优购买量向量(x_1^*，x_2^*，…，x_m^*，0，…，0)表示的消费者 i 在 K 个品牌商品中购买 M 个品牌商品的概率可以写成：

$$P(x_1^*,\ x_2^*,\ \cdots x_m^*,\ 0,\ \cdots,\ 0)=\frac{1}{p_1}\frac{1}{\sigma^{M-1}}\left(\prod_{m=1}^{M}f_m\right)\left(\sum_{m=1}^{M}\frac{p_m}{f_m}\right)\left(\frac{\prod_{m=1}^{M}e^{\frac{V_m}{\sigma}}}{\left(\sum_{k=1}^{K}e^{\frac{V_k}{\sigma}}\right)^{M}}\right)(M-1)!$$

其中，σ 是尺度(scale)参数，$f_m=\left(\frac{1-\alpha_m}{x_m^*+\gamma_m}\right)$，此处 V_m 和 V_k 形如式(11-19)。

索 引